비기닝

비기닝

스타트업을 꿈꾸는
그대들에게

BEGIN NING

명승은｜한상균 지음

최근 수년 새 창업 생태계가 눈에 띄게 활성화됐지만, 현장에는 여전히 실전 지침서가 부족하다. 창업가들은 궁금한 것을 누구한테 물어야 할지 몰라 답답해한다. 《비기닝》은 바로 이런 고민에 빠진 창업가들에게 적합한 책이다. 선배 창업가들이 밤새 고민하며 해결했던 경험담을 이해하기 쉽게 써, 예비 창업가나 초기 창업가에게 큰 도움이 되리라 믿는다.

— **김광현** 창업진흥원장

사업을 하다 보면 실패할 수 있다. 하지만 그 과정에서 무엇을 배워야 하는지 알지 못한다면 다시 일어설 기회까지 영영 잃어버리고 만다. 저자들의 말처럼 창업가라면 무엇보다 실패할 자유를 잃어선 안 된다. 이 책은 당신이 바로 그 자유를 잃지 않게 도와줄 나침반 같은 책이다. 초기 창업가들이라면 반드시 필독하길 바란다.

— **고영하** 한국엔젤투자협회장

창업은 해보기 전에는 막연하고 두려운 행위다. 그래서 창업을 제대로 알고 시작하는 것이 창업가뿐만 아니라 그의 주변 사람에게도 중요하다. 사물이나 현상의 본질을 파악하려면 다양한 각도에서 다른 눈으로 봐야 하는데, 이 책은 액셀러레이터, 창업가의 시각을 동시에 담고 있어 창업의 실체를 파악하는 데 도움이 된다. 창업가가 바르게 성장해서 성공할 수 있도록 돕는 좋은 길잡이가 될 책이다.

— **김영덕** 디캠프·프론트원 센터장, 전前 G마켓 공동 창업가

우리의 삶과 세상이 빠르게 변화하고 있는 요즘, 이 변동 속에서 창업의 기회를 모색하는 사람들이 많아졌다. 내가 무엇을 좋아하고 그것을 창업으로 어떻게 연결 지을지 고민하고 있다면, 이 책만 한 것이 없다. 특히 투자자, 창업가 두 관점이 고르게 담겨 있어 자신의 사업이 비즈니스로서의 가치가 있는지 객관적으로 평가하는 데에도 실질적인 도움이 될 책이다.

— **이용관** 초기투자기관협회장, 블루포인트파트너스 대표

막막한 현실에 많은 청년은 물론이고 중·장년들도 창업을 꿈꾸며 도전해 보고자 한다. 하지만 처음이라는 이유로, 두려움으로 인해 자신의 비즈니스 역량을 제대로 보지 못할 때가 많다. 꿈이 사업이 되려면 결국에는 자신의 창업 아이디어가 어떻게 투자자의 마음에 가닿는지 알아야 한다. 그 방법이 궁금하다면 이 책을 끝까지 정독하길 바란다. 두려움으로 꽉 막혀 있던 당신의 마음에 긍정의 온기가 되어줄 인사이트를 발견할 수 있을 것이다.

— **박영학** 코델리아파트너스 대표

아무도 가보지 않은 길을 먼저 가면 좌충우돌 실패도 많이 하지만, 그만큼 자기 성찰과 경험으로 내공을 쌓아 새로운 도전을 하는 사람들에게 감동과 용기를 준다. 그런 점에서 대한민국 스타트업 창업 생태계의 태동기부터 사업을 해온 저자들의 이야기는 울림이 있다. 그뿐만 아니라 자신들의 실패담을 허심탄회하게 이야기하면서 사업 단계마다 어떤 위험 요소가 있고 어떻게 위험을 줄여야 할지 구체적으로 알려주어 실질적인 도움이 되고 재미도 있다.

— **장성환** 산타 CMO, 전前 카카오 신규사업본부장, 해외사업개발이사

이 책은 창업을 준비할 때나 막 시작했을 때 창업가가 한 번쯤은 무조건 해봤을 질문들로 구성되어 있다. 언제, 어떻게 시작해서 어떤 사람들과 함께할지, 투자는 어디에서 어떻게 받아야 하는지 등 사업을 일구는 순서대로 하게 될 질문에 저자들이 답을 해주며, 사업에 필요한 정보를 어디에서 얻을 수 있는지 부록에 상세히 적혀 있어 이제 막 창업한 친구들이 곁에 두고 두 번 세 번 읽으며 참고했으면 좋겠다.

— **신봉구** 스마트큐브랩스 대표

CONTENTS

언제 시작하는 게 좋을까요?

Q4.

투자자에게 퇴짜 맞기 싫어요

Q5.

멈춰야 할 신호는 어떻게 알아챌까요?

사업을 키울 타이밍은 언제일까요?

스타트업, 이대로 시작해도 괜찮을까요?

"쉽지는 않을 겁니다"

"스티브 잡스가 만약 한국에서 창업했다면 성공할 수 있었을까?"라는 질문에 창업가들이 공통으로 내놓은 대답이다. 완곡한 표현이지만 스티브 잡스라도 성공하기 어렵다는 소리다. 스타트업을 해서 성공한 사례보다 실패해서 일가친척들에게 민폐를 끼친 사례가 더 많으니 당연히 그럴 수밖에 없을 것이다. 더구나 우리는 코로나19가 휩쓸고 있는 전 세계의 혼란한 상황을 실시간으로 보고 있다. 살아남은 자가 승리자요, 버티는 자가 생존자인 엄중한 상황에 누가 지금 창업을 말하겠는가?

대기업에 아이템 도둑맞기 일쑤

이런 상황이 아니더라도 한국에서 스타트업으로 성공하기 힘든 이유가 몇 가지 더 있다. 일단 스타트업이 애써서 시장을 만들면 대기업이나 플랫폼을 가진 기업이 뒤늦게 시장에 진입해 상황을 역전시키는 경우가 흔하다. 대기업이 일명 패스트 세컨드fast second 전략을 잘 구사해서다.

실제 한국에서는 '2인자 전략' 혹은 빠른 추격자 전략이라 부르는 '패스트 세컨드' 전략이 꽤 잘 먹힌다. '2인자 전략'이란, 2위 기업이 굳이 1위를 노리지 않고, 2인자로 남아 이익을 최대화하는 전략이다. '패스트 세컨드 전략'은 '퍼스트 무버'를 제치고 시장을 차지하려는 후발 주자들이 주로 사용하는 전략을 일컫는다. 최초 생산 기업이 맨 앞에서 각종 비판과 규제의 저항을 온몸으로 다 받아주는 동안, 후발 주자는 실속을 챙기다 1위로 역전하는 것이다.

한 가지 사례를 들자면, 중고 상품 거래 애플리케이션인 '당근마켓'의 메인 화면과 동네 인증 화면, 동네 범위 설정 화면, 프로필 화면, 매너 온도와 매너 평가 등 거의 모든 요소를 유사하게 만든 곳은 다름 아닌 네이버 자회사 라인의 베트남 서비스였다. 이 내용을 발견한 당근마켓 김재현 대표는 2019년 7월 페이스북에 "자본과 인력이 많은 네이버 같은 대기업이 한국에서 조금 잘되는 것 같은 스타트업의 서비스를 베껴 동남아에서 서비스를 시작한다면 작은 스타트업들은 해외에 진출할 기회를 잃을 수밖에 없다."라고 토로했다.

스타트업 창업가로서 이렇듯 열심히 만든 자신의 아이디어와 사업 내용을 돈 많고 힘이 센 조직에 쉽게 빼앗긴다면 당연히 걱정이 앞설 수밖에 없다. 스타트업이 아무리 '최초', '속도'를 앞세워 시장에 진출했다고 해도 성공을 보장받기가 어렵기 때문이다. 최악의 경우 아이템만 뺏긴 채, 시장에서 방출되는 상황이 벌어지기도 한다.

시장이 워낙 협소하다

인구 1억 명 이상인 일본은 내수 시장만으로 경제를 유지할 수 있다. 오히려 내수 시장만 고집하다가 세계시장에서 고립되는 '갈라파고스화'에 대한 우려까지 제기될 정도다. 중국은 국가까지 고려할 필요도 없다. 인구수가 다른 나라와 비교할 수 없이 많아 한 도시 안에서 일어나는 매출만으로 '유니콘 기업(10억 달러 이상의 가치를 갖는 기업)'이 탄생할 정도다. 미국의 거센 견제에도 문을 걸어 잠그고 내수 경기 부양만으로 코로나19 시대에 유일한 성장을 이뤄낼 수 있었던 저력이 바로 여기에 있다. 마냥 부러울 따름이다.

한국에서는 국내시장만 상대하다가는 국내시장에서조차 살아남을 수 없다. 손익분기점을 지켜줄 버팀목이라 할 수 있는 내수 시장이 약해서다. 유튜버 기획사로 최근 주목받고 있는 MCN^{Multi Channel Network} 사업 역시 한국어를 사용하는 이용자 수가 절대적으로 부족해서 확장성이 작다고 의심받는다. 디즈니는 2014년에 5억 달러, 한화로 약 5,400억 원을 들여 미국의 MCN 채널 '메이커스튜디오'를 인수했다. 영어권 시장이 워낙 거대하기에 가능한 거래 규모다. 반면 한국의 MCN 사업자들은 세계시장을 공략할 콘텐츠와 크리에이터를 찾기 위해 동분서주하고 있다. 이는 스타트업도 마찬가지일 것이다.

투자받는 게 지나치게 어렵다

스타트업이 처음부터 완성품을 만들어서 시장에 도전하기란 쉽지 않다. 창업가는 창업하고도 꽤 오랫동안 돈을 벌기보다 써야 하는 상황에 맞닥뜨리게 되기 때문에 자신들이 만든 회사의 지분을 돈으로 바꿔 파는 행위, 즉 투자 유치에 적극적일 수밖에 없다. 시장에 들어가 안정적인 수익을 내기 전까지 버틸 수 있는 시간을 벌어야 하기 때문이다.

하지만 돌다리도 두들겨 보고 건너는 문화가 점점 강해진다는 게 현장의 목소리다. 가능성보다는 성공을 확신해야만 투자를 결정할 수 있다는 이야기다. 투자자들이 창의적이고 혁신적인 아이템에는 투자를 꺼리며, 매출이나 담보 없이는 금융권 대출받기도 어렵다. "안 되면 되게 하라." "해보기는 했어?" 식의 저돌적 경영방식은 이제 다 옛말이다. 투자자들에게 먹히지 않을뿐더러 오히려 투자자들은 "되는 것만 가져오시라." 혹은 "성공하면 투자해주겠다."라고 재주문한다. "하면 된다."가 아니라 "되면 생각해보겠다."라는 말은 창업가들에게 '성공 가능성'을 인정받기란 하늘에서 별을 따는 것만큼 요원한 일로 느껴진다.

애초에 투자를 받는 것도 힘든 일이지만, 투자 금액이 적다는 것도 문제다. 내수 시장 규모가 상대적으로 작으니 투자시장에서 움직이는 돈도 적을 수밖에 없긴 하다. 그래서 초기에 과감하게 투자하여 기업의 조직을 빠르게 키우기보다 차근차근 증명해가는 방식을 원하는 투자자들이 많을 수밖에 없다는 것도 이해는 간다. 하지만 이런 식으로 하다 보면 창업가가 생각하는 현실적인 목표치보다 언제나 투자 기관에서 제시하는 목표치가 높을 수밖에 없다. 겨우 직원 몇 명 고용할 금액만 지원해주는데 여기에 맞춰 사업을 키워놓다 보면 정작 창업가들은 이익을 얻기 힘들다. 그나마도 다음 투자를 유치하지 못하면 그전에 확보한 자금만으로 어떻게든 끌고 나가야 한다. '죽음의 계곡death valley'이 언제 끝날지 모르게 되는 셈이다.

마음 놓고 실패해도 되는 차고가 없다

"우리나라에서는 왜 실리콘밸리만큼 도전적으로 창업하는 사람이 없을까?"라는 질문에 대한 다소 엉뚱한 대답인데, 따지고 보면 일리 있는 말이다. 실리콘밸리에서는 '차고 창업'이 익숙하다. HP가 차고에서 창업을 시작한 이래, 스티브 잡스를 거쳐 오큘러스의 팔머 럭키까지 실리콘밸리의 수많은 창업가가 자기 집 차고에서 창업을 시작했다. 사무실 임대료를 비롯해 초기 투자 비용을 절감하기 위해서다.

반면 한국은 어떨까. 일단 현실적으로 차고를 가진 집 자체가 별로 없다. 그리고 부동산 가격이 높아 사무실 하나 구하는데도 초기 비용이 많이 든다. 그 부담은 고스란히 창업가가 떠안아야 한다. 물론 요즘이야 정부와 지방자치단체들이 저마다 창업 공간을 운영하면서 창업가들에게 무상이나 일정 기간 아주 저렴한 비용으로 공간을 빌려주고 있지만, 이마저도 1~2년이 지나면 나가야 해서 다시 엄청난 임대료를 부담하며 사무실을 써야 하는 실정이다. 그래서인지 창업가들은 초기 사업 비용이 꽤 많이 드는 나라 중 하나로 한국을 꼽는다.

패자부활전은 없다

마윈은 "100번 넘어질 준비가 되어 있지 않다면 창업해선 안된다."라고 강조했다. 잘 알다시피 스티브 잡스도 애플에서 매킨토시 컴퓨터를 팔다 실패를 맛보았다. 그 후 주주들에 의해 쫓겨났고, 애니메이션 회사인 픽사로 옮겨 가 주력 사업과는 맞지 않는 컴퓨터 사업을 전개하다 또다시 실패하고 말았다(초창기에는 겨우 120대 정도 팔았다). 당시 픽사 직원이었던 에드윈 캐트멀이 애니메이션 사업으로 대박을 냈기에 망정이지, 픽사가 잡스의 의지대로 컴퓨터 사업에 집중했다면, 지금의 영광은 없었을 것이다.

하지만 이런 말이 무색하게 한국에서는 한 번 실패하면 다시 기회를 얻기가 힘들다. 야구만 하더라도 타석에 10번 올라 안타 3개만 쳐도 3할 타자로 인정받는데, 한국의 스타트업은 두 번째 타석에 설 기회조차 얻지 못하는 셈이다. 그렇게 실패한 창업가들은 단 한 번 넘어지고도, 재기하지 못한 채로 평생을 살아야 하는 경우가 대부분이다. 어느 창업가는 이런 상황을 두고 "서울역 노숙자 중에도 잡스가 숨어 있을지 모른다니까요."라고 말하기도 했다.

하지만 이런 악조건 속에서도 성공한 창업가들은 존재한다. 네이버나 카카오 같은 기업이 그러하며, 지금도 창업가

DNA를 장착한 이들이 성공하고자 작은 사무실에서 머리를 맞대고 사업의 씨앗을 틔우고 있다.

한국은 실리콘밸리와 무엇이, 어떻게 다른가?

그럼 어떻게 해야 한국에서 스타트업으로 성공할 수 있을까? 아니 어떻게 시작해야 덜 실패할 수 있을까? 무슨 일이든 제대로 덤비려면 일의 본질, 즉 '무엇이 다른지'부터 파악해야 한다. 스타트업은 구조적으로도 그렇고, 타고난 성질도 분명 대기업과 다르다. 한국의 스타트업 환경은 실리콘밸리와도 또 다르다.

어떻게 다를까. 일부만 비교해보자. 일단 대기업은 어느 정도 성장이 끝난 상황이라 이를 지속 가능한 형태로 유지하는 100년 기업이 목표인 경우가 많다. 하지만 스타트업은 성공 목표나 지향점이 꼭 100년 기업일 필요는 없다. 회사를 팔고 나가는 '엑시트(exit, 투자금 회수) 전략'도 스타트업의 전략적 선택이자 목표가 될 수 있기 때문이다. 또 대기업은 '매출'로 평가받지만 스타트업은 '가치'로 평가받는다. 인스타그램의 경우 직원은 불과 13명에 매출은 0원이었지만, 페이스북에 10억 달러를 받고 인수됐다. 그만큼 기업 가치가 높다고 평가받았기 때문이다. 이 인수 협상은 지금 시점에서 평가할 때도 판 회사, 산 회사 모두 만족하는 결과로 이어졌다.

실리콘밸리의 경우 사업 초기 투자자라 할 수 있는 '엔젤 투자자'들이 중심이 되지만, 한국은 정부의 역할이 상대적으로 크다. 대부분의 한국 벤처캐피탈은 한국모태펀드의 출자를 받은 펀드를 운용한다. 이런 현실을 인지하지 못하면 창업 초기에 실수를 범할 수 있다. 문재인 정부가 뉴딜 정책을 발표하면서 2025년까지 160조 원을 투자할 것이라 발표했다. 이로써 전 산업 분야에 디지털 역량이 더욱 강화될 것이며, 한국의 스타트업에는 이것이 또 다른 기회가 될 것이다.

시작하는 창업가를 도와줄 최고의 조력자들이 늘고 있다

한국의 스타트업은 실리콘밸리와 달리 역사가 짧아 매뉴얼조차 없고, 존재하더라도 그 수준이 만족스럽지 않다. 그래서 한국의 창업가들은 매 순간 역사를 새로 쓰는 심정으로 긴박한 판단을 내려야 할 때가 다반사다.

멘토가 부족한 것은 말할 필요도 없다. 잡스는 창업을 고민하던 20대 시절, 무작정 전화번호부에서 인텔의 창업가 로버트 노이스를 찾아 그에게 멘토링을 청했다고 하는데, 한국에서는 이런 도움을 청하기가 쉽지 않다.

실리콘밸리에서는 창업하고 성공한 다음, 후배 창업가들을 양성하는 시스템이 일찍부터 발달했고, 멘토들도 증가하는 추세다. 이런 멘토링을 '인큐베이팅 시스템'이라 부르고, 그 선배 창업가들을 액셀러레이터Accelerator라고 칭한다. 액셀러레이터는 '창업 기획 회사' 혹은 '창업 기획자'로 정의할 수 있는데, 스타트업을 위한 투자자이자 조력자이자 조련사라고 생각하면 된다. 연예 기획사로 치면 방탄소년단을 키워낸 빅히트 엔터테인먼트와 방시혁 프로듀서가 액셀러레이터라 할 수 있다.

액셀러레이터는 스타트업이 처한 문제를 신속하게 해결하고 빠르게 상품을 출시하도록 돕는다. 또 엔젤투자자와 벤처캐피탈 투자를 연계시켜주기도 한다. 에어비앤비의 창업가 브라이언 체스키와 조 게비아도 '와이 콤비네이터'와 함께 성장했다. '와이 콤비네이터'는 '에어비앤비' 외에도 '드롭박스'와 여러 굵직한 기업의 성공을 이끌었던 실리콘밸리의 대표적 액셀러레이터 조직이다. 2020년 하반기 인기리에 방영된 tvN 드라마 '스타트업'을 본 적이 있는가? 거기에 나오는 '샌드박스'라는 이름의 회사 역시 액셀러레이터다.

다행스러운 일은 이 액셀러레이터들이 최근 한국에서도 조금씩 늘며 활발히 활동을 시작했다는 것이다. 성공한 창업가나 창업을 전문적으로 연구해온 컨설턴트 출신들이 바로 그들이다. 성공한 창업가의 경우, 자기 사업을 성공적으로 매각한 후 후배들을 도우려 다시 현장으로 돌아온 사람들이 많다. 이들은 금전적으로 실탄도 보유했기에 투자자로도 활동한다. 컨설턴트의 경우 창업가들이 정부 지원 사업에 도전할 때 주로 만나게 되는데, 창업가에게 여러 가지 정보는 물론 사업을 발전시키는 데 많은 도움을 준다.

물론 이 두 가지 역할을 모두 하는 액셀러레이터도 존재한다. 이 책의 공동 저자 중 한 명인 벤처스퀘어의 명승은 대표가 그런 인물이다. 그는 한국에 액셀러레이터 문화를 자리 잡게 한 중요한 인물 중 한 명이기도 하다. IT 기자 출신으로 스타트업 관련 블로거로도 활동했으며, 수차례 창업한 경험을 바탕으로 스타트업 전문 미디어 서비스인 벤처스퀘어를 창업해 10년 동안 운영해오고 있다. 특히 벤처스퀘어는 중소벤처기업부에 등록된 액셀러레이터이자 팁스(TIPS, 민간과 정부가 함께 유망한 창업 기업을 지원하는 사업) 운영사로 100개 이상의 스타트업 투자를 집행한 이력도 가지고 있다.

이 책의 또 다른 저자인 로보위즈의 한상균 대표도 후배 창업가들을 이끌어주고 있는 대표 멘토다. 그는 게임 중계방송사 온게임넷(지금의 OGN)의 e-스포츠 캐스터로 방송 활동을 하다가 게임 전문 인터넷 방송이란 콘셉트로 2005년 '빅에프엠(Broadcasting In Games Field Manual, 줄여서 BIGFM)'을 처음 창업했다. 그가 창업한 아이템은 근래 유행하는 MCN의 선험적 모델이었다. 물론 시대를 너무 앞선 탓에 실패를 경험했지만, 여기에 굴하지 않고 '빅에프엠'을 '브랜드오션스'라는 회사로 전환,

이를 발판 삼아 로봇 콘텐츠 기업 '로보위즈'로 두 번째 창업을 한 천상 사업가다. 그뿐만 아니라 한화그룹의 액셀러레이터인 드림플러스에서 전문가 멘토로서 유망한 스타트업들을 멘토링하며 치열한 현장에서 그들과 동고동락하고 있다.

한국에서도 액셀러레이터들이 늘고 있다는 것은 매우 반가운 소식이지만, 여전히 그 수가 부족하다. 사업을 막 시작하는 새내기 창업가들을 가까이에서 도와줄 만한 선배 창업가, 투자자들이 더 많아져야 하고, 창업가들이 현장에서 이들을 만날 수 있는 기회가 더 많아져야 한다. 이 책의 기획은 바로 거기에서 시작되었다.

스티브 잡스가 도움을 받고자 비교적 쉽게 멘토에게 연락한 것처럼, 그런 만남의 장을 책으로나마 구현하고자 했다. 그래서 새내기 창업가가 사업을 하면서 맞닥뜨릴 중요한 순간들, 그때마다 무엇을 고려해야 하고 어떻게 판단해야 하는지 창업가가 꼭 챙겨야 할 내용을 모아 이 책에 담았다. 사업을 시작하는 순간부터 어려움을 극복하고 투자를 유치하고 회사를 키워 상장하고 엑시트하는 그 모든 과정을, 먼저 스타트업을 시작해 현장의 최전선에서 뛰고 있는 선배 창업가들의 생생한 목소리로 전달하는 데 주안점을 두었다.

선배들이 직접 보고, 겪은 내용을 참고삼아서 스타트업의 생로병사를 미리 엿보는 것만으로도 시작하는 창업가들은 큰 무기 하나를 얻게 될 것이다. 특히 이 책에서는 창업가와 투자자의 시각을 동시에 알 수 있어, 현실적으로 사업을 구상하고 발전시키고 이끌어가는 데 큰 도움을 얻을 수 있을 것이다.

명승은 대표가 액셀러레이터를 넘어 투자자, 투자 심사역의 입장까지 대변할 것이며, 한상균 대표가 현장에서 뛰는 창업가로서 다양한 이야기를 풀어낼 것이다. 그뿐만 아니라 명승은 대표의 페이스북과 인스타그램에서 '그만의 아침편지'라는 이름으로 연재된 내용을 가공하여 창업가들이 곁에 두고 자주 생각해봤으면 하는 내용을 장마다 '창업가의 보드판'이란 이름으로, 실질적인 도움을 받을 만한 곳의 정보를 부록BONUS BOOK으로 정리해두었다. 이제 당신은 위기의 순간마다 멘토를 찾아나서지 않아도 된다. 이 책을 통해 든든한 멘토 두 명을 가장 가까이에 두게 되었으므로.

당신은 '왜' 시작하려고 하나요?

명승은 벤처스퀘어 대표

"스티브 잡스라도 한국에서는 성공하지 못했겠죠?"

종종 이런 질문을 던지는 분들이 있습니다. 질문할 때부터 이미 실패를 가정하고 하는 질문이겠죠. 저는 이 질문을 이렇게 바꿔보겠습니다.

"스티브 잡스는 무엇을 잘하는 사람이었을까요?"

질문을 하나 더 던져보겠습니다.

"굳이 우리가 제2의 스티브 잡스가 되어야 할까요?"

너무 많이 들어서 진부할 수 있지만, 스타트업이나 CEO의 성공을 이야기할 때 스티브 잡스를 빼놓을 수 없어서 언급을 안 할 수가 없네요. 어쨌거나 여러분, 질문으로 다시 돌아와서 우리가 꼭 스티브 잡스가 되어야 할까요? 그렇게 되면 행복하다고, 성공했다고 자신할 수 있을까요? 회사의 규모나 영향력을 기준으로 본다면 그럴 수도 있겠네요. 하지만 스티브 잡스라는 한 사람의 인생을 보면 어떻습니까. 불운한 유년 시절을 보냈고 자기가 만든 회사에서 쫓겨나 수많은 실패를 경험했습니다. 이것만 보면 제 생각에는 잡스의 삶이 꼭 정답은 아닌 것 같습니다. 또 누구보다 창의적이고 천재였지만, 성격은 괴팍해서 남들에게 호불호가 명확히 갈리는 인물이었습니다. 그리고 결정적으로 일궈놓은 영광을 다 누리기도 전에 병으로 세상을 떠나지 않았습니까.

자, 같은 질문을 다시 해보겠습니다. 당신은 정말 스티브 잡스처럼 되고 싶은 건가요? 그런 사람으로, 그런 삶을 산다면 정말 행복할까요? 아마 아닐 겁니다. 우리는 근본적으로 누구처럼 되고 싶어서가 아니라 스스로 더 행복해지고 싶어서 창업하고 돈을 벌려는 겁니다. 왜 이렇게 장황하게 이야기를 했냐면, 창업할 때 왜 시작하려고 하는지 목적을 분명히 하고 그것을 잊지 말라는 말씀을 드리고 싶어서입니다. '스티브 잡스처럼 되고 싶다'가 목적이 된다면, 스티브 잡스처럼 되지 못했을 경우 불행해지고 말 겁니다. 꿈이 큰 것과는 다른 맥락인데, '누구처럼' 되고 싶다는 것은 근본적으로 목적이 될 수 없습니다. 차라리 그보다는 나는 무엇을 잘하는지, 뭘 할 때 가장 행복한지, 그것이 스타트업을 창업할 때 가장 효과적인지를 곰곰이 따져

보고 이것을 목적으로 삼으세요. 그러면 스티브 잡스처럼 되지 않아도 우리는 충분히 행복하고 성공할 수 있습니다.

한 가지 더 이야기해보죠. 전설의 농구선수 마이클 조던 이 야기를 아시나요? 천재 농구선수도 야구로 종목을 전향하면 비 루한 후보 선수에 불과합니다. 조던은 NBA에서 3년 연속 우승 한 이후, 1993년 아버지의 총격 사망으로 인해 충격을 받고 급 작스럽게 그해 10월에 은퇴했습니다. 그리고 이듬해인 1994년 미국 프로야구 메이저리그 시카고 화이트삭스 산하 더블 A팀 인 버밍햄 바론스에서 야구선수로 뛰기 시작합니다. 이미 서른 이 넘었고, 야구는 농구와 또 달라서 127경기에 등판해 타율 2할, 홈런 3개와 51타점, 도루 30개의 성적을 내는 데 그치고 말았죠. 야구선수로서는 평균 이하의 수준이었습니다.

결국, 조던은 야구선수 생활을 그만두고 다시 농구 코트로 복귀합니다. 1995년 NBA 복귀를 선언한 조던은 1996년부터 3년 연속 시카고 불스에 우승컵을 안겨주었죠. 물론 조던이 더 일찍 야구를 시작하고, 정말 열심히 해서 농구선수 시절만큼의 영예를 야구선수로서도 안았을 수 있지만, 조던은 여러모로 타 고난 농구선수였고, 잘하는 것을 했기 때문에 더 좋은 성과를 얻을 수 있었던 겁니다.

창업도 마찬가지 아닐까 싶습니다. 창업하기로 마음먹는

순간부터 우리는 정말 길고 긴 생존을 위한 여정에 나서야 합니다. 잘하는 것, 좋아하는 것을 하더라도 어려움에 닥칠 수 있습니다. 기업을 세우고 운영하는 모든 과정이 처음이니 시행착오를 겪을 수밖에 없거든요. 그래서 잘하는 것을 찾는 것도 중요하지만, 잘하는 것을 통해서 이루고자 하는 목표가 창업했을 때 더 유리한지, 창업했을 때만 가능한 것인지도 따져보아야 한다는 것이죠.

좀 더 이야기해볼까요. 창업創業은 회사를 만드는 창사創社와는 좀 다릅니다. 좀 더 큰 범주의 이야기인 셈이죠. 우리가 이루고자 하는 것을 해내기 위해 기획하고 준비하고 실행하고 성과를 만들어내는 과정이라면 그게 무엇이든 '업業'이라 부를 수 있습니다. 그런데 이 업은 반드시 회사를 만들어야만 할 수 있는 것은 아닙니다. 정치 연설을 통해서, 책을 집필하거나 커뮤니티를 만들어 공동체를 구성하는 등 여러 가지 방법으로 이룰 수 있습니다. 조합을 만들거나 동아리를 구성하고 학교를 운영하는 것도 어떻게 보면 미래를 위해 하는 업이라고 말할 수 있습니다.

하지만 이 책에서 우리가 말하려는 것은 '회사를 만드는 창업' 즉, '창사'인 것입니다. 그리고 이 방법을 선택했다는 것은 회사를 만들어서 원하는 목표를 달성하겠다는, '회사를 만드는 창업'을 통해 행복해지겠다는 결심을 한 것입니다.

좀 더 쉽게 이야기한다면 창업한다는 것은 사업을 통해 고객에게 팔릴 만한 상품을 만들고 수익을 내는 행위를 말합니다. 상법상 회사를 차렸다고 할 수 있겠죠. 창업 기획자, 스타트업 액셀러레이터로 10년 동안 일하면서 많은 창업가를 만났습니다. 그중에는 수익을 창출한다거나 투자를 계속 유치할 만한 구체적인 대안 없이 자신이 하고 싶은 일을 한다는 사명감에 취해, 좋아하는 일을 좇는다는 이유로 일단 회사부터 덜컥 만들어놓는 분도 많았습니다. 그런 분들을 볼 때 지난날의 제가 생각나면서 정말 안타까웠습니다. 그리고 지금 이 책을 집어 든 분 중에도 그런 상황에 놓인 분이 있다면 꼭 말씀드리고 싶습니다. 당장 그 생각부터 재고해보세요.

　　당연한 말이지만, 창업가의 목표는 창업 자체가 되어서는 안 됩니다. 앞에서 강조한 목표는 '창업' 그 자체라기보다는 스스로 이루어내고 싶은 좀 더 구체적인 계획에 가깝습니다. 대학교에 들어갔다고 해서 취업을 잘하고 인생의 탄탄대로를 걷는 것이 아닌 것처럼, 회사만 차린다고 끝나는 게 아닙니다. 회사를 시장에 안착시키고 직원을 들이고 기업을 건실하게 키우는 동안 숱한 어려움과 험난한 생존의 과정이 여러분을 기다리고 있을 테니까요. 자본을 확보하고 비용과 매출의 균형을 맞추고 핵심 역량을 키워나가는 일 역시 당연히 포함입니다. 이 모든 과정과 그 안에서 체득하는 경험 전부가 경영이고, 창업가가 생각하고 책임져야 할 부분입니다. 창업을 꿈꾸는 분이라면 본인이 이런 상황까지 감내할 준비가 되어 있는지, 무엇보다 이런 과정을 통해서 이루고자 하는 바가 무엇인지를 한 번 구체적으로 그려보시길 바랍니다.

　　사명감도 있고, 목표도 있고, 사업을 시작했을 때 따른 어려움을 시뮬레이션해보았는데도 사업만이 답이라고 여기는 분들이 있을 겁니다. 결국, 그런 분들이 창업가가 됩니다. 그리고 대부분 다음과 같은 순서로 창업할 겁니다. 시작은 창업 아이디어를 구상하는 것이겠죠. 일단 주변의 문제점을 발견한 다음 이 문제를 어떻게 해결할 것인지 아이디어를 구상합니다. 그리고 그 구상에 따라 역할을 배분하고 사람을 모읍니다. 그다음 창업 아이디어 공모전에 아이디어를 제출하겠죠. 그리고 나서 나중에 투자를 받기 유리하다는 말에 법인부터 세웁니다. 법인을 세웠다는 뜻은 이제 나만의 아이디어가 아니라 투자자와 직원들이 함께 운명 공동체로 엮인 집이 세워졌다는 것입니다. 스케치했던 집 뼈대가 완성되고 지붕이 얹혀져 있는 모습일 겁니다.
　　여기까지 오면 창업가는 이제 뭘 좀 해보겠다는 기대감에 젖어 있을 겁니다. 하지만 현실은 여기서부터 난감한 시나리오가 펼쳐집니다. 만일 한 창업가의 수중에 1억이 있다고 가정해 봅시다. 이 돈을 회사 통장에 넣어두고 시작하겠죠. 온라인으로 법인을 설립하면 보통 7만 원이 들고 법무 대리를 이용하면 30만 원 정도 듭니다. 그다음 창업가는 사업에 필요한 사람을 모으겠죠. 5명 정도를 영입해서 창업한다고 칩시다. 그리고 공짜로 사람을 부릴 수 없으니 1인당 연봉 2,400만 원 정도를 책정합니다. 연금이나 보험 등 부대 비용을 제외하면 한 명이 한 달에 180만 원 정도 가져가는데, 2021년 시간당 최저임금이 8,720원입니다. 최저급여 수준의 실수령액은 164만 원 정도이니 최저임금이라고 보면 됩니다.

직원을 구했다면 교통과 유동 인구, 여러 인프라를 고려해 도심에 사무실도 하나 구합니다. 회의실 하나 딸린 방과 그 사무실을 채울 사무기기, 용품들도 필요할 겁니다. 노트북은 기본이고 각종 기기, 사무집기가 필요할 거고, 서버도 저렴한 것을 쓰자고 일단 '클라우드 서비스'를 등록하겠죠. 물론 요즘은 꼭 사무실을 구하지 않더라도 공유 오피스가 잘 되어 있으니 이보다는 적은 비용으로 바로 시작할 수도 있을 겁니다. 임대료보다는 적겠지만 공유 오피스 역시 비용은 비용입니다.

자, 어쨌든 여기까지 무사히 왔다면 머릿속에 그려놓은 그 아이디어를 구현하기 위해 개발을 시작하겠죠. 6개월을 그렇게 보냅니다. 이때 개발만 하지는 않겠죠. 직원들과 가끔 회식도 하고 서로 단합하자며 워크숍도 다녀옵니다. 그렇게 하면 6개월 동안 얼마를 쓰게 될까요? 한 달 기준으로 직원들 연봉부터 계산해보죠(여기에서는 2,400만 원을 12개월로 나눈 금액을 한 달 급여라 가정하겠습니다).

1인당 한 달 급여 200만 원×5명 = 1,000만 원

한 사람의 한 달 급여에 0.7을 곱하면 회식비, 문구류 구매 같은 잡비, 관리비, 교통비, 여비, 4대 보험료 등 다른 비용들을 대략 산출할 수 있는데, 이것만 해도 700만 원이네요. 사무실은 아주 허름해도 한 달 월세가 70만 원 정도 할 겁니다.

이렇게 하면 한 달 고정비만 벌써 1,770만 원이 나갑니다. 6개월 후에는 1억 620만 원을 썼으니 처음 통장에 넣었던 자본금 1억 원은 사라지고 빚 620만 원만 남겠네요. 사실 이 정도 되면 보증금은 이미 다 써버렸을 겁니다. 추가로 1억 원을 벌기 위해 무엇을 해야 할지 고민하기보다 아마 추가로 1억 원을 더 빚낼지 고민해야 할 때가 온 셈입니다.

이야기가 너무 비관적인가요? 다른 변수도 한 번 상상해보겠습니다. 운 좋게 6개월이 됐을 때쯤 3억 원을 투자받았다고 쳐보죠. 그렇지만 투자 유치의 기쁨도 잠시, 회사에 돈이 들어왔으니 직원들은 이제 자신들의 급여를 올려줄 때가 됐다고 말합니다. 워크숍 좀 가자고 하고 복지 좀 챙겨달라고 요구하고

직원도 더 뽑아야 한다고 보챕니다. 여기저기 마케팅비도 써야 하죠. 어쩌면 회사에 돈이 들어온 순간부터 2배 정도를 더 쓰게 될 겁니다.

그렇게 다시 6개월이 지나면 아마 1억 원도 안 남을 거고, 이 돈으로는 3개월도 못 버틴다는 끔찍한 생각이 들 겁니다. 직원들 월급을 너무 많이 주는 게 아닌가 걱정도 되지만, 월급을 적게 주면 다 떠날까 봐 무서울 테고요. 그렇다고 급여를 밀리면 형사상 임금 체불죄를 범한 범죄자로 전락하고 맙니다. 우리나라 형법을 보면 사업주가 근로자의 임금을 떼먹으면(임금 체불) 3년 이하의 징역이나 3,000만 원 이하의 벌금형을 받게 되어 있거든요.

창업가는 걱정이 태산입니다. 그렇다고 여기서 멈출 수도 없는 노릇이니까요. 다시 변수 하나를 추가해 보겠습니다. 1년 안에 돈을 벌게 되는 상황이죠. 직원들과 함께 돈을 벌기 위해서 당장 눈앞에 닥친 일을 수행합니다. 애초에 목표로 삼은 멋진 서비스를 만드는 일은 잠시 옆으로 미뤄두고요. 그렇게 해서 운 좋게 5,500만 원짜리 매출 세금계산서를 끊었다고 가정합시다.

세금 떼고 5,000만 원을 번 것 같지만, 사실상 이 돈에는 그 일을 수행하는 데 필요한 비용인 3,000만 원도 포함되어 있습니다. 외주를 쓰는 비용, 교통비, 출장비, 각종 잡비, 업체와 식사라도 하면 접대비도 들 거고 돈을 벌어서 직원들과 회식이라도 했다고 하면 지출이 더 늘었겠죠. 이런 씀씀이라면 5,000만 원짜리 용역 계약 2개를 맺어도 적자 상태에서 못 벗어날 겁니다. 더 끔찍한 일은 당장 돈을 벌기 위해 일하다가 원래 자신들이 만들려던 제품이나 서비스, 목표가 뭐였는지 잊어버리게 되는 거죠.

이 창업가가 저지른 실수가 무엇이었을까요? 첫째는 법인부터 덜컥 만든 것이고, 그다음으로 공동 창업가가 처음부터 급여를 받아가는 비용 구조를 만든 것이며, 기획이나 제품의 완성 단계 이전에 팀이 깨질 수도 있다는 상황을 예측하지 못했다는 것이겠죠. 이 중에서 가장 큰 실수는 '시장'과 '고객'을 설정하지 않고, 돈 버는 구조를 만들지 않고 무작정 법인부터 만들었다는 점입니다.

액셀러레이터로서 창업가분들에게 조언할 때 항상 창업의 순서와 때의 중요성을 강조합니다. 기본 중에 기본이라서 간과할 수도 있으나, 창업 성공의 토대는 바로 거기에 있기 때문이죠. 하지만 거기서 끝이 아닙니다. 창업하는 순서와 때를 아는 것은 생존하는 데 필요한 기본 조건에 불과합니다. 중요한 건 돈을 쓰거나 가져가는 구조보다 돈을 벌어들이는 구조를 만드는 겁니다. 수익을 내는 구조가 곧 투자자의 마음을 사로잡는 치트키가 될 테니까요. 투자만 받으면 끝일까요? 아니죠. 그 투자받은 돈을 합리적으로 잘 쓰는 것도 중요합니다. 그리고 이 모든 것을 가능하게 하는 힘은 바로 78억 인구 중 단 한 명인 당신이 제2의 스티브 잡스가 되는 것이 아니라 가치 있는 일을 하면서도 실패하지 않는 유일한 '무엇'이 되는 것입니다.

사업을 준비하는 분들, 이제 막 시작하신 분들, 처음이라 어렵고 누구보다 힘드실 겁니다. 저도 그랬으니까요. 또 이 책을 완독한다고 해서 바로 전문가가 될 수도 없을 것입니다. 그래서 제가 처음 사업을 시작했던 때로 돌아가 저와 제가 투자한 기업들이 겪었던 시행착오들, 그리고 투자자의 관점에서 어떤 사업과 회사에 투자하고 싶은지 단계별로 차분히 설명해볼까 합니다. 여러분이 사업을 하며 어떤 선택과 결정을 해야 할 때 이 책이 일종의 리트머스 시험지 같은 역할을 했으면 좋겠네요. 그리하여 여러분의 그 '무엇'을 찾아 나가는 데 조금이라도 도움이 되면 좋겠습니다. 부디 마지막 페이지까지 함께해주시길 바랍니다.

창업은
시작일 뿐,
목적은 '수익 창출'

한상균 로보위즈 대표

사실 방송 진행자의 길만 걸어왔던 제가 창업을, 그것도 3번이나 할 줄은 몰랐습니다. 지금 돌이켜 생각하면 우연이라고 생각했던 작은 일들이 모이고 쌓여 운명처럼 저를 창업가의 길로 이끈 것 같습니다. 아마 이 책을 읽고 계신 분들도 본인의 창업 과정에 이런 신기한 우연과 운명의 힘이 자리한다고 믿고 계시겠지요.

하지만 그런 우연과 운명의 힘만으로 우리가 창업한 것일까요? 저는 창업가가 창업을 선택하게 된 데에는 '결핍'의 힘이 가장 크게 작용했다고 봅니다. 결핍은 창업과 성공을 향한 강력한 동기 부여가 되어주고, 나만의 무기와 방패를 담금질하는 데 절실함을 더해주니까요.

제가 2005년에 처음 창업했던 스타트업 빅에프엠도 그랬습니다. 첫 창업은 게임 방송과 관련된 것이었는데, 이 부분의 이해를 돕기 위해 잠깐 배경부터 설명해드려야겠네요.

다들 아시는 것처럼 온미디어의 온게임넷(지금의 OGN), MBC의 케이블 채널인 MBC게임, 스카이라이프의 겜TV 등 게임 방송 채널들이 큰 인기를 얻었던 때가 있었습니다. 2000년대 초 젊은 시청자들이 온종일 이 게임 방송 채널만 켜놓고 살았다고 해도 과언이 아니었으니까요. 실제 시청률을 조사한 결과, 이 당시 온게임넷은 10대, 20대 남성 시청률 1위를 기록했고, 임요환, 홍진호 같은 프로게이머의 인기는 웬만한 연예인을 능가할 정도였습니다.

특히 2004년 7월 17일 부산 광안리에서 펼쳐진 스타크래프트 대회 '스카이 프로리그 2004' 결승전에 10만 명의 관중이 모여 큰 화제가 되기도 했었지요. 같은 날 부산에서 열린 프로야구 올스타전을 보러 간 관중이 1만 6,000명 정도였다고 하니까 그 수만 비교하더라도 e-스포츠로 불리는 게임 대회와 게임 방송의 인기가 어느 정도였는지 짐작할 수 있을 겁니다.

이 당시 온라인 게임과 게임 대회는 한국뿐만 아니라 전 세계적으로도 엄청난 인기를 끌었습니다. 그래서 게임 올림픽으로 불리는 WCG World Cyber Games 1회 대회가 2001년에 우리나라에서 개최되기도 했고, 다양한 e-스포츠 대회와 이를 중계하는 게임 방송 채널의 인기가 연관 산업의 발전에도 영향을 미칠 정도였습니다. 대표적인 것이 컴퓨터 산업과 PC방 창업 열풍이었지요. 그 뒤에 온게임넷이 포함된 온미디어를 CJ그룹이 인수하여 CJ ENM이라는 거대 미디어 그룹으로 성장시켰고, 2013년에 MCN 사업을 시작하여 2017년에는 아시아 최초로 MCN 전문 방송 채널 다이아 티비를 개국했습니다. 이런 과정을 보면 2000년 초에 폭발적으로 인기를 얻은 e-스포츠 대회와 게임 방송이 국내 미디어업계의 빅뱅을 가져왔다고 해도 지나친 표현은 아닐 것입니다.

다시 제 창업 이야기로 돌아와서, 저 역시 이때 온게임넷에서 방송을 진행하던 게임 캐스터로서 e-스포츠라는 새로운 영역을 개척한다는 것에 자부심을 느끼며 활동하고 있었습니다. 그러나 뭔가 채워지지 않는 갈증이 있었고, 그것을 채워줄 무언가가 필요했습니다. 그에 대한 해답으로 게임 유저들과 소통하는 빅에프엠을 창업하게 된 것이지요. 빅에프엠의 방송 콘텐츠는 요즘 도티, 보겸, 대도서관 등의 인기 게임 크리에이터들이 방송하는 스타일이라고 생각하시면 이해하기 쉬울 것 같습니다. 이러한 기획으로 2005년에 창업했으니 엄청 빠른 것이었지요. 자화자찬 같지만, 시대의 변화와 게임 팬들의 욕구를 파악하는 선견지명은 있었던 것 같습니다.

사실 이 시기에 MMORPG(대규모 다중 사용자 온라인 롤 플레잉 게임)는 이미 스타크래프트의 인기를 넘어서고 있었는데, 기존의 게임TV 채널에서는 그 재미를 전달하는 방송 프로그램을 제작하기가 쉽지 않았습니다. 리니지, WOW World Of War-craft 등 열혈 게임마니아들의 커뮤니티 안에서 펼쳐지는 재미있는 에피소드들과 카운터스트라이크, 스페셜포스 등(지금은 대세가 되었지만, 이 당시는 비주류였던 FPS 게임들)의 다양한 e-스포츠 선수들의 뒷이야기, 그 외에 알토란같은 무궁무진한 소재들이 방송 콘텐츠로 제작되지 못하는 게 너무나 아까웠습니다. 그리고 개인적으로는 방송 진행자로서의 활동을 넘어서 방송사를 만들어 일가를 이루어보겠다는 원대한 꿈도 있었지요. 결국, 이 모든 게 모여 창업을 선택하게 된 겁니다.

빅에프엠이란 브랜드명은 'Broadcasting In Games Field Manual'의 약자인데요. '게임 안의 방송국', '온라인 게임 세상 안에서 일어나는 이야기를 담아내는 방송', '이 분야의 야전교범'이 되겠다는 포부를 담은 이름이었고, 이 당시 게임 방송 시장에 결핍된 부분, 즉 틈새시장을 잘 찾아내었다는 확신이 들면서 본격적으로 사업을 시작하게 되었습니다.

그동안 상상해왔던 것을 현실로 만들어내는 방송국을 창업하고 운영한다는 사실에 창업 초기에는 하루하루가 행복했습니다. 특히 함께 일한 이들이 빅에프엠이라는 방송국을 사랑했고 함께 행복감을 느끼며 일했다는 것은 지금 생각해도 매우 놀라운 일이었습니다. 자발적이고 능동적으로 일하는 조직, 자기 일을 사랑하는 조직, 그런 조직을 만들었다는 건 정말 꿈같은 일이었지요. 사실 지금 돌이켜 생각해봐도 시작은 분명 나쁘지 않았습니다.

제가 온게임넷과 MBC게임 등 게임 방송의 진행자로 활발하게 활동하던 시기였기 때문에 빅에프엠은 시작하기도 전에 주위의 큰 관심과 기대를 모았습니다. 법인을 설립한 직후에는 '메가TV(지금의 올레TV)'로 IPTV 사업을 준비 중이던 KT로부터 새로운 킬러콘텐츠로 인정받아 투자도 받았고요. 덕분에 방송을 진행할 훌륭한 크리에이터들도 많았습니다. 중국의 프로게임단 RNG의 총감독으로 활약하다가 지금은 국내에 들어와서 한화생명 e-스포츠 감독을 맡은 손대영 씨를 비롯해 현재까지 국내 게임업계에서 훌륭하게 제 몫을 다하고 있는 인재들이 빅에프엠의 크리에이터로 활동했고, 빅에프엠의 가능성을 알아본 파트너들에게서 함께 손잡고 사업을 하자는 제안도 많이 받았습니다.

막 시작한 빅에프엠이 안팎으로 사랑받자 크게 성공할 수 있겠다는 생각에 가슴이 다 설레더군요. 그게 제 '아름다운 착각'이라는 것도 모른 채 말이지요.

행복은 오래가지 못했습니다. 그 이유는 단 하나, 기대했던 수익이 제때 나지 않아서입니다. 수익 창출이 창업의 가장 중요한 목적이라는 것을 간과했던 저는 큰 아픔과 시련을 겪어야만 했습니다. 당연한 이야기이지만 창업의 첫 번째 목적은 돈을 버는 것입니다. 준비한 사업 아이템으로 수익을 낼 수 있는지, 그 사업 아이템의 수익 창출 구조와 본질이 무엇인지 분명히 이해하고, 그 준비가 확실히 되었을 때에만 창업을 해야 합니다.

맥도날드의 본질적 수익 모델이 햄버거 판매에 있는 게 아니라 부동산 수익에 있다는 사실, 알고 계신가요? 맥도날드의 창업가 레이 크록이 이렇게 말하는 것을 듣고 저는 크게 충격을 받았습니다. 하지만 더 놀라운 건 맥도날드뿐만이 아니었습니다. 우리나라의 제조업 공장을 운영하는 사장님들 중에도 이런 이야기를 하는 분들이 많았으니까요. 제조업은 그저 손해만 안 볼 정도로 운영되면 만족이고 정말 큰 이익을 가져다주는 것은 공장 부지라는 겁니다. 부지의 부동산 가격이 오르면서 그 차익으로 돈을 버는 것이지요. 국내 증시에 상장된 기업들의 공장 부지가 새로운 행정 수도로 거론되는 지역에 있거나 그린벨트 해제 구역에 있다면 그 회사의 주가가 급등하는 것도 같은 이유입니다.

맥도날드의 창업가와 한국 제조업 공장 사장님들의 공통점이 보이시나요? 성공한 사업가들은 초보 사업가의 눈에는 보이지 않는, 수익 창출의 본질을 꿰뚫어 보는 능력이 있습니다. 겉으로 보이는 게 전부가 아닌 것이지요. 여기에서 핵심은 부동산으로 돈을 벌라는 것이 아니라 수익 창출의 본질을 파악하라는 것입니다. 과연 내가 창업했을 때 어디에서 어떻게 수익을 창출할 것인지 분명히 알아야 하고, 흑자를 내는 구조를 만들어야 창업에 실패하지 않는다는 것이지요.

IT 분야를 하나 더 예로 들어볼까요. 카카오톡이 SNS로 처음 나왔을 때 사람들은 편리하다고 여기면서도 그들의 수익 모델이 무엇인지 궁금해했습니다. 2011년 152억 원 적자를 기록했던 카카오톡은 게임, 커머스 등 중개 사업이 폭발적으로 성장하면서 엄청난 흑자를 내더니 지금은 카카오뱅크, 카카오모빌리티, 카카오엔터테인먼트까지 확장이 되었지요. 카카오톡이 그저 편리한 모바일 메신저로만 인식되던 시절에 이것을 상상할 수 있었나요?

세계 최대의 온라인 쇼핑몰 아마존닷컴을 운영하는 아마존의 진정한 기업 가치는 어디에서 나올까요? 매년 사상 최대의 실적을 경신하고 있는 아마존의 2020년 4분기 매출은 약 1,256억 달러(약 140조 원), 아마존 역사상 처음으로 분기 매출 1,000억 달러를 넘었고 영업이익은 약 69억 달러(약 7조 8,000억

PROLOGUE

원), 전년 동기 대비 약 77% 급증했습니다. 기록적인 매출과 영업이익 덕분에 아마존의 주가 역시 꾸준히 우상향하고 있는데요. 여기에 코로나19 사태가 가져온 급격한 사회환경의 변화로 인해 비대면 온라인 거래가 급증하고 있으니 앞으로도 아마존의 성장은 계속 이어질 것 같습니다. 그렇다면 이 기록적인 매출과 영업이익의 원동력은 무엇일까요?

아마존은 코로나19 사태 이전부터 새로운 미래를 준비해왔습니다. 특히 비용을 줄이는 데 집중했지요. 그중 하나가 망해가는 미국의 오프라인 대형 쇼핑몰들을 중점적으로 인수하는 것이었습니다. 온라인 쇼핑 사업의 효율성을 높이기 위해 오프라인 대형 쇼핑몰을 인수하다니, 이해가 되시나요? 아마존은 온라인 쇼핑 사업의 핵심 역량 중 하나인 신속한 배송에 필요한 최적의 조건을 오프라인 대형 쇼핑몰이 갖추고 있다고 판단했습니다. 넓은 토지, 편리한 고속도로, 인구중심지와 가까운 입지 조건 등이 바로 그것이었지요. 게다가 버스 정류장이 가까워서 직원들이 출퇴근하기도 좋아 이보다 더 좋은 선택은 없었습니다.

아마존의 폭발적인 성장 이유를 물었을 때 아마존의 최고 재무책임자 브라이언 올사브스키는 아마존 물류 창고의 높은 효율성 덕분이라고 답했는데요, 오프라인 대형 쇼핑몰 인수가 주효했다는 걸 확인할 수 있는 대목입니다.

아마존은 여기에서 그치지 않고 코로나19 사태의 여파로 인해 줄줄이 폐업하고 있는 미국의 대형 백화점들마저 아마존의 물류 창고로 활용하는 방안을 협의하고 있다고 합니다. 그러지 않아도 잘나가고 있던 아마존이 로켓을 달고 날아가게 된 셈이지요. 비대면 온라인 거래를 할 수밖에 없는 사회환경의 변화 덕을 톡톡히 본 것도 있지만, 근본적으로는 수익 창출의 본질을 정확히 파악하고 그에 필요한 핵심 역량을 증대하기 위해 아마존이 기울인 노력이 선행되었기에 이루어진 결과라고 보는 것이 더 정확할 것입니다.

돈을 버는 방법은 2가지입니다. 비용을 줄이거나 영업이익을 늘리면 됩니다. 아마존이 오프라인 쇼핑몰을 인수해서 물류비용을 줄였다면, 영업이익을 크게 높여주는 것은 바로 '아마존웹서비스AWS'라는 클라우드 컴퓨팅 사업 부문입니다. 사실 아마존은 이 분야의 세계 최강자이지요. AWS의 2020년 4분기 매출이 약 127억 달러, 영업이익은 약 36억 달러로 아마존의 4분기 전체 영업이익 69억 달러 중에 50%를 넘게 차지하고 있으니 아마존을 실제로 먹여 살리는 것은 AWS라고 해도 과언은 아닐 것입니다. 아마존을 세계 최대의 온라인 쇼핑 사업자라고만 생각하셨던 분이라면 깜짝 놀랄 사실이지요. 아마존은 2012년에 우리나라에도 진출하여 온라인 쇼핑이 아닌 AWS를 제공하고 있는데요. 이미 오래전부터 클라우드 사업에 더 큰 가치를 부여하겠다는 전략적 선택을 한 것으로 보입니다.

이런 몇 가지 사례만 봐도 식음료, 제조, e-커머스, SNS, 콘텐츠 등 어떤 사업 분야에서 창업하든 자신만의 분명한 수익 모델을 가지고 창업해야 한다는 것을 알 수 있습니다.

자, 제가 창업한 빅에프엠이 실패한 건 기대했던 수익이 제 때 나지 않아서라고 말씀드렸는데요. 이 사업은 몇 년 전부터 크게 활성화되어 큰 수익을 창출하고 있는 MCN 사업의 초기 모델이었습니다. 이 당시에는 MCN이라는 용어도 없었고, 순전히 게임 크리에이터들을 모아서 재미있는 방송 콘텐츠를 만들면 대박이 날 것 같아 시작한 사업이었습니다. 지금에 와서 보면 시대를 앞서가는 혁신적인 창업이었음이 분명했지만, 안정적인 수익이 나고 성공하는 이들이 나오기까지 10년 정도의 시간이 걸린 것을 보면 제가 너무 빨랐던 것 같습니다. 결국, 이 사업을 통해 어떻게 수익을 창출할 수 있는지에 대한 이해와 준비가 부족한 상태에서 창업했던 것이 가장 큰 실책이었던 셈입니다.

창업 아이디어 하나에서 출발하여 팀을 꾸리고 법인을 설립하고 사무실 인테리어 공사까지 마치고 첫 출근을 했을 때의 기분이 아직도 생생합니다. 설레고 감격스럽기까지 하더군요.

아마 이 책을 집어 든 분 중에는 저와 같은 기분을 느낄 창업가 분들이 분명 있을 테지요. 하지만 제가 앞에서 말씀드렸던 것, 기억하시나요? 창업은 창업일 뿐, 그 자체가 목적이 될 수 없다는 것을요. 이 냉정한 현실을 자각하여 설레고 들뜬 감정에서 빨리 헤어 나와야 합니다. 주변에서 축하해주고 뭔가 성공할 것 같은 자아도취에 빠져 창업의 본래 목적을 잊어서는 안 됩니다. 자칫하는 순간, 실패라는 고속 열차에 탑승하게 될 수도 있으니까요. 그래서 다시 한번 강조합니다. 창업은 시작일 뿐, 창업했다고 해서 목적을 이룬 것은 아닙니다.

분명한 수익 모델을 가지고 창업하세요! 너무 어려운 주문인가요? 맞습니다. 분명 어려운 주문입니다. 창업 생태계에 뛰어든다는 것은 어쩌면 방탄조끼 없이 전쟁터에 뛰어드는 것과 같을지도 모릅니다. 그곳은 언제나 치열하고 냉정하고, 우리에게는 총알도, 몸을 보호할 갑옷도 충분치 않으니까요. 만약 수익 모델이 애매하다면 차라리 시작하지 않는 것이 현명할 수도 있습니다. 준비되지 않은 창업은 반드시 실패하니까요.

하지만 창업 DNA를 가지고 있는 분들이라면 맨몸으로 나서야 한다고 해도 결국 창업 생태계에 뛰어드리라는 것을 저는 잘 알고 있습니다. 그래서 그런 분들을 위해 제가 겪었던 실패의 경험, 시행착오 속에서 얻은 깨달음, 제가 그렇게나 강조했던 수익 모델을 만들고 불필요한 비용을 줄여 투자자의 신뢰를 얻는 법을 알려드리고자 합니다. 성공이라는 고지에 오르는 것은 전적으로 여러분 각자의 노력과 능력에 달린 것이지만, 그 과정에서 예상치 못한 총탄에 치명타를 입지 않도록 이 책이 부디 여러분에게 방탄조끼 같은 역할을 해주었으면 좋겠네요. 그런 마음으로 차분히 이야기를 풀어보도록 하겠습니다.

Q1.

언제
시작하는 게
좋을까요?

1999년 개봉한 영화 '매트릭스'는 수많은 '덕후'들에게 영감을 주었다. 그중 미국 캘리포니아의 게임 덕후 소년이었던 팔머 럭키는 영화를 보고 '가상현실' 게임에 빠져든다. 하지만 영화보다 현저하게 질이 떨어지는 가상현실 기기에 불만을 품은 그는 본인이 직접 기기를 만들기에 이른다. 그렇게 자기 집 차고에서 만든 기기 '리프트'가 세상에 나오게 되었다.

그는 열아홉에 대학을 중퇴하고 창업하게 되는데, 이 회사가 바로 '오큘러스'다. 그리고 제작비 25만 달러를 목표로 크라우드 펀딩 사이트인 킥스타터에서 모금을 펼쳤는데, 놀랍게도 목표의 10배에 이르는 240만 달러를 단 2시간 만에 벌어들였다.

여기에서 끝이 아니다. 1차 펀딩 라운드에서 1,600만 달러, 2차 라운드에서 7,500만 달러의 투자를 성사시킨 뒤, '페이스북'에 20억 달러를 받고 인수된다(뒤늦은 소식에 의하면 '페이스북'은 이 금액 외에도 10억 달러를 더 주었다).

팔머 럭키의 이야기는 어떻게 보면 전형적인 스타트업 성공기로 보인다. '덕질'부터 차고 창업, 대학 중퇴, 성공적인 투자금 유치, 거대 투자자의 인수까지…. 그렇다면 우리도 팔머 럭키처럼 하루라도 빨리 시작해서 이 순서를 밟는 게 맞는 걸까?

자, 다른 이야기를 하나 더 해보겠다.

어린 시절부터 열등생으로 불렸고, 잘하는 건 싸움, 좋아하는 건 무협지 읽기, 그나마 성적이 나오는 건 영어 과목밖에 없던 한 소년이 있었다. 영어를 잘하게 된 이유도 늘 혼만 내는 아버지가 알아들을 수 없게 영어로 말대꾸를 하려고 배운 거였다. 그는 대학 입시도 두 번이나 떨어졌고, 삼수할 때도 간신히 전문대학에 들어갈 수준의 실력이었는데, 운 좋게도 정원 미달로 항저우 사범대학의 영문과에 들어가게 된다. 그리고 단지 돈을 벌려고 영어 강사가 된다.

그러던 중 1995년, 그는 인터넷이란 당대의 신문물을 뒤늦게 접하고 나서 친구들을 불러 모아놓고, "인터넷 사업을 하겠다."라고 창업을 선언해 버린다. 당연하게도 친구들은 모두 그에게 미친놈이라고 손가락질한다. 딱 한 명이 찬성했는데, 이 친구는 그에게 별반 관심이 없는 친구였다. 그조차도 매우 심드렁하게 "해볼 테면 해보든지."라고 말했다.

이 '미친놈'은 바로 마윈이었고, 그가 세운 회사는 더 이상의 설명이 필요 없는 '알리바바'다. 그가 영어를 잘해서 가이드를 한 경험이 훗날 큰 투자 유치로 이어졌다는 에피소드 역시 유명하다. 이렇게 보면 무작정 창업부터 하는 것보다 사회생활도 해보고 적절한 기회가 나타났을 때 시작하는 것도 나빠 보이지는 않는다. 언제, 어떻게 하는 게 창업하는데 유리할까?

행동하는
자에게
기회가 온다

"창업을 고민 중인데, 일단 당장 시작하는 게 좋을까요, 사회 경험 좀 해보고 시작하는 게 좋을까요?" 창업을 고민하는 분들에게 가장 많이 듣는 질문입니다. 여기에 답하자면 "둘 다 나쁘지 않다."라는 게 제 생각입니다. 언제 시작하든 각각 장단점이 있을 것이고, 사실 그때는 본인이 처한 상황에 따라 달라질 수 있어 그 자체가 중요하지 않습니다. 어떻게 시작할 것인지 방향을 설정하는 게 더 중요한 것이죠. 창업을 먼저 하든, 사회생활을 한 다음 그 경험을 바탕으로 시작하든 시작하는 때보다 시작할 때의 접근 방식이 더욱 중요합니다. 기초가 탄탄하고 설계를 잘해야 사업이 방향을 잃지 않고 나아갈 것이고, 투자자에게도 매력적으로 보이겠죠?

딸린 식구가 없을 때, 실패하라

제가 대학을 다니던 1990년대에도 '창업 아이디어 경진대회'가 있었습니다. 저도 경진대회에 기획안을 제출한 적이 있었죠. 기획안이라고 해봤자, 큰 보드 2장에 구조도를 그려 넣은 조악한 내용에 불과했고, 당연히 떨어졌습니다. 그런데 같은 대학 디자인과 교수님께서 이 기획안을 보고 연락을 주셨습니다. 자기가 돈을 댈 테니 창업해보자고요. 제 인생 최초로 창업해볼 기회였습니다.

하지만 저는 그때까지 단 한 번도 창업을 고민해본 적이 없었죠. 그때만 해도 고등학생에게는 대학 진학이, 대학생에게는 취업이 전부였으니까요. 더욱이 당시 저는 주식회사가 뭔지도, 지분구조를 어떻게 나누는지도, 투자는 어떻게 받아야 하는지조차 몰랐습니다. 그래서 제가 내린 선택은 결국 '거절'이었습니다. 사실 '포기'였죠.

시간이 흐르고 나서 직장생활을 접고 창업해 액셀러레이터가 되어보니 그때 그 선택이 후회스럽더군요. '내가 인생을 너무 돌아온 게 아닌가?' 싶었으니까요.

물론 그때 창업했다고 반드시 성공하리라는 보장은 없습니다. 어쩌면 더 빨리 실패를 경험했을지도 모를 일이죠. 그래도 실패했을지언정 엄청 많이 배웠을 거라는 아쉬움 때문에 후회했던 것 같습니다. 지금 알고 있는 것을 아마 더 빨리 알게 되지 않았을까요? 게다가 교수님이 댄 투자금으로 실험해볼 수 있으니 조금 더 안전한 시도였을 테고요. 그때 교수님의 제안을 받아들였다면, 고생은 했겠지만 '재미있게는 살았겠다.'라는 생각이 듭니다.

액셀러레이터로, 투자자의 관점에서 학생 창업가들을 만날 때가 많습니다. 그들의 아이디어는 상대적으로 참신하고 획기적으로 느껴집니다. 마치 미래에 분명 이렇게 될 것 같다는 상상력을 자극하기도 하죠. 하지만 나쁘게 말하면 '뭣도 모르고 하는' 현실성 떨어지는 이야기처럼 들리기도 합니다. 어쨌거나 그런 이야기라도 젊은 창업가가 계속해서 나온다는 건 분명 생태계에 좋은 일입니다. 이야기는 다듬으면 되는 것이고, 창업하기에 점점 더 나은 환경이 구축되고 있다는 뜻일 테니까요.

요즘 대학생 창업가들을 보면 기성세대보다 좀 더 기술 친화적이고 충분한 정보력을 바탕으로 창업을 시작합니다. 엔지니어, 그러니까 기술력을 가진 학생들은 기술을 개발하는 창업 아이디어를, 정보력이 뛰어난 학생들은 여러 산업 분야를 융합하는 방식의 창업 아이디어를 가져오죠. 정부와 학교의 전폭적이고 열렬한 지지를 받는 환경도 제법 갖춰져서 일찍 창업 전선에 뛰어드는 데 더 유리해진 것 같습니다. 무엇보다 학생 신분으로 해볼 수 있다는 건 큰 장점일 겁니다. 아무래도 나중에 실패했을 때보다 잃을 게 적을 테니까요.

스타트업 생태계에서는 "딸린 식구가 없을 때 창업해라."
라는 말이 흔합니다. 실리콘밸리의 액셀러레이터 폴 그레이엄
도 "투자자 머릿속에서 창업가는 32세가 끝이다. 더 나이가 많
으면 회의가 들기 시작한다."라고 했으니, 일찍 시작할수록 유
리한 것도 같습니다.

저를 창업의 길로 이끌어준 2010년 당시 TNC의 노정석 대
표도 대학교 3학년 때부터 창업을 시작해 20년이 지나는 동안
모두 5개의 기업을 창업하고 그중 하나는 기업 공개IPO에 성공
했습니다. 다른 하나는 구글에, 또 다른 하나는 탭조이라는 해
외 기업에 매각하고 나중에는 투자자로 패스트파이브아시아와
티켓몬스터 창업에 투자금을 보태기도 했고요. 최근에도 인공
지능 회사와 게임 회사를 설립한 그는 투자와 자신의 사업을 병
행하고 있습니다. 이른바 연쇄 창업가인 셈이죠. 초기에 설립한
회사를 매각하고 다시 다음 회사에 투자하고 설립하는 일을 반
복하고 있으니까요.

직장에서 배운 경험을 목록화하라

그렇다면 일찍 시작하는 게 답일까요? 제가 처음에 말씀드렸
죠. 나이는 중요하지 않다고요. 직장생활을 어느 정도 하다가

시작해도 나쁠 건 없습니다. 직장인들은 경영의 '상수' 관리를 수년간 익혀 온 사람들입니다. 경영하면서 예측 불가능한 '변수' 관리는 못 하더라도 '상수' 관리는 가능한 것이죠. 이것만으로도 큰 경쟁력이고, 창업가에게는 분명한 장점입니다.

'상수' 관리를 잘한다는 건 '버티기'를 잘한다는 의미고, 이는 강한 생존력으로 이어집니다. 생존력이 강하니까 버텨서 성공하는 경우가 오히려 많은 셈이죠. 실제로 실리콘밸리에서도 45세 이상 창업가들이 성공한 경우가 많습니다.

이른바 대박을 터뜨린 유니콘 기업을 보면 창업가가 젊거나 바로 시작한 경우가 많지만, 중간 규모 이상의 스타트업을 보면 대부분 직장인 출신 장년들이 창업한 경우가 많습니다. 처음부터 과도한 목표를 세우는 것보다는 착실하게 작은 성공을 여러 번 해서 안정적으로 경영하는 것도 특징이죠.

미국 노스웨스턴대 켈로그 경영대학원 벤저민 존스 교수는 미국 인구조사국의 재비어 미란다와 매사추세츠공과대MIT 슬론 경영대학원 피에르 아주레이 교수 등과 함께 미국 인구 정보, 세금 신고 현황 등을 참고해 2007년부터 2014년까지 최소한 명 이상의 직원을 둔 270만 명의 창업가 목록을 작성했습니다. 이들이 기업을 처음 시작할 당시의 평균 나이는 41.9세였습니다.

이 270만 명의 창립자들은 식당, 네일숍 등 소매업체를 운영하는 이들까지 모두 포함된 것이죠. 그래서 연구진들은 기술 관련 업체로 범위를 제한하고, 그중에서도 상위 0.1%의 고속 성장을 이룬 스타트업으로 대상을 좁혀보았는데요. 그 결과, 창업가들의 평균 나이는 45.0세였다고 합니다.

연구진은 40대 이상 중년 창업가가 성공적으로 '엑시트'할 확률이 20대 창업가보다 훨씬 높다는 연구 결과도 내놓았는데요. 다른 회사를 인수하거나, 기업공개를 통해 상장된 업체를 살펴보니, 그 업체들의 창업가 평균 나이는 46.7세였다는 것입니다. 연구진은 "회사를 창업한 사람 중 성공할 확률을 계산해 연령대별 '타율 평균batting average'을 조사한 결과, 50대 창업가가 30대 창업가보다 상위 기업을 창립할 확률이 1.8배 높았다."라며 "반면 20대 창업가들은 기업을 성공시킬 확률이 가장 낮은 것으로 나타났다."라고 했습니다.

제가 몸담은 벤처스퀘어가 초기에 투자해서 빠르게 성장한 '지놈앤컴퍼니'라는 바이오 회사가 있습니다. 코넥스에 이어 코스닥에 상장하고 해외 기업을 인수하는 등 놀라운 성장을 보여주고 있는데, 이 회사의 창업가인 배지수, 박한수 대표도 2015년 창업할 당시 나이가 각각 40세, 42세였어요. 대학생 창업가와 비교하면 일찍 시작했다고 볼 수 없지만, 자신들이 그간 해온 바이오 분야 연구 경험과 전문성을 바탕으로 창업했기 때문에 오히려 더 유리했죠. 그 전문성이 회사를 더욱 탄탄하게 만들어주었으니까요.

전문성을 확보한다거나 직장생활을 통해 어느 정도 경영에 관한 경험을 해본 것도 장점입니다만, 직장인 출신의 창업가들이 가진 또 하나의 장점은 사회 체계를 잘 알고 있다는 사실입니다. 저도 창업하기 전에 기자로 사회생활을 했었는데, 이때의 경험이 창업에 도움을 주었습니다. 바로 이런 것들이죠.

① 새로운 영역에 들어서면 해당 분야의 핵심 인물부터 만난다.

② 해당 분야를 끊임없이 공부하고 적극적으로 귀동냥한다.

③ 새로운 소식이 있을 때마다 조직원과 기록으로 공유한다.

④ 마감은 어떠한 일이 있어도 지킨다.

⑤ 알아둬야 할 사람은 어떤 과정을 거치더라도 안면을 튼다.

⑥ 포부와 스케일은 국가와 민족을 위해 크게 갖더라도 당장 돈 버는 일을 잊지 않는다.

⑦ 상대가 모르는 소식을 알려주고 내가 알고 싶은 내용을 어떻게든 말하게 만든다.

⑧ 아침을 남들보다 일찍 시작한다.

⑨ 어디서든 일할 준비를 하고 있다.

＊ 배우지 말아야 할 것은 '슈퍼 갑질'.

예비 창업가나 이미 시작한 창업가 중 사회생활 경험이 있는 분들은 꼭 한 번 자신이 이전 직장에서 무엇을 경험했고, 그게 사업하는 데 어떤 장점으로 작용할 수 있는지 정리해보시길 바랍니다. 그것만으로도 충분히 도움이 될 테니까요.

청년 창업, 일단 세상과 막무가내로 부딪혀라

자, 일찍 시작하든 직장생활을 하다가 시작하든 장단점이 분명히 있을 겁니다. 자신이 처한 상황에 따라 언제 시작할지 결정하면 되고, 이건 앞서 말씀드렸지만 별로 중요하지 않습니다. 나이나 사회 경험보다 중요한 건 '접근 방법'입니다. 자신의 장점, 사업의 이점을 정확히 이해하고 이것을 더 키울 수 있는 적확한 '접근법'이 중요한 것입니다. 그럼 일찍 시작한 청년 창업의 경우 어떻게 접근하면 좋을까요?

일단 스스로 아무것도 모른다는 걸 인정하세요. 그리고 파괴적이고 혁신적인 발상으로 사업에 접근하는 게 바람직합니다. 괜히 어쭙잖은 '전문가 코스프레'를 하지 말라는 말입니다. 그러면 실패할 확률이 더 높습니다. 아이디어는 크고, 파괴적이고, 웅대하게 갖되 이것을 구현할 때에는 반드시 전문성을 갖춘 동료나 파트너와 함께하길 바랍니다. 더불어 창업가의 뜻을 정확하게 이해하고 응원해줄 투자자를 구해서 시작한다면 금상첨화겠죠.

한번은 제게 청년 예비 창업가들이 찾아온 적이 있습니다. 그런데 정말 '애어른'처럼 시장조사까지 다 해왔더라고요. 그런데 이상한 점이 있었습니다. 창업가가 제시한 사업의 영역이 본인의 생활 반경과 너무나 달랐거든요. 그래서 되물었습니다.

"여러분들이 직접 경험한 시장인가요?"

당연히 아니었습니다. '구글 신'의 도움으로 얻은 통계자료였죠. 본인들이 구매해본 적도 없는 제품을 상상하고 기획한 것이다 보니 이미 시장에서는 사라진 통계 내용마저 포함되어 있었습니다. 뒤에서도 설명하겠지만 여러분, 단순히 항목을 채우기 위한 사업계획서는 위험합니다. 이미 사라진(혹은 사라진 줄도 모르는) 통계자료를 찾느라 책상 앞에서 자판만 두드리지 말고 차라리 그 시간에 한 번이라도 더 현장에 나가보고, 직접 체화한 내용을 사업계획서에 넣는 게 훨씬 낫습니다.

청년 창업의 치트키는 '안전'보다 '혁신'입니다. 위험해 보이지만, 사실 그 편이 더 효율적이고 안전합니다. '안전형 창업'은 직장인 출신의 창업가들이 더 유리합니다. 군이 그들과 경쟁하면서 청년 창업이 가진 장점을 잃을 필요는 없겠죠. 창업을 꿈꾸는 청년분들, 때로는 세상과 막무가내로 부딪혀보세요. 당장은 무모하고 실패한 것 같지만, 그런 경험을 통해 얻은 것들이 훗날 사업할 때 또 다른 참고자료가 되어줄 것입니다.

잘할 수 있는 걸 먼저 만들어라

청년 창업에서 혁신과 무모함을 이야기하긴 했지만, 그래도 창업할 때 최소한으로 준비해야 할 것이 있습니다. 일단 먼저 책으로라도 그 분야에 뭐가 있고 시장이 어떻게 돌아가고 있는지 3개월 이상 공부하세요. 그렇게 감을 익히는 것이 꼭 필요합니다. 미디어를 탐독하고, 해당 산업의 논문도 찾아보세요. 준비해본 사람만이 얼마나 부족한지 알 수 있습니다. 준비하지 않은 사람은 있어도 충분히 준비한 사람은 없다는 게 창업을 앞둔 대표의 자세임을 잊지 마시길 바랍니다.

제 이야기를 하나 들려드리죠. 처음으로 강연에 나섰을 때의 이야기입니다. 지나치게 긴장해서 말하는 내내 손에 땀이 가득 차고 다리도 후들거리고 말은 또 왜 그리 꼬이는지, 한참을 헤맸습니다. 강의가 다 끝나고 나서 겸손이랍시고 "처음 하는 강의라서 어리바리했죠? 죄송해요."라고 청중들에게 말을 건넸습니다. 그러자 한 분이 뒤풀이에서 그러더군요. "앞으로 처음이라고 말하지 마세요. 다들 돈 내고 뭔가 배우러 오는 분들이고 오늘 강의도 유용하다고 생각했는데 끝에 한 말 때문에 앞서 이야기한 모든 내용이 아마추어가 한 말이 되어버렸어요."

그 조언을 듣고 아차 싶더군요. 사실 저는 그때 처음이라서 못했다기보다 처음인 것을 핑계 삼아 강연을 충분히 준비하지 않았던 걸 합리화하고 싶었던 건지도 모르겠습니다. 그 말을 듣고 제 태도를 크게 반성하게 됐습니다. 청년 창업이든, 장년 창업이든 누구에게나 처음은 존재합니다. 하지만 그렇다고 준비를 소홀히 해서는 안 되겠죠. 그건 합리적 이유가 아니라 그저 자기변명일 뿐입니다.

자, 미디어든 책이든 어느 정도 시장 돌아가는 상황을 익히고 공부했다면 이제 그 분야에서 제일 잘하는 사람, 프로가 누구인지 알아야 합니다. 더 정확하게는 그 사람이 뭘 잘하고 뭘 못하는지 관찰해야 합니다. 더 나아가 가능하다면 그 분야의 전문가와 함께 일해볼 것을 제안하고 싶습니다. 전문가와 일할 때는 단순히 실무만 익혀서는 안 됩니다. 물론 실무도 중요하지만, 더 중요한 것은 그 사람들이 가진 통찰과 디테일을 배우는 것이죠. 쉽게 말해 "그들은 왜 이렇게 하지? 무엇을, 어떻게 하지?"를 배워야 한다는 것입니다.

그리고 마지막으로 해야 할 일은 배운 내용을 자기 이야기 (사업) 속에 녹여내는 겁니다. 프로들과 어떻게 차별화를 둘 것인지, 나와 내 사업을 가장 잘 표현할 수 있는 기획은 무엇인지 고민하고 결과물을 만드는 겁니다. 여기서 주의해야 할 점은, 피상적으로만 감을 잡고 아마추어 티도 벗지 못한 상태에서 기존 프로들을 깎아내리는 일을 경계하는 겁니다. 잠깐 경험했다고 그 지식만 믿고 기존의 전문가들을 무시하는 것은 위험합니다. 창업은 그 '업'에 투신하는 일입니다. 그리고 업에는 일정한 게임의 룰이 있고 그들만의 언어와 정서로 구성돼 있으며 풀리지 않는 문제, 그리고 그것이 그렇게 된 이유가 존재합니다. 그걸 처음부터 깨거나 무시하려고 할 필요는 없습니다. 그보다 청년 창업가들이 먼저 해야 하는 건 자신이 '잘할 수 있는 일'을 찾는 겁니다. 시장도 무시하고 데이터도 무시하고 오직 상상만으로 '하고 싶은 걸 발견하는 게' 먼저가 아니라 '잘할 수 있는 걸 만드는 게' 더 중요합니다.

장년 창업, 혁신가 코스프레부터 버려라

자, 청년 창업은 충분히 이야기한 것 같으니 이번에는 직장인 출신의 장년 창업가들을 위한 이야기를 해보겠습니다.

조사 결과에 의하면 취업자의 70% 이상이 취업 후 1~2년 안에 사직서를 가슴에 품기 시작한다고 합니다. 취업만이 인생의 목표였는데, 막상 취업하면 '잘할 수 있는 일'보다는 '해야 할 일'이 늘어나고 여기에서 괴리를 느끼게 되는 분들이 창업해서 내 일을 해보겠다고 나선다는 것이죠.

이렇게 창업에 나서는 분들은 소위 '자아실현형'이라 할 수 있습니다. '현실 불만형'은 회사에 불만은 있지만, 섣불리 창업하지는 않습니다. 그보다는 오히려 다니던 회사에서 버티는 경우가 많죠. 그런데 '자아실현형'은 금방 뛰쳐나옵니다. 지금 자신이 처한 현실과 꿈꾸는 이상이 거리가 먼 것을 못 견디는 것이죠. 이런 분들이 창업하면 성공할까요? 애석하게도 그런 경우는 흔치 않습니다. 오히려 실패할 때가 많죠. 사업이란 '관리'의 영역인데, '자아실현형'들은 꿈만 꾸기 때문입니다. 그래서 이렇게 생각하는 분들은 당장 창업하는 게 위험할 수 있습니다.

'내가 세상에 왜 나왔을까?'
'나는 세상에서 어떤 스윙을 할 수 있을까?'
'지금 이건 나밖에 안 할 것 같은데, 나만 하면, 내가 하면 뭔가 성공할 것 같은데, 내가 해야 이게 뭔가 커질 것 같은데.'

다들 한 번쯤 이런 생각을 해봤을 것이고, 누구나 '하고 싶은 일'을 하면서 살길 원합니다. 하지만 하고 싶은 일 한 가지를 하려면 '하기 싫어도 해야만 하는 일' 5가지와 '하기도 싫고 잘하지도 못하는 일' 10가지를 해야 하는 게 현실입니다. 하고 싶은 일을 하려면 사실 극복해야 할 것이 많습니다. 하고 싶은 일을 하려고 하기 싫은 일을 떠나왔다면 이런 생각도 해봐야 합니다. '어쩌면 잘하지 못하는 일이라서 도망친 건 아닐까.'
창업은 현실입니다. 더욱이 청년 창업과 달리 장년 창업은 '딸린 식구'가 있을 가능성이 아주 높죠. 그래서 장년 창업일수록 그런 현실을 염두에 두고 창업을 기획해야 합니다. 낭만에만 치우치면 안 된다는 말입니다. 청년 창업처럼 '혁신'보다는 사회가 어떻게 돌아가는지 본인이 경험했던 지혜를 기반으로 '현실적'이고 '상세한' 창업 전략을 구사하는 게 바람직합니다. 그래서 청년 창업과 달리 장년 창업의 경우, '혁신가 코스프레'가 가장 위험한 태도입니다.

가진 것부터 활용하라

청년 창업일수록 '올인' 해야 한다면, 장년 창업일수록 '스텔스모드Stealth Mode 창업'과 '린 스타트업Lean Startup'을 하는 것이 유리합니다. 직장에 다니면서 창업을 준비하는 방식이 '스텔스모드 창업'이고, 최소한의 기능을 갖춘 재화나 서비스만으로 빨리 창업하는 게 '린 스타트업'입니다.

스텔스모드 창업의 경우 우리나라에서는 매우 흔한 편인데, 대표적인 사례 몇 가지를 살펴보죠. 평범한 직장인들이 일요일마다 비즈니스 센터인 토즈에 모여 사업을 구상하다가 회사를 차렸는데, 이 회사가 바로 국민 게임 '애니팡'을 만들어냈던 '선데이토즈'입니다. 이분들은 전형적인 직장인 창업가이자, 장년 창업가입니다. '고용되지 않은 시간'인 일요일을 적극적으로 활용했고, 매출이 생기기 전까지는 법인조차 만들지 않으면서 오로지 개발에만 힘썼습니다. 정말 최소한의 비용으로 시작한 겁니다.

물론 이 과정에서도 몇 차례의 실패가 있긴 했습니다만, 가진 걸 다 잃을 만한 큰 실패를 겪지는 않았습니다. 일단 직장을 유지하고 있었으니 수입 측면에서 안전했죠. 어쨌거나 이렇게 힘쓰고 그동안의 경험이 쌓여 '애니팡'이라는 대박 물건을 만들어냅니다. 그런데 이분들이 정말 대단한 건, 그 이후에도 장년 창업의 본분을 잊지 않았다는 겁니다. 애니팡이 성공했다고 해서 자신들의 모든 기반을 여기에 다 쏟아부어 사업한 것이 아니라 현실적인 측면에서 사업의 유리한 지점을 계속 고민한 것이죠. 그래서 회사를 매각한 것이고, 이후 '애니팡' 시리즈는 인기가 떨어졌지만, 이분들은 손해 볼 일이 없었죠.

'국민 내비'라는 별명까지 얻은 '김기사' 애플리케이션을 개발한 ㈜록앤올도 마찬가지입니다. 이 회사의 박종환 대표는 회사를 창업한 후 626억 원이라는 가격에 회사를 매각합니다. 업계 거물인 카카오에 말이죠. 박종환 대표는 전 직장에서, 그리고 이전에 창업할 때 줄곧 도전해왔던 아이템인 전자 지도와 내비게이션 사업 진행 경험을 바탕으로 '김기사'를 개발했습니다. 이전의 경험과 지식, 그리고 동료가 누적되어 성과로 나타난 것이죠.

자, 장년 창업의 핵심이 뭔지 아시겠습니까? 바로 '내가 가지고 있는 것에 먼저 집중하는 것'입니다. 갖고 있지 않은 것에 집중하면 자꾸 불가능에 도전해야 하고 그 무모함에 금방 스스로 소진되고 맙니다. 무엇보다 그곳에 어떻게 당도해야 하는지는 물론, 출발점도 잡지 못해 헤매곤 하죠.

어차피 가진 것이 없기 때문에 혁신적인 영역에서 공평하게 시작하는 방식은 청년 창업에 더 적합합니다. 장년 창업은 내가 가진 것에 집중하고, 이를 사업에 활용했을 때 더 시너지가 나도록 출발점과 방향성을 잘 잡는 게 더 중요합니다. 내가 잘하고, 내가 가진 것으로 시작하는 게 장년 창업 성공의 핵심인 셈이죠.

창업가가 될 것인가, 기업가가 될 것인가?

가지고 있는 것을 활용하고 지키는 것과 어떤 상황에 안주하는 것과는 조금 다릅니다. 안정성을 추구하다 보면 자칫 이 두 가지 사이에서 혼란에 빠질 수 있는데, 새로운 시도나 새로운 비전, 새로운 가치 체계에 대한 근본적인 고민을 하지 않는다면, 스타트업이라 할 수 없을 것입니다. 이는 생계유지에만 급급한 '소상공인 창업'과 다를 게 없죠. 그래서 이것의 균형을 맞추는 일 또한 매우 중요합니다. 어떻게 하면 균형을 잘 맞출 수 있을까요?

Q1.

첫째로는 창업 정신을 지키는 것이 중요하겠죠. 그러려면 먼저 본인 스스로 창업가가 될 것인지 기업가가 될 것인지 명확하게 해둘 필요가 있습니다. 사업가나 기업가는 역량을 선택하고 거기에 집중합니다. 이들은 경쟁자를 분석해서 따라 하고, 수익성에 집착하죠. 한편 조직도 운영해야 합니다. 반면 창업가는 늘 새로운 기회를 탐색합니다. 경쟁자를 분석해서 차별화하고, 가치와 명분에 집착하죠. 조직을 구성해야 하고요. 이런 차별점을 이해하고 어떤 역할이 본인에게 더 잘 맞을지 방향을 설정해두면 좋습니다.

창업과 경영은 비슷하면서도 다릅니다. 경영은 관리에 가깝죠. 만약 창업가가 경영자이기만 하다면 창업하지 못했을 겁니다. 관리하는 사람의 마음가짐만으로는 위험을 감수해야 하는 창업을 할 수 없거든요. 저지르는 사람이 창업하는 것이고, 크리에이터가 창업하는 것이고 이미 있는 것을 군이 또 바꿔서라도 창업하는 게 창업가입니다. 문제는 이 사람들이 나중에 경영자로 바뀔 수 있는지, 아닌지를 판별하는 일이겠죠.

만약 스스로 생각하기에 경영자의 자질이 없다면, 어느 정도 시점이 지나고 나서 CFO나 CEO에게 자리를 넘겨주고, 자신은 다시 크리에이터의 자리로 돌아가야 합니다. 대표적으로 구글의 창업가 래리 페이지와 세르게이 브린이 그래서 한때 에릭 슈미트에게 경영권을 넘겼던 것입니다.

경영자를 선택했다면, 새로운 것을 만드는 창조자보다는 조직과 회사의 관리, 인간답게 기업을 운영하는 일에 집중해야 합니다. 지속 가능한 방법을 찾아내고 시스템으로 조직이 움직일 수 있도록 이끌어야 한다는 것이죠. 창업하는 사람들은 늘 자신이 어느 단계에 와 있는지, 어느 성향인지 이해하고 있어야 하고, 적절한 시점에 역할에 변화를 주어야 합니다. 이 역시 창업의 접근법, 방향을 설정하는 일에 있어서 매우 중요한 부분입니다.

투자자의 말보다 중요한 건 신념과 실행이다

창업가나 예비 창업가에게 조언할 때 저는 보통 경우의 수를 제안합니다. 빨간 약, 파란 약 등 여러 선택지를 제시하고 그 선택지를 고르는 것의 의미를 설명하죠. 그리고 그들이 그중 하나를 직접 선택하게끔 만듭니다.

냉정하게 들릴 수도 있으나, 사실 제 역할이 그럴 수밖에 없습니다. 제가 그 회사나 창업가의 속사정을 속속들이 알고 있는 것도 아닐뿐더러, 저는 창업 멘토, 투자자로서 리스크를 어떻게 줄일 수 있을지 제시해주는 사람이니까요.

저는 가급적 창업가들의 설명을 끝까지 들어주려 하고 웬만하면 토론하지 않으려 합니다. 서로 이야기하다가 답이 안

나올 수 있다는 것도 인정하고 상대를 존중하기 위해 노력합니다. 모든 창업가가 나름의 이유로 창업하고 나름의 장단점을 갖고 있는데 속사정을 모르는 채로 함부로 말하지 않기 위해 저도 제 나름대로 액셀러레이터로 살면서 창업가로 빙의해 조언하고 있습니다.

아마 제가 창업해보지 않았다면 이런 마음가짐을 갖지 못했을 겁니다. 생사의 길목 앞에 선 창업가들에게 시건방을 떨었을 수도 있죠. 하지만 저 역시 죽음의 계곡에서 쓰디쓴 술을 마셔봤고, 직원 급여가 밀릴 위기가 올 때마다 극단적인 선택을 하고 싶다는 충동마저 느껴봤기 때문에 항상 조심하면서 조언하고 투자를 결정합니다.

그래서 창업가들이 제 이야기에 귀를 기울여주었으면 하는 마음도 있지만, 누군가의 조언, 특히 투자자의 말 한마디에 쉽게 흔들리지 않았으면 좋겠습니다. 사실 창업가들은 멘토링을 받지 않아도 답을 알고 있습니다. "질문에 답이 있다."라는 말에 저는 동의합니다.

중요한 건 누군가의 피드백보다는 실행일 겁니다. 우리에게 기회가 있을 것이라고 확신할 수 있는 것은, 생각하는 이가 100명이면 말하는 이가 10명이고 그중 1명만 실행하기 때문입니다. 주위에서 실행하지 않은 이들이 말린다고 흔들릴 필요 없습니다. 저는 여러분들이 누군가의 도움이 없더라도 결국 시작할 것이고 그 '열망'을 통해 성공하려고 노력할 것임을 믿습니다. 여러분들의 발 빠른 실행이, 결국은 세상을 바꿔낼 것입니다. 기회는 행동하는 자를 알아본다고, 저는 단언합니다.

Q1.

우리는 모두 창업해서 성공하고 싶다. 그러려면 먼저 내가 창업가의 기질이 있는지, 그것도 그냥 그렇고 그런 창업가가 아닌 제대로 준비된, 돈 잘 버는 창업가가 될 수 있는지 스스로 진단을 해볼 필요가 있다. 이 준비가 창업의 첫 단추이다. 창업의 시작은 창업가에게서 비롯되기 때문이다.

아래 10가지 항목을 준비했다. 절대적인 진단법은 아니지만 최소한 창업 전에 본인이 보유한 역량이 충분한지 점검해볼 수 있는 항목들이다. 냉철하게 점검해볼수록 부족함이 느껴질 것이다. 최대한 보충하거나 보완할 방법을 구상한 다음 창업의 길로 나서는 것이 실패를 줄이는 길이다.

1. 본인 개인 역량

본인의 성격과 꿈, 취향과 끈질김, 리더십에 대한 생각과 본인 주변의 평가가 긍정적인지 판단해보자.

2. 본인 주변 환경

본인이 확보할 수 있는 재력, 어려움에 빠졌을 때 도움을 받을 수 있는 긴밀한 인맥이 갖춰져 있는지 살펴보자.

3. 상품성

본인과 회사의 브랜드 가치, 서비스와 제품의 완성 수준은 어느 정도여야 하는지, 그만한 수준으로 만들어낼 수 있는지 미리 예상해보자.

4. 시작 시점

지금 반드시 해야만 할 시점인지 여부, 트렌드가 지났거나 너무 일찍 시작하는 것은 아닌지 살펴보고 주변의 경쟁자들은 나보다 얼마나 앞서고 있는지 살펴보자.

5. 기회와 행운

지금 창업하는 기회가 우연찮게 찾아온 것인지, 노력해서 얻은 기회인지 그 여부를 되돌아보자. 어쩌면 기회를 획득하기보다 행운을 기대하고 있는 것은 아닌지 냉철하게 판단해보자.

6. 미션과 명분

궁극적으로 사업의 명분과 조직의 비전, 실행조직이 가져야 할 미션이 명확한지, 고객이 내 서비스와 제품을 사려는 동인은 무엇인지 스스로 설득해보자.

7. 시장의 크기와 속도

시장의 범위와 크기, 성장 속도, 기존 시장의 보완재인지, 대체재인지, 아예 새로운 시장을 개척해야 하는지, 경쟁 환경과 규제 및 법 제도, 고객들이 느끼는 시장 분위기는 어떤지 명확하게 표현할 수 있는지 따져보자.

8. 창업의 순서

조직 결성 작업과 협업 순서를 알고 준수하고 있는지, 무엇이 우선순위인지 정확하게 판단할 수 있는지, 창업 과정은 정상적인지, 서비스 시장 진입은 체계적인지, 조직에 적절한 순서로 인원이 충원되고 있는지 점검해보자.

9. 기록하기

계약서, 문서, 결과, 성과를 기록해두고 활용하고 있는지 점검하자. 기억보다 기록에 중점을 두고 조직을 운영하자.

10. 변신에 대한 태도

변하지 않는 것은 없다. 상황이 바뀌었을 때 무엇을 남기고 무엇을 버릴 것인지 미리 구상해두자. 그리고 회사를 차렸듯이

회사를 정리해야 할 순간이 올 때 어떤 원칙으로 정리할지도
미리 검토해두자.

Q1.

실전 감각을 기르는 게 먼저다

한국의 아이돌 그룹을 보면 갓 데뷔한 신인임에도 불구하고, 베테랑처럼 무대를 선보이는 경우가 많습니다. BTS의 데뷔 무대를 봤을 때도 전혀 신인처럼 보이지 않더군요. 그들은 결국 빌보드 앨범 차트와 싱글 차트에서 모두 1위에 오르는 대기록을 달성하며 세계 POP 시장을 선도하는 가장 핫한 아이돌 그룹이 되었지요. BTS의 성공은 '아미ARMY'라는 팬덤의 힘이 절대적이었지만, 한국 연예 기획사들의 철저한 실전 위주의 연습생 시스템도 한몫했다고 봅니다. 연습생들이 선배 아이돌 그룹의 백댄서나 피처링을 하며 실전 감각을 익히고, 선배 아이돌의 성장을 도우면서 자신의 성장도 함께 도모하는 윈-윈 시스템을 말씀드리는 것이지요. 그래서 '예비 창업가들에게도 연습생 시스템이 있다면 얼마나 좋을까.'라는 생각을 종종 하고는 합니다. 그런 시스템이 창업 생태계에도 있다면 아마 수많은 창업 과정의 시행착오를 줄일 수 있지 않을까요?

'아는 것'과 '하는 것'은 다르다

앞서 저는 분명한 수익 모델이 준비되었을 때 창업해야 한다고 말씀드렸는데요. 하지만 여전히 많은 창업가가 제대로 준비하지 않고 창업했다가 폐업하고는 합니다. 과거의 저 역시 크게 성공할 것만 같은, 나만 할 수 있을 것 같은 '아름다운 착각'에 빠져 쓴맛을 보게 되었음을 부정하지 않겠습니다. 하지만 이 말씀도 꼭 함께 드리고 싶네요. 그 '아름다운 착각' 덕분에 도전도 하고 귀한 경험도 했다는 것을요. 창업하고 나서 겪는 시행착오와 갖가지 어려운 경험은 창업가에게 필연과도 같은 것이니까요. 30대에 빅에프엠을 창업하기 전에 '다른 아이템으로 먼저 창업을 경험해봤다면 어땠을까, 사업을 경험해보고 좀 더 준비된 상황에서 빅에프엠을 창업했다면 좀 달라졌을까?' 이런 생각도 가끔 합니다. 요즘은 워낙 어린 나이에 창업하는 분들이 많은데요. 이른 나이에 창업할수록 실패와 부작용의 가능성이 더 크기 때문에 최악의 상황에 대비한 안전장치와 철저한 준비 과정을 거쳐 창업하는 것이 좋다고 생각합니다. 단순히 빨리 시작하는 것보다 창업 선배들이 고군분투하고 있는 스타트업 전장을 찾아가 실전 경험을 익힌 후에 창업하는 것이 더 낫다는 말이지요. 그런 차원에서 체계적인 '창업계의 연습생 시스템'이 필요한 것 같고요. 누가 알겠습니까. 이 시스템 덕에 창업계의 BTS가 탄생할지도 모를 일이지요.

저의 첫 창업 아이템이었던 빅에프엠은 '최초'라는 타이틀을 얻었지만, 그 대가로 수많은 어려움을 겪어야 했습니다. 이 당시에 게임 전문 라디오 방송이라는 빅에프엠의 콘셉트를 특이하게 생각했던 분들이 많았는데요. 이 콘셉트는 케이블TV의 게임 방송 채널과 차별화된 새로운 게임 방송으로 포지셔닝하기 위한 것일 뿐, 핵심적인 가치는 온라임 게임을 하는 유저들에게 게임 커뮤니티 안에서 벌어지는 다양한 이야기들과 정보를 재미있게 전하고 소통하는 것이었지요. 이런 방송 형태가 마치 운전을 하면서 교통 방송을 듣는 것과 비슷하다고 해서 온라인 게임계의 교통 방송으로도 불리었습니다.

이러한 빅에프엠의 차별화 전략은 사실 지금 인기를 얻고 있는 게임 크리에이터들의 콘텐츠와 유사한 점이 있습니다. 현재 인기 게임 크리에이터들의 유튜브 콘텐츠 제작 문법은 기존의 지상파TV 또는 케이블TV의 영상 콘텐츠보다는 라디오 방송, 즉 오디오 콘텐츠의 제작 문법에 가깝습니다. 라디오 방송의 오디오 콘텐츠는 TV 방송의 영상 콘텐츠보다 제작비용이 적게 들고, 큐시트와 미리 짜둔 대본이 아닌 애드리브와 자유로운 진행방식이 주는 재미와 친근감, 진행자의 인간적 매력, 실시간 쌍방향 소통이 가능하다는 것들이 장점인데 바로 이러한 점들이 유튜브 크리에이터들이 성공했던 핵심 요소와 같았죠. 하지만 오디오 콘텐츠의 제작 문법을 적용했음에도 불구하고 빅에프엠이 왜 실패했느냐, 이것이 여러분에게는 중요한 이야기가 될 것 같습니다.

가장 큰 차이점은 외부 환경 요인에 있었습니다. 고화질, 고음질의 콘텐츠를 제작할 수 있는 스마트폰의 등장과 대중화, 초등학생도 쉽게 콘텐츠를 편집할 수 있는 소프트웨어, 끊김 없는 실시간 스트리밍 기술, 아프리카TV나 유튜브 등의 플랫폼을 이용한 수익 창출 시스템 등의 요인 말이지요.

이러한 인프라가 충분히 조성되지 않은 2005년에 무모하게 도전했던 것이 빅에프엠이 실패한 여러 원인 중 하나였습니다. 마치 도로가 깔리지도 않았는데, 멋진 스포츠카부터 만들겠다고 한 것과 마찬가지였던 것이지요. 아무리 좋은 사업 아이디어를 가지고 있다고 해도 창업에 성공하려면 이런 외부 환경을 포함하여 사업에 필요한 다양한 요소들을 여러 관점에서 검토하고 또 검토해서 철저히 준비해야만 합니다.

Q1.

사업에는 '양질 전환의 법칙'이 작용한다

지금 보면 참으로 많이 부족했지만, 그렇다고 그 당시의 제가 아무런 준비 없이 창업한 것은 결코 아니었습니다. 나름대로 시장조사도 철저히 했고, 사업계획도 신중하게 수립했습니다. 게다가 제가 '좋아하는 분야', 제가 '잘하는 분야'에서 창업하는 것이었기에 자신감도 있었지요. 그리고 대학 입시 때보다도, 취업 준비할 때보다도 더 많이 '공부'했던 거 같습니다.

여기에서 제가 '공부'를 강조한 까닭은 아는 것과 실행하는 것은 큰 차이가 있다는 것을 말씀드리고 싶어서입니다. 책으로 배우거나 간접경험을 통해 얻은 지식에는 분명 한계가 있었거든요. 특히 글로 배운 경영은 위험합니다. 경영학과 교수님들도 실패한 경영자가 될 수 있으니까요. 경제 경영서를 섭렵하고 창업사관학교 같은 교육기관에서 '공부'하는 것만으로는 부족합니다. 창업할 때는 그 이상의 무언가가 반드시 필요하지요.

창업가에 대한 정부의 지원 등 시장의 상황이 좋다고 해서, 신선한 사업 아이템을 발굴했다고 해서 곧바로 창업하는 것도 매우 위험합니다. 아이디어는 창업에 필요한 하나의 핵심 요소일 뿐, 사업의 성패에는 다른 요인들도 크게 작용하기 때문입니다.

그래서 이상적인 창업의 로드맵을 제안한다면, 일단 창업에 관심을 두는 게 우선입니다. 그리고 유사 업종의 스타트업이 있다면, 그곳에 취업해서 실전 경험을 쌓고 본인의 능력을 최대한 숙성시키는 시간을 갖는 것이 필요합니다. 사원부터 시작해 배움이 늘면 팀장, 이사 등 참모로 성장하면서 스타트업의 DNA뿐만 아니라 생로병사와 성장의 과정을 충분히 체득한 후에 자신의 회사를 창업하는 것입니다. 그러면 위기가 와도 좀 더 능숙하고 여유롭게 대처할 수 있고, 그만큼 시행착오를 줄일 수 있을 것입니다. 이것이 제가 청년 창업가들에게 제안하는 이상적인 창업의 준비 과정입니다.

혹시라도 본인이 몸담았던 스타트업이 망하면 '괜히 시간 낭비만 한 것이 아닐까?' 이렇게 생각할 수도 있습니다. 하지만 걱정하지 마세요. 그 실패의 과정에서 배운 것들이 분명 도움이 될 테니까요. 최소한 자신이 창업할 때 같은 실수를 반복하지 않게 해주는 예방주사와 같은 효과가 있을 것입니다. 그리고 창업 전선에서 생사를 함께하며 쌓은 전우애와 시행착오의 경험을 공유한 좋은 인맥을 얻을 수도 있을 것이고요.

사업에는 '양질 전환의 법칙'이 작용한다고 생각합니다. 쓸데없어 보이던 경험도 일정 수준 이상 쌓이면 질적인 변화와 발전을 가져다주지요. 경험을 '점'에 비유해보면, 한두 개만 있을 때는 연결고리가 보이지 않겠지만 10개, 20개 이상 있으면 그 점들을 연결할 만한 지점이 분명히 보입니다. 그리고 그것들이 쌓여 커다란 질적 변화로 성장하는 신기한 경험을 하게 될 것입니다.

어떤 분들은 이왕 경험할 거 스타트업보다는 대기업에 들어가 일해보는 게 낫지 않느냐고 질문합니다. 더 큰 세상을 볼수 있다는 생각에서겠지요. 그 또한 장단점이 있을 겁니다. 하지만 먼저 현실적으로 생각할 필요가 있습니다. 대기업 일자리는 한정되어 있고 채용 규모도 점점 줄어들고 있는데, 이런 현실을 무시하고 대기업 취업 준비에만 매달리는 게 과연 현명한 것인지 말이지요. 이 생각에 동의하는 분이라면, 대기업보다는 본인이 창업하고자 하는 유사 업종의 스타트업에 들어가 경험을 쌓는 게 더 나을 수 있습니다.

대기업보다 스타트업에서 경험을 쌓으면 또 무엇을 배울 수 있을까요? 대기업은 이미 고도의 시스템이 갖춰진 조직입니다. 자신이 맡은 일만 잘해도 능력을 인정받을 수 있지요. 하지만 바꿔 말하면 본인이 하는 일이 궁극적으로 어떻게 매출을 만들어내고 얼마만큼 조직의 발전에 도움이 되는지 큰 그림을 보기가 어렵습니다.

반면 스타트업은 어떨까요. 일단 주어진 일만 해서는 안 됩니다. 팀장이 사원 역할을 할 때도 있고, 사원이 팀장 역할을 맡아야 할 때도 있습니다. 스타트업은 특공대와 같은 조직이니까요. 그래서 일은 고되겠지만 지위와 역할에 상관없이 업무 전반을 두루 섭렵할 수 있습니다. 그 덕분에 회사가 돌아가는 과정, 큰 그림을 보는 능력을 키울 수 있지요.

대기업이든 스타트업이든, 우리가 그 회사에 들어가서 실전 경험을 쌓으려는 이유는 무엇일까요? 바로 스타트업을 창업하기 위해서가 아닙니까. 21년간 창업을 경험하고 스탠퍼드 대학에서 경영학을 가르치는 스티브 블랭크 교수는 "스타트업은 대기업의 작은 모형이 아니다."라고 했습니다. 대기업과 스타트업은 성격과 운영방식에 있어서 엄연히 다른 조직입니다. 그렇게 따졌을 때 과연 어떤 조직에서의 경험이 창업하는 데 더 유리할까요? 왜 스타트업 조직에서 일해본 현장 경험이 더 중요한지 아시겠지요?

주말을 활용해 스타트업에서 시간제로 일해보라

만약 이미 직장생활을 하는 장년 창업가의 경우라면 어떨까요. 장년 창업가라고 해서 다를 건 없습니다. 다시 한번 강조하지만, 창업의 뜻을 품었다면 먼저 자기 회사를 차리기 전에 유사 업종의 스타트업을 경험해보는 것이 좋습니다. 주중에 직장생활을 해야 하기에 현실적으로 어려울 수 있지만, 조금만 의지를 가지고 주변을 둘러보면 생각보다 많은 기회가 있습니다.

창업을 준비하는 분들 중에는 주말을 이용해 창업교육 프로그램을 수강하는 경우가 있는데요. 물론 이것도 좋은 공부일 수 있겠지만, 제가 앞에서 말씀드렸지요. 간접경험과 실전 경험은 엄연히 다르다는 것을요. 주말에 시간을 낼 수 있다면, 교육기관에서 공부하는 것보다 차라리 주말에만 일할 수 있는 스타트업을 찾아서 그곳에서 일해보는 것을 추천하고 싶네요. 특히 10인 미만의 스타트업에 찾아가서 시간제로 일하는 방법을 권하고 싶습니다. 실제로 많은 스타트업이 그런 직원을 필요로 합니다. 스타트업은 소규모로 시작하는 경우가 다반사이기 때문에, 언제나 인력이 부족하거든요. 또 직장인들의 숙련된 경험을 간절히 원하는 경우도 많고요. '일하는 방법'을 잘 알고 있는 직장인 예비 창업가가 스타트업 창업가와 상호 합의하여 업무에 동참하게 된다면 서로가 만족스러운 결과를 얻을 수 있을 겁니다.

그런데 이때 명심해야 할 사항이 있습니다. '내가 이 회사의 창업가, CEO라면?'이라는 마음으로 항상 일해야 한다는 겁니다. 그러면 같은 일을 하더라도 직원의 마음으로 일할 때와는 뭔가 다른 것들이 눈에 보이기 시작할 겁니다. 잘되면 잘되는 대로, 안 되면 안 되는 대로 말이지요.

대개는 잘 안 되는 것들이 먼저 보일 텐데요, '내가 이 회사의 창업가, CEO라면 어떻게 할 것인가?'라는 관점에서 더 깊이 생각해보면 또 다르게 보일 겁니다. 우선 '아마 나도 크게 다르지 않겠구나.'라는 생각이 먼저 들 것이고, '그러면 어떻게 하면 좋을까?' 방법을 고민하고 또 고민하다 보면 나중에 자신이 창업할 때 이렇게 쌓인 경험들이 아주 소중한 자산이 되어줄 것입니다.

직장생활이 먼저냐, 아니면 한 살이라도 일찍 스타트업을 시작하는 게 좋느냐고 묻는다면, 저 역시 명승은 대표처럼 그 시기는 사실 그렇게 중요한 요소가 아니라고 말씀드리고 싶네요. 어떤 경험이든 그것을 얼마나 자기 것처럼 해보았는지가 중요한 거지요. 다만 그런 경험을 일찍 축적할수록 질적으로, 양적으로도 좋아져 당연히 창업할 때 훌륭한 밑거름이 되어줄 겁니다. 명심하세요. 사업은 거저 얻어지는 게 하나도 없다는 것을요.

'최초'의 타이틀을 선점해야 한다는 강박관념의 결과

사업가는 두 부류로 나뉜다고 생각합니다. 비즈니스맨 아니면 크리에이터로 말이지요. 스타트업을 막 시작할 때 냉철한 비즈니스맨의 시각도 필요한 법인데 저는 열정만 가득한 크리에이터였던 것 같습니다.

빅에프엠을 창업했을 때 저는 무조건 '최초'라는 타이틀을 얻어 시장을 선점해야 한다는 강박관념이 있었습니다. 그래서 시장이 제대로 준비되어 있지도 않은 상태에서 아이디어만 믿고 덜컥 창업한 것이지요. 아무리 스타트업이라고 해도 너무 많이 앞서가는 것은 좋지 않습니다.

언제 창업하는 것이 좋은가에 대한 대답은 어찌 보면 매우 간단합니다. 창업은 매출을 만들어낼 수 있는 능력과 환경이 갖추어졌을 때 하는 것입니다. 비즈니스 모델링이 중요한 것이지요. 아이디어만 가지고 창업하는 경우를 보면 비즈니스 모델을 갖추지 못한 상태일 때가 많습니다. 여러 요인이 갖춰져 있으나 누구도 개척하지 못한 시장에 들어가는 것과, 갖춰져 있지도 않고 아무도 진입하지 않은 시장에 들어가는 것은 천지 차이입니다. 제가 그랬거든요.

지금이야 광고주들이 온라인 광고를 중요하게 생각하고, 온라인 생태계가 잘 구축되어 있기에 온라인 게임 방송으로도 수익을 창출할 수 있게 되었지만, 제가 빅에프엠을 창업했을 때만 해도 이렇게 안정적으로 매출을 만들 수 있는 구조가 구축되어 있지 않았습니다. 게임 전문 인터넷 방송에 대한 호응도는 높은데 이를 돈으로 변환할 비즈니스 모델이 없었던 것이지요. 사람들이 좋아할 것이라는 이유만으로 창업한 저는 비즈니스맨으로서의 자질이 부족했던 것입니다. 비즈니스 모델 혁신가 알렉산더 오스터왈더도 이런 말을 했었지요.

"아이디어는 문제가 되지 않는다. 아이디어를 고객이 원하는 가치로 제안하는 것이 중요하고, 규모를 키울 수 있는 비즈니스 모델로 만드는 것이 중요하다."

빅에프엠의 게임 방송 콘텐츠는 고맙게도 좋은 평가를 받았습니다. 고정 팬들도 많았고 회사에 인재들도 많이 모였고요. 하지만 결정적으로 가장 중요한 수익을 제때 창출하지 못했습니다. 온라인 게임 방송 시스템으로 출원한 특허도 등록됐고, 트래픽과 이용자도 늘었지만, 수익이 나지 않는 날들이 계속되면서 빅에프엠은 죽음의 계곡 앞에 서게 됐지요.

그제야 깨달았습니다. 사업이라는 건, 무수히 많은 가능성에도 불구하고 딱 하나의 취약점 때문에 성패가 달라질 수 있다는 것을요. 방송 일을 하면서 일하는 방법이나 인적 네트워크 등 많은 걸 배우고 얻었지만, 수익 모델의 중요성을 간과한 것이 제 첫 번째 스타트업의 성패를 좌우했습니다. 99%의 훌륭한 창업 DNA를 가지고 있어도 비즈니스맨으로서의 판단력 1%가 부족하다면, 0%와 똑같은 상황에 놓일 수 있습니다.

실패를 선택할 자유를 빼앗기지 말자

저의 첫 번째 스타트업 빅에프엠이 계속해서 적자 구조에서 헤어 나오지 못하자, 주변에서 사업을 접으라는 이야기를 많이

들었습니다. 어떤 분들은 제가 한국에서 시작했기에 어려웠던 거라고, 미국에서 시작했으면 크게 투자를 받아서 죽음의 계곡도 넘고 이 시장의 선구자가 되었을 거라고 위로해주기도 했습니다. 그런데 저는 빅에프엠의 사업을 접는 순간에도 크게 좌절하지는 않았습니다. 자기최면에 가까운 낙관이라고 할까요. 오히려 이런 생각을 했지요. '2보 전진을 위한 1보 후퇴라고 생각하자. 이번 실패를 교훈 삼아서 새로운 아이템으로 다시 도전하면 돼. 이건 더 큰 성공을 위해 내가 선택한 작은 실패일 뿐, 아직 패배한 건 아니야.'

제가 만약 대기업에 다니고 있었다면 이런 생각을 못 했을 겁니다. 대기업은 성과와 성공이 중요한 조직이니까요. 성공할 가능성이 적다면 아마 도전조차 쉽지 않을 겁니다. 하지만 스타트업은 다릅니다. 실패를 딛고 일어서 계속 도전하는 게 바로 스타트업이니까요.

벽을 보고 정좌로 명상하는 면벽 수련에 대해 들어본 적이 있으신지요. 저는 첫 창업에 도전하면서 면벽 수련을 하듯 독학했습니다. 혼자라서 어려웠지만, 그만큼 압축적으로 많은 걸 배울 수 있었지요. 마치 첫사랑 같았던 첫 번째 사업 아이템을 접어야 하는 것은 너무나 아쉬웠지만, 밑바닥까지 추락하기 전에 전열을 가다듬어 다시 도전해야겠다고 생각했습니다. 이것을 피봇Pivot이라고 합니다.

피봇이란, 초기에 수립한 사업의 목표나 서비스 운영방식 등을 중간에 바꿔 다른 성격의 사업으로 이전하는 것을 말하는데요. 스타트업은 언제든 피봇할 수 있어야 합니다. 저도 빅에프엠을 운영하던 도중 새로운 형태의 '로봇 콘텐츠' 사업을 발굴하여 다시 창업하게 되었는데요. 이것은 빅에프엠이라는 조직이 살아 있었기에 가능했던 일이었습니다. 즉, 빅에프엠이라는 사업 아이템이 실패해서 떠밀리듯 사업을 접은 것이 아니라, 로봇 콘텐츠 사업이라는 새로운 아이템을 찾았기 때문에 피봇을 선택했던 것입니다.

물론 두 번째 도전을 시작하면서 업그레이드된 다짐도 했지요. '확실한 수익 모델을 갖추고 장기전으로 가자.' 조직의 규모를 줄였고, 고정비, 인건비 등 들어가는 비용을 고려해 최소 1~2년은 버틸 수 있는 상황을 만들어놓고 다시 도전했습니다.

스타트업이 생사의 기로에 섰을 때 가져야 할 최선의 마음가짐은, '실패를 선택할 자유를 빼앗기지 말자.'입니다. 제가 빅에프엠의 대표이사이면서도 케이블TV 게임 채널의 e-스포츠 캐스터로서 활동을 병행했던 것도 같은 이유 때문이었습니다. 직원들 월급을 밀리지 않고 법인 통장의 잔고가 바닥나지 않게 하려면 한 푼이라도 더 벌어야 했거든요. 그렇게 첫 번째 사업과 두 번째 사업의 과도기를 버텨나갔습니다. 실패를 선택할 자유를 얻기 위한, 그리고 대표로서 회사를 책임지기 위한 제

나름의 노력이었던 셈이지요. 이러한 인고의 시간이 쌓여 강한 정신력은 물론 내공을 장착한 사업가로 성장할 수 있었던 것 같습니다.

창업가는 모험가입니다. 모험가는 실패하는 순간에도, 언제든 다시 도전할 수 있다는 '아름다운 착각'에 빠질 준비가 된 사람입니다. 그래야 기회를 또 얻을 수 있으니까요. 하지만 마냥 착각만 해서는 안 됩니다. 실패를 발판으로 삼아 다음 도전에서는 한 발자국 더 나아가야 합니다.

실패를 선택할 자유도, 계속해서 모험할 용기도 잃지 않으려면 발전기가 필요합니다. 이때 필요한 원료가 바로 강인한 정신력과 실전 경험을 바탕으로 한 내공인데요. 다시 한번 말씀드리지만, 언제 시작하느냐는 중요하지 않습니다. 내 사업에 필요한 경험을 하고, 그 경험을 얼마나 내 것으로 만드느냐, 그 경험을 통해서 얼마나 단단해지느냐, 실패하더라도 포기하지 않고 다시 도전하느냐가 더 중요합니다. 물론 그 도전마다 시행착오가 점점 줄어들고 결국에는 성공하고야 마는 시나리오가 가장 좋겠지만요.

▪ 마감 센서

마감이 다가오면 헐크처럼 변할 준비를 해야 한다. 다 때려 부수든 현명하게 잘 막아내든 마감을 가장 두려워해야 한다. 마감이 지나버렸다면, 생존을 위한 수습 센서를 켜둬야 한다.

▪ 잔고 센서

매일 확인하고 수시로 확인하고 언제든 채워 넣을 방법을 알고 있어야 한다. 투자로 채우든, 빚으로 채우든, 집을 팔아 채우든 법인통장은 비면 안 된다. 법인통장이 비면 대표는 범죄자가 된다.

▪ 감성 센서

매일 치열하게 살다 보면 숫자에 목매는 로봇처럼 살아갈 수도 있다. 가끔은 코미디언이나 시인처럼 감성을 꺼내 보여야 사람처럼 살 수 있다. 일하는 도중에도 감성이 작동하고 있는지 수시로 확인해보자.

▪ 희망 센서

절망적인 상황이 반복되더라도 아침에 눈을 떴을 때만큼은 행복회로를 작동시켜야 한다. 그래야 움직일 힘이 생긴다. 낙관주의, 낙천주의만 고집하라는 것이 아니다. 아주 작은 것 하나까지 긍정적으로 해석할 줄 알아야 한다는 것이다. 그래야 이 짓을 더 할 수 있다. 희망 센서는 스스로 작동시키는 스위치다.

▪ 정지 센서

대표라면 멈춰 있는 것을 두려워해야 한다. 모든 일이 잘되고 있어서 대표가 가만히 있는 것 자체가 위기다. 절대 멈추지 말고 일을 벌여서 조직이 멈추지 않고 돌아가게끔 해야 한다. 이 센서가 울리면 잠깐이라도 '생각'이란 걸 해보자. 가만히 있어도 되는 일인지 아닌지.

Q2.

동업하는 게 좋을까요, 혼자 하는 게 좋을까요?

"왜 다른 사람들은 사업하는데 나는 할 수 없을까?"

에어비앤비의 창업가 브라이언 체스키는 디자인 회사에서 일하던 중에도 늘 '창업'에 대한 갈증에 목말랐다. 결심 끝에 그는 잘 다니던 회사를 때려치우고, 창업을 꿈꾸며 실리콘밸리로 향한다.

그가 창업하려고 처음으로 한 일이 무엇이었을까? 코파운더cofounder, 즉 공동 창업가를 찾아 나선 것이다. 체스키는 대학 동창이자 이미 창업을 준비하고 있었던 조 게비아를 만났고, 이후에 하버드대 출신의 프로그래머 네이선 블레차르지크까지 합류시킨다. 잘 알다시피, 이들의 팀워크는 대단했다.

아무도 이들의 사업에 관심을 두지 않았을 때도 아르바이트로 생계를 이어가며 창업을 준비했다. 대표적인 아르바이트가 이미 많이 알려진 시리얼 세트를 만들어 판 것이다. 2008년 미국 대선 시즌을 겨냥해 민주당 후보 버락 오바마와 공화당 후보 존 매케인, 두 후보자의 이름과 스타일을 패러디한 브랜드의 시리얼 세트인 'Obama O's and Cap'n McCains'를 만들어 판매했다. 이 시리얼 세트가 예상외로 인기를 얻어 3만 달러의 적지 않은 돈을 벌게 됐는데, 여기서 끝이 아니었다. '와이 콤비네이터'의 창업가 폴 그레이엄이 이들의 팀워크를 높이 사 투자를 결심했기 때문이다. 뜻이 맞는 사람과 함께 시작한다는 건, 이처럼 대단한 시너지를 일으킨다.

스타트업 지망생들이 소통하는 온·오프라인 게시판을 보면 "창업 멤버를 구한다."라는 내용의 쪽지들을 자주 볼 수 있다. 스티브 잡스가 스티브 워즈니악과 함께 '애플'을 창업했을 때부터, 아니 그 이전부터 스타트업은 팀제로 구성된 사례가 많다. 특히 창업가가 기술개발 분야의 인재가 아니라면 더더욱 파트너를 구하려는 경우가 흔하다. 벤처캐피탈리스트 역시 팀제를 선호한다. 창업 기획자 노먼 위너스키는 "어떤 사람들과 함께할 것인지가 창업의 성패를 가르는 핵심 요인이다."라고 말했을 정도다.

하지만 팀제 창업을 반대하는 목소리도 존재한다. 벤처 투자자인 가이 가와사키는 《당신의 기업을 시작하라》에서 "'가까움'에 기대어 공동 창업가를 찾고 때로는 룸메이트와 같은 사람들을 신뢰하게 되죠. 그러나 그 '가까움' 때문에 위험이 존재합니다."라고 말했고, 와이 콤비네이터 CEO의 샘 알트만은 "스타트업이 초기에 망하는 1순위 이유가 창업가 사이의 갈등이 폭발해서다."라고 주장했을 정도다. 실제로 공동 창업가 사이에 일어난 갈등으로 분열된 스타트업이 많은데, 대표적인 경우가 잡스와 워즈니악이다. 두 사람은 함께 애플을 창업했지만 결국, 헤어졌다. 서로 안 맞아서만은 아니지만 함께한다는 건 이만큼 어려운 일인 것이다.
"팀 창업이 유리할까, 혼자서 창업하는 것이 유리할까?"
어떻게 시작할 것인지는 언제 시작하는 것만큼 창업가들이 궁금해하는 부분이다. 돈 버는 사업, 투자 잘 받는 회사를 만들려면 그만큼 뼈대를 잘 세워야 하는데, 어떤 식으로 뼈대를 세우는 게 좋을지 지금부터 그 이야기를 들어보자.

혼자든 팀이든 리스크는 나눠 지지 마라

우리나라 스타트업을 보면 대개 기획자 2명으로 창업합니다. 그런데 사업은 기획으로만 가능한 게 아닙니다. 구현할 수 있느냐가 관건이죠. 몽상가 창업만큼 위험한 것이 없습니다.

나는 슈퍼 CEO인가?

예비 창업가라면 스스로 창업할 준비가 되어 있는지 다양한 방법으로 확인해봤을 겁니다. 수중에 돈이 있는지, 주변에 네트워크가 구축되어 있는지, 자기 역량이 충분한지 이런 것들 말입니다. 역량이 충분한 슈퍼 CEO라면 혼자 창업해도 됩니다. 하지만 안타깝게도 많은 창업가가 여기서 착각합니다. 자신을 슈퍼 CEO라고요.

사실 저도 창업할 때 그랬습니다. 창업가는 '모르핀 효과'에 취하는 경우가 많습니다. 오늘은 좋은 일이 있을 것 같고, 뭔가 좋은 사람을 만날 것만 같고… 이런 식이죠. 앞에서 창업 전 자기 역량을 판별하는 항목(73쪽 참조)을 보면서도 내가 이미 갖고 있거나 앞으로 쉽게 확보할 수 있다고 생각했을 것입니다. 이처럼 창업가는 사업 시작 전부터 보고 싶은 것만 보게 되는 현상에 빠지기 쉽습니다.

우리가 직장생활을 하다 보면 자기 확신이 지나치게 강한 CEO들을 만나고는 하죠. 고집도 세고 손바닥 뒤집듯이 결정도 쉽게 바꾸는 그런 대표 말입니다. 한 번쯤 만나보지 않았나요? 이런 CEO는 고집을 피울 때도 결정을 바꿀 때도 이미 자기는 다 이해했고 모든 맥락이 자연스러우니, 고집을 부리는 일도, 방향을 전환하는 일도 쉬운 것입니다.

하지만 자기 검열을 제대로 하다 보면, 슈퍼 CEO는 사실상 존재하지 않습니다. 다 가지고 있는 사람은 거의 없는 법이죠. 스티브 잡스조차 워즈니악과 함께 창업하지 않았습니까? 따라서 제 결론은 혼자서 창업할 수 없다는 것입니다. 그렇다고 해서 무조건 공동 창업을 하라는 것도 아닙니다. 꼭 공동 창업가가 아니더라도 직원을 고용할 수 있으니까요. 중요한 건 CEO인 나에게 부족한 부분을 채워줄 팀을 만드는 것입니다.

그렇다면 팀은 어떤 사람들로 꾸려야 할까요? 어떤 중요도 순으로 사람을 영입하면 좋을까요? 팀을 짜야 한다면, 가장 먼저 필요한 사람은 CEO입니다. CEO는 창업에 필요한 자본을 가지고 있고 아이디어를 가지고 있으며 결정을 내리는 사람이니까요. 그러고 나면 이 아이디어를 책임지고 구현할 구성원이 필요할 겁니다. 많은 역할이 필요하겠지만, CEO 다음으로 중요한 사람은 CTO(Chief Technology Officer, 최고 기술책임자)입니다. 사실상 스타트업 창업은 이 두 사람만으로도 가능합니다.

그렇게 창업하고 나서 사업이 확장되면 구성원이 더 필요하겠죠. 그러면 그다음으로 영입해야 할 사람은 누구일까요? 바로 CFO(Chief Financial Officer, 최고 재무책임자)입니다. 그러고 나서 순차적으로 CIO(Chief Information Officer, 최고 정보관리책임자), CMO(Chief Marketing Officer, 최고 마케팅책임자)가 필요합니다.

스타트업 팀을 구성하는 순서
CEO(최고 경영자) → CTO(최고 기술책임자) → CFO(최고 재무책임자) → CIO(최고 정보관리책임자) → CMO(최고 마케팅책임자)

그런데 많은 분이 CEO 다음으로 CMO를 영입해야 한다고 생각합니다. 제품을 좀 더 팔아야 한다는 고민에 빠지기 때

문이죠. 창업가는 기획자에 가까워서 아이디어는 넘치지만, 마케팅 능력은 떨어지기 마련입니다. 반면 마케터는 지극히 시장 중심적이고 현실적일 때가 많아서 창업가와 마케터 사이에는 마찰이 벌어지기도 하죠.

조언하자면, 마케터는 절대 일찍 뽑을 필요가 없습니다. 마케터는 뭔가 구현하는 사람이 아니라 구현된 것을 파는 사람입니다. 스타트업이 창업하면서 곧바로 시장에 진출하기란 쉽지 않습니다. 만약 창업 초기에 만들어놓은 제품이나 서비스가 없는 상황이라면, 다시 말해 아이디어를 구현하는 중이라면 마케터를 뽑는 건 나중으로 미루길 바랍니다. 등산 가기 전에 장비부터 사는 건 취미 생활을 할 때나 할 수 있는 일입니다.

우리가 하는 모든 활동은 뇌에서부터 시작한다고 하죠. 뇌가 명령을 내리면 그다음 손발이 움직인다고요. CEO가 인간의 뇌라면 손이 CTO인 것이고 발은 CFO라 할 수 있습니다. CMO는 뇌와 손과 발이 잘 움직이고 난 다음 필요한 구성원입니다.

물론 앞에서도 말했지만, 이 5가지 중책을 모두 담당할 수 있는 슈퍼 CEO라면 혼자 창업해도 됩니다. 하지만 상식적으로 그런 경우가 극히 드물기에 투자자와 액셀러레이터들이 '팀 창업'을 제안하는 것이죠.

Q2.

팀을 꾸릴 때는 언제나 최악을 상정하라

자, 그럼 팀으로 창업한다고 했을 때, 중요하게 생각해야 할 것이 무엇일까요? 바로 '최악부터 상정하라.'입니다. 인간관계까지 말이죠.

한 가지 예를 들어드리겠습니다. 40년 지기인 60대 두 분이 공동 창업을 하셨습니다. 이 중 한 분은 오랫동안 언론인으로 살아오신 분이었죠. 두 분은 '도시농업'에 대한 꿈을 꾸고, 이를 사업으로 발전시키려고 했습니다. 옥상에 녹색 방수 페인트 대신 흙을 깔고 나무를 심어 도시 작물을 생산하는 아이템이었죠. 보통 건물 옥상은 빈 경우가 많으니, 이곳을 저렴하게 임대해 도시농업을 해보면 좋겠다는 멋진 아이디어였습니다.

하지만 이 사업의 문제는 흙이었습니다. 흙은 공수할 수가 없고 갈아엎을 수도 없으니까요. 그래서 두 분은 유기농 흙을 개발하는 콘셉트로 사업의 방향을 바꿨습니다. 창업자금으로 두 분이 1억 원을 만들어왔는데, 문제는 여기서 또 발생합니다. 바로 이 돈이 여윳돈이 아니라, 두 분이 가진 현금성 자산의 전부였던 것입니다. 심지어 한 분은 전세자금 대출까지 받아서 마련한 것이었더군요.

공동 창업을 할 때 창업가들이 서로 돈의 출처까지 이야기하지 않는 경우가 많습니다. "내가 한 2,000만 원 준비할 테니까 너도 한 3,000만 원만 어디서 구해올래?" 보통은 이 정도만 이야기하고 준비한다는 것이죠. 두 분도 그런 경우였고, 그 자금은 6개월 만에 바닥나고 맙니다. 판매가 없었기 때문이죠.

그다음은 어떻게 됐을까요? 당연히 공동 창업가 사이에서 마찰이 생깁니다. 빚을 누가 떠안아야 하는지 논쟁하는 와중에, 전세자금 대출마저 잃은 분은 가족과 함께 길거리에 나앉게 되었습니다.

두 분 모두 피해자이고 같이 책임져야 할 창업의 실패인데, 두 분끼리 싸우다가 끝나버린 셈이죠. 40년 지기의 우정도 이렇게 사업 실패 앞에서 한 줌 흙으로 돌아가는 법입니다. 공동 창업을 생각하는 분들은 이런 최악의 상황까지 고려하고 대안을 마련할 수 있어야 합니다.

공동 창업 계약서는 필수다

함께 창업을 준비하던 팀이 깨지는 데에는 크게 5가지 이유가 있습니다.

- 하나, 개인의 욕심이 조직의 욕심을 넘는 경우
- 둘, 개인 간의 실력과 조직 기여도에 차이가 크게 나는 경우
- 셋, 지금까지 들어간 것과 앞으로 들어갈 비용이 지금까지 받

았거나 앞으로 기대하는 비물질적 보상이나 수입보다 많은 경우
- 넷, 사업을 주도하는 사람의 운영방식이 지나치게 민주적이기만 할 경우
- 다섯, 성과에 대한 상벌이 확실하지 않을 경우

최초의 스타트업이 일종의 결사체처럼 만들어지더라도 일정 시간이 지나고 나면 모든 책임과 권한을 누군가에게 집중시켜야 합니다. 그렇지 않으면 자연스러운 상호 배신에 직면하게 돼 있습니다. 우리가 기억해야 할 것은 친구는 친구고 상사는 상사라는 사실이죠. 사람과 사람 사이에는 80이 맞더라도 안 맞은 20 때문에 싸움이 벌어지기도 합니다. 그 20 때문에 벌어질 싸움을 예방하려면 서로 지켜야 할 규정이 필요한 법이죠.

그래서 저는 공동 창업하는 분들에게 반드시 그 팀(공동 창업가)이 지켜야 할 규칙을 문서로 남기도록 제안합니다. 규칙이 없다면 정말 아무것도 서로에게 요구하지 않아야 하고, 만약에 서로 지켜야 할 선이 있다면 반드시 문서로 규정해놓는 것이죠.

앞서 사례로 들었던 두 창업가도 마찬가지입니다. 빚을 누가 책임진다, 아니면 반반으로 나눈다, 지분은 어떻게 나눈다, 창업가 중 한 명이 나가면 지분은 원가 그대로 놔두고 간다는 등의 구체적인 합의 사항이 미리 문서로 작성되어 있었다면 분

쟁을 해결하는 데 훨씬 도움이 됐을 겁니다. 이런 문서를 업계에서는 '공동 창업 계약서' 혹은 '주주 간 계약서'라고 합니다.

'주주 간 계약서'가 필요한 가장 큰 이유는 지분을 어떻게 나누고 관리할 것인지에 대한 규정이 필요하기 때문입니다. 주식회사를 보면 알 수 있듯이, 지분은 곧 의결권으로 이어지고, 그 의결권은 책임으로 이어지기 때문입니다. 그런 내용이 사전에 협의를 통해 문서에 담겨야 한다는 것이죠.

그럼 이 문서에는 어떤 내용이 담겨 있어야 할까요(최근 들어 창업가의 권리를 보호하기 위해 '복수의결권' 도입 논의가 활발하지만 여기서는 논의하지 않습니다).

CEO는 독박 쓰는 사람이다

일단 가장 중요한 항목은 이것입니다. '한 명이 독박 쓴다.' 쉽게 말해 리스크는 절대 나누어 갖지 않는다는 내용이 문서에 들어가야 합니다. 이익은 나누어 가질 수 있지만 리스크는 한 명이 져야 합니다. 그래야 나중에 재기할 수 있으니까요.

물론 그 대신 리스크를 많이 지는 사람이 책임도 많이 갖고 권한도 많이 가져야 합니다. 권한을 많이 가진다는 것은 지분이 가장 많아야 한다는 것이죠. 팀원 중에서 독박 쓸 사람이 가장 많은 지분을 갖되 그 지분은 회사의 운명을 좌우할 수 있는 수준의 지분이어야 합니다. 회사 전체 지분의 3분의 2, 보통은 70% 이상을 가지는 것이죠.

사업이 안정화되면 투자를 받게 됩니다. 드디어 본격적인 자본의 게임이 시작되는 것이죠. 투자자들은 스타트업을 갖고 싶은 게 아닙니다. 이들은 그저 그 회사의 지분 중 일부만을 소유하고 싶어 하죠. 회사를 책임지는 것도, 의결권을 갖는 것도 투자자들에게는 관심 밖입니다. 대신 관리 감독권만을 원하죠. 이때 경영자와 투자자가 지분을 나눠 갖는 가장 최적의 조합은 30%입니다. 투자자들에게 30% 미만의 지분을 내어줬을 때, 우리의 경영권을 지킬 수 있는지 고민하면서 공동 창업가가 나눠 가질 지분구조를 짜면 되는 것이죠.

독박 쓸 사람이 갖게 될 지분 70%의 의미를 좀 더 자세히 살펴보도록 하죠. 쉽게 말해 회사를 사고팔고 자산을 매각하고 매수하고 합병하고 인수하는 모든 권한이 이 사람의 지분으로 결정된다는 뜻입니다. 폐업의 결정권까지도 갖게 되고요. 보통 정관에 명시돼 있는 의결권 중 3분의 2가 찬성하는 '특별 결의'에 해당하는 내용입니다. 회사를 운영할 때 모든 결정이 민주적인 방법으로만 이뤄져서는 안 됩니다. 지분구조에 맞게끔 의사구조도 세팅되어야 하는데, 70%를 가진 사람이 최종 결정권자가 됩니다. 이 사람이 바로 CEO이고요.

공동 창업가들이 어떤 결정을 할 때마다 공동으로 의결하면 회사가 망하는 지름길을 달려가는 셈이라고 보면 됩니다. 혼자 책임지기가 부담스러워서 공동 의사결정 구조를 만드는 경우가 많은데, 이러면 안 된다는 것이죠. 무조건 총대를 메는 대표이사, 즉 CEO를 세워야 합니다. 앞에서 언제나 최악의 상황을 고려하라고 말씀드렸죠? 사업이 잘 안 됐을 때 누가 책임을 질 것이냐, 팀을 만들 때 가장 먼저 고려해야 하는 사항입니다.

처음에는 멀티 플레이어처럼 움직여야 한다

스타트업을 운영할 때 CEO는 자기가 가용할 수 있는 모든 자원을 써먹을 수 있어야 합니다. 그래서 본인이 적극적으로 마케팅도 할 줄 알아야 하죠. 회사를 존속시키려면 CEO가 자신의 스토리와 인맥을 이용해서 홍보도 하고 투자도 유치해야 합니다. 회사에 필요하다면 하는 겁니다.

특히 초기에는 회사의 비전과 미션 그다음으로 우리가 하고자 하는 일에 대한 사회적인 문제와 그에 대한 솔루션을 시장에 설명해야 하는데, 이때 자기만의 스토리텔링을 펼칠 수 있는 사람이 하는 게 맞습니다. 그런 존재가 바로 창업가이자 CEO인 것이죠.

시장은 스타트업 CEO를 선호합니다. 마케팅에 유리하기 때문이죠. 그래서 제휴사, 파트너사, 액셀러레이터 심지어 공공기관까지 CEO를 마케팅 무대에 내보냅니다. 문제는 그러는 과정에서 CEO가 자신의 역량을 소진한다는 것입니다. 그것 말고도 사업이 확장되면 CEO가 해야 할 일이 차고 넘치는 데 말이죠. 그래서 어느 시점이 되면, CEO는 그동안 해오던 역할을 직원들에게 나눠줘야 합니다.

스타트업이라 할지라도, CEO가 모든 것을 투자했다 하더라도, 개인과 회사는 분명하게 다릅니다. 개인과 법인 역시 다르죠. 개인이 법인을 만들었다고 해서 법인의 모든 것을 도맡아 할 수는 없습니다. 그리고 법인은 어느 순간 홀로 서야 할 때가 오기 마련입니다. 그러면 홀로서기 전에 개인이 빠져줘야겠죠.

창업가 때문에 생긴 회사지만 창업가가 회사의 앞길을 막을 때도 있습니다. 이 말은 회사가 딱 CEO만큼만 컸다가 망한다는 의미와 같습니다. 하지만 회사는 개인보다 커야 합니다. 당연하게도요. 그래서 투자를 받는 것이고 직원도 뽑는 것이죠. 그런데 CEO 마케팅이라는 명목으로 CEO와 회사를 자꾸 결부시키면 성장하는 데 한계에 직면하고 맙니다. CEO도 역량을 소진하여 경영에 지장을 주게 되고요. 액셀러레이터들이 스타트업을 만들 때 팀을 짜라고 주문하는 이유는 이러한 까닭도 있는 것입니다.

다시 한번 강조하자면, CEO는 무조건 '돌격대장'이어야 합니다. 처음에는요. 경영도 해야겠지만 '얼굴마담'도 맡아야 합니다. 그런 역할에 자신 없으면 COO로 남아야 하겠죠. 마찬가지로 사업이 커지고 누군가 돌격대장을 하면 '안살림'을 맡아줄 사람이 필요합니다. 밖에서 외치는 사람과 안에서 구현해내는 사람이 함께 있어야 한다는 것입니다. 이렇게 안팎으로 함께 움직이는 것이 '팀워크'인 거죠.

초반에는 CEO가 앞장서서 사람들 만나러 다니고 세일즈도 하면서 움직이다가 회사가 어느 정도 성장의 반열에 오르게 되면 CEO 개인과 회사를 분리하는 때를 잘 잡아 역할을 나눠야 합니다. 그래야 회사가 CEO보다 더 크게 성장할 수 있게 되는 거죠.

공동 창업가나 구성원을 어디에서, 어떻게 만나야 할지, 어떤 사람이 좋은 사람인지 분별하기 어려울 것이다. 아래 내용은 사람을 만나고 분별하는 데 도움이 될 만한 방법들이다. 쉬운 순서부터 어려운 순서로 적어두었고, 어려울수록 그만큼 '귀인'을 만날 확률이 높다.

1. 익명의 모임을 활용하라 ★☆☆☆☆

성공률은 5% 미만이지만, 우연이나 필연을 믿는다면 시도해볼 만하다. 하지만 이해관계와는 상관없으니 의존하진 마라.

2. 객관적인 자료가 있는 사람을 만난다 ★★☆☆☆

성공률 10% 미만이다. 언론 이미지가 좋다고 그대로 믿을 필요는 없다. 그에 대해 글을 쓴 기자도 그를 잘 모른다(기자 출신으로서 장담한다).

3. 내가 믿는 사람에게 소개를 받는다 ★★★☆☆

성공률이 50% 정도 된다. 하지만 내가 믿는 사람과 같이 속을 수도 있다. 큰 사기꾼은 신뢰 관계를 역이용하는 법이니까. 만약 주변에 빈번하게 사람을 소개해달라거나 소개해주는 사람이 있다면 주의할 필요가 있다.

4. 만나고 싶은 사람 주변에서 한동안 지켜본다 ★★★★☆

성공률 70%다. 얼마간 시간과 정성을 들여야 하지만 자신과 생각이 비슷한지, 하는 일이 나와 궁합이 맞는지 간접적으로나마 살펴볼 수 있어서 좋다. 이 경우 갑자기 나타나 말만 하고 행동하지 않는 사기꾼 같은 사람을 주의하라.

5. 같이 일을 해본다 ★★★★☆

성공률 90%다. 가장 어려운 방법이지만 그만큼 가장 효과가 좋은 방법이다. 특히 상호 이해관계가 생기면 본성이 드러나는 경우가 많은데, 최악의 상황에 놓였을 때 좋은 사람인지 나쁜 사람인지, 나와 회사에 맞는 사람인지 아닌지 확실히 판별할 수 있다. 또 여러 번 일을 해봐야 장기적으로 속이는 사기꾼과 발끈하는 성격을 가진 사람을 구별할 수 있다.

내 마음 같은 동업자, 직원을 바라지 마라

저는 스타트업 창업 초기에 2명의 파트너를 만났습니다. 경우마다 약간 차이가 있었는데 팀 창업을 준비하는 분들에게 제 이야기가 도움이 되었으면 좋겠네요.

공동 창업가와 시작할 때는 리스크부터 점검하라

저의 첫 번째 창업 아이템이었던 빅에프엠의 아이디어는 공동 창업가가 저에게 제안해온 것이었습니다. 온라인 게임의 플레이어가 필요로 하는 게임 정보를 교통 방송처럼 전하자는 것이었지요. 참신한 아이디어였지만 보완이 필요했습니다. 그래서 게임에 필요한 정보를 일방적으로 전하는 것이 아니라 게임을

하는 사람들 사이에 일어나는 다양한 이야기들을 담아내고 파
티의 구성원들이 방송에 직접 출연하여 신나게 웃고 떠들며 소
통하는 콘셉트로 수정했지요. 여기에 MMORPG의 공성전도
중계하고, 인기 프로게이머들도 출연해서 그들의 개인적인 이
야기를 풀어내는 토크쇼도 추가하는 등 그 당시 e-스포츠 중계
를 중심으로 하는 기존의 게임 방송에서는 볼 수 없었던 다양
한 콘텐츠들을 기획하고 종합 편성하면서 차별화된 게임 방송
국을 만들었습니다.

공동 창업가가 이 아이디어를 저에게 가지고 온 것은 제가
이 사업에 적임자라고 생각해서였을 겁니다. 저 스스로도 게임
전문 인터넷 방송국 창업에 필요한 역량과 스토리텔링을 모두
갖추었다는 생각에 뭐에 홀린 듯이 창업을 결심하게 됐고요.

다만 한 가지 마음에 걸렸던 것은 수익을 창출하는 광고영
업이 가능하냐는 것이었는데, 공동 창업가가 광고영업을 잘할
수 있다고 해서 철석같이 믿고 시작한 것이지요. 그렇게 공동
창업가는 광고영업을, 저는 콘텐츠 제작과 경영 총괄을 맡기로
하고 바로 창업에 착수했습니다.

창업을 준비하던 당시에 온게임넷의 인기가 워낙 좋았고
광고도 잘 붙었기 때문에 빅에프엠도 재미있는 콘텐츠를 만들
어서 1년만 버티면 잘될 수 있다고 생각했습니다. 예상대로 빅
에프엠 개국과 동시에 제가 활동하던 방송 채널에서 취재도 오

고, 메이저 신문과 게임 관련 매체에 기사가 나면서 좋은 사업 파트너들에게서 사업 제휴가 들어오는 선순환 구조가 만들어졌습니다. 온게임넷 e-스포츠 캐스터 출신이 최초의 게임 전문 인터넷 방송국을 설립했다는 것만으로도 관련 업계에서 화제가 되었던 것이지요.

하지만 이런 좋은 분위기는 오래가지 못했습니다. 광고영업 부문에서 실적이 나오지 않았기 때문이지요. 경험이 부족한 스타트업의 광고영업팀이 제 기능을 발휘하지 못하는 것은 어쩌면 당연한 일이었는데, 저는 이런 결과를 전혀 예상하지 못했고 너무 낙관했던 것입니다. 저희 광고영업팀을 너무 믿었던 것일 수도 있고, 창업가들이 흔히 저지르는 착각의 늪에 빠진 것일 수도 있겠지요.

아마 지금의 저였다면 공동 창업가가 사업 제안을 했을 때, "그건 참 좋은 아이디어인데 아직은 시기상조인 것 같다. 비즈니스 모델을 구현할 수 있는 확실한 역량을 갖춘 후에 창업하자."라고 말했을 겁니다. 그러나 그때의 저는 그러지 못했습니다.

어쨌거나 광고영업팀이 제 기능을 하지 못하면서, 경영을 총괄하는 대표이사인 저는 매우 큰 정신적, 재무적 어려움을 겪게 되었습니다. 제때 수익이 창출되지 못하면서 좋은 인재들이 빠져나가기 시작했고, 급기야 공동 창업가마저 퇴사하면서 생존을 위한 외로운 싸움을 이어나가야 했지요.

내 마음 같은 파트너, 직원을 바라지 마라

제 첫 사업의 공동 창업가이자 첫 번째 파트너의 경우, 온게임 넷에서 캐스터와 해설가로 만났습니다. 게임 캐스터로 활동할 당시 저는 게임 방송부터 스포츠, 뉴스, 교양, 음악까지 다양한 방송 프로그램을 진행하는 프리랜서 아나운서였습니다. 이 당시에 게임 방송이라는 신생 콘텐츠를 포함하여 이처럼 다양한 분야를 아우르는 방송 진행자는 제가 유일했고, 꽤 인정받는 편이었습니다. 그러다 보니 제 머릿속에서 '착각'이라는 놈이 고개를 내밀기 시작하더군요.

소위 말해 그런 생각이 들었던 것 같습니다. '내가 가진 이 재능을 방송 진행자의 영역에서만 써먹기에는 너무 아쉽다.' '이 정도면 수입이 좀 더 늘어야 하는 게 아닐까?' '뭔가 더 큰 세상으로 나아가고 싶다.' 이런 생각이요. 그리고 빅에프엠 창업에 착수하게 되면서 '이 세상에 없던 새로운 방송 콘텐츠와 시스템을 만드는 것이 내가 할 일이야.'라는 사명감으로까지 확장이 되더군요.

하지만 이건 정말 큰 착각이었습니다. '아름다운 착각'도 아니고, '오만에 가까운 착각'이었습니다. 기존의 방송국들이 수익을 창출하기 위해 큰돈을 투자하고 오랜 시간에 걸쳐 구축해놓은 비즈니스 인프라의 중요성을 너무 몰랐던 것입니다. 아무리 잘 만들어진 콘텐츠, 제품, 서비스라도 그것을 판매, 유통하는 영역의 역할과 중요성에 대해 무지하다면 결코 성공할 수 없다는 것을 너무 늦게 깨달은 것이지요. 이러한 위험 요소를 점검할 수 있는 능력과 경험이 이 당시 저에게도, 공동 창업가에게도 없었습니다.

여러 번 말씀드렸듯이 제가 첫 사업에서 실패한 까닭은 외부 환경이나 수익 창출 구조를 제대로 이해하지 못했기 때문이기도 했지만, 공동 창업가와의 역할 분담과 실행이 제대로 이루어지지 않았기 때문이었습니다. 물론 이 모든 것을 총괄할 수 있는 능력이 저에게 부족했던 것이 가장 큰 이유였고요. 그래서 철저하게 준비하지 못한 창업은 매우 위험합니다. 본인에게도 위험하고 생사고락을 함께하게 될 공동 창업가, 직원들에게도 위험합니다. 이런 상황이라면 창업하지 않는 것만 못합니다. 그나마 이 경험에서 제가 위안을 삼는 것은 함께 일했던 직원들과 크리에이터들이 좋은 평가를 받아 더 나은 일터로 자리를 옮길 수 있었다는 것입니다.

저처럼 기획자 2명이 만나 창업하는 경우는 업계에서 아주 흔합니다. 혼자서는 용기를 내기 어려운데, 둘이 되면 없던 용기마저 솟아나서 그런 걸까요? 사업은 기획력도 중요하지만, 실행력이 더 중요합니다. 저와 공동 창업가는 이 지점에서 막혀버렸던 것이지요. 서로 마음이 맞아서 공동 창업을 했지만,

실행력에서 손발이 맞지 않아 실패할 수밖에 없었던 것입니다.

팀 창업을 할 때 흔히 '나처럼' 생각하고 적극적으로 일할 파트너와 직원을 찾습니다. 운 좋게 그런 사람을 만나 함께 일하는 분들도 계실 겁니다. 하지만 저는 애초에 그런 마음을 갖지 말라고 말씀드리고 싶습니다. '나처럼' 생각하는, '오너처럼' 일하는 파트너와 직원은 세상에 존재하지 않습니다. 인생에는 소울메이트가 있을지 몰라도 비즈니스 조직에는 없으니까요. 오너처럼 일하는 사람은 오너 한 사람뿐입니다. '왜 나처럼 안 하지?'라고 생각하는 순간, 조직원들과 관계가 틀어질 수 있습니다. '힘들었을 텐데 이 정도나 해줬구나.'라고 고마워하는 마음을 갖는 것이 CEO의 정신 건강에 이롭습니다.

두 번째 창업 아이디어와 파트너를 만나다

빅에프엠이라는 사업을 접기 직전에 저는 '로봇 콘텐츠'라는 새로운 아이템으로 두 번째 창업을 했습니다. 빅에프엠 법인으로 한 것이 아니기에 완전한 피봇은 아니었고요(빅에프엠의 피봇은 그로부터 한참 후에 이루어집니다). 초심으로 돌아가 새 출발 하자는 마음으로 법인을 새로 설립해서 빅에프엠에 남아 있던 소수 정예 직원들과 운영했습니다. 스타트업을 한번 경험해봤기에 실전 경영 노하우를 좀 쌓은 상황이었고, 시행착오를 겪는 과정속에서 쓴맛도 봤지만 다행히 자금이 남아 있었기에 두 번째 도전을 결심할 수 있었던 것입니다.

제 두 번째 사업이자, 지금까지 운영하고 있는 회사는 로봇과 엔터테인먼트를 융합한 스타트업인 '로보위즈'인데요. 이 사업의 탄생 스토리를 이야기하려면 '서태지 마니아 페스티벌'이란 행사에 빅에프엠이 초청받은 이야기부터 해야겠네요.

'서태지 마니아 페스티벌'은 미국의 '코믹콘'처럼 '덕후'들이 한곳에 모이는 오프라인 행사입니다. 유튜브 크리에이터 페스티벌과 비슷하다고 생각하셔도 될 것 같습니다. 게임, 캐릭터, 로봇 등 개성으로 똘똘 뭉친 마니아들이 모인 이 행사의 주관 방송사로 빅에프엠이 참여했고 제가 폐막식의 MC를 맡게 되었지요. 자연스럽게 저는 이 페스티벌에 참여한 다양한 분야의 마니아들을 직접 만나게 되었고 로봇 콘텐츠 사업의 가능성을 발견하게 되었습니다. 당시 페스티벌에서 로봇 격투대회가 개최되었는데, 로봇 분야도 엔터테인먼트와 접목되면 e-스포츠처럼 재미있는 사업이 되겠다고 생각한 것이지요.

하지만 저는 로봇 제작에는 문외한이었기에 막연한 아이디어 정도만 가지고 있었는데, 마치 필연처럼 이곳에서 저와 비슷한 생각을 가진 로봇 엔지니어를 만나게 됐고, 그가 바로 제 인생의 두 번째 사업 파트너가 되었습니다.

제 두 번째 파트너도 당시 엔지니어로서 로봇 사업에 대한 열망이 있어서 창업을 준비하고 있었는데, 마침 저와 만났던 것이지요. 우리는 이야기를 나누면서 로봇 기술과 콘텐츠 사업의 노하우가 융합되면 훌륭한 시너지가 날 것 같다는 '아름다운 착각'에 함께 빠지게 됩니다. 서로의 장점이 합쳐지면 큰 성공을 거둘 수 있을 것임을 직감한 것이지요. 지금 돌이켜 생각해봐도 그 직감은 틀린 것이 아니었습니다. 이 당시 동종 업계에서 비슷한 사업 모델을 영위하던 로보티즈, 로보로보 등의 회사가 지금은 코스닥에 상장되어 승승장구할 정도이니 유망한 사업임에 분명했지요.

찰떡처럼 의기투합한 우리 두 사람은 각자 회사의 지분 스왑(Stock Swap, 두 주체가 가진 지분을 맞교환하는 것)을 하면서 파트너 관계를 맺었습니다. 비즈니스에서 파트너 관계를 맺는다는 것은 서로의 부족한 부분을 채워줄 수 있다는 생각에서 출발합니다. 서로에게 이점으로 작용할 부분을 먼저 생각하여 덥석 손을 잡게 되는 것이지요. 서로에게 해가 될 수 있는 부분에 대해서는 깊이 생각하지 못한다는 것이 함정입니다. 실제로 저와 제 두 번째 파트너도 서로 원만한 파트너십을 유지하는 사업 경험과 노하우가 부족하다는 점을 간과하고 말았습니다.

두 번째 파트너와 사업을 시작할 때는 마치 첫눈에 사랑에 빠져 콩깍지가 씐 것 같았습니다. 연애나 결혼할 때 상대에게 첫눈에 반해본 분들은 아시겠지만, 그 순간에는 온 세상이 핑크 빛이고 달콤하기만 하잖아요. 그러다가 조금만 시간이 지나면 서로의 차이를 발견하게 되면서 갈등이 생기게 되고요. 이 때 원만한 해결책을 찾으면 백년해로할 수 있지만, 그렇지 못하면 결국 이별을 맞이하게 됩니다. 제가 딱 그랬지요.

감정이나 의리보다 이성이 중요할 때

서로의 부족함을 채워주며 장점을 발휘한다면 함께 성공할 수 있을 것이라는 장밋빛 희망이 넘쳐날 때는 어떤 어려움도 함께 헤쳐 나갈 수 있을 것 같았고, 우리 앞에 놓인 작은 문제들은 오히려 파트너십을 굳게 다져주는 데 긍정적으로 작용했습니다. 그런데 이런 돈독했던 파트너십의 위기는 아이러니하게도 커다란 기회 뒤에 찾아왔습니다.

바로 투자를 유치하는 과정에서 벌어진 일이었지요. 저희의 로봇 콘텐츠 사업은 국내 메이저 지상파 방송사로부터 유망한 글로벌 콘텐츠 사업으로 가치를 인정받아 투자받을 기회를 얻게 됐습니다. 이는 제가 오랫동안 방송 진행자로 활동했던 경력과 비즈니스 네트워크가 있었기에 가능했었는데요. 이 당시만 해도 국내 메이저 지상파 방송사의 힘은 정말 막강했기 때문에, 이 제안을 받고 나서 저희 두 사람은 마치 코스닥에 상장이라도 된 것처럼 신이 났습니다. 이 사실을 알게 된 지인들

중에 투자할 기회를 달라며 먼저 요청하는 분들이 있을 정도였지요.

그런데 메이저 지상파 방송사의 투자 담당자와 투자조건을 협의하는 과정에서 분위기가 조금씩 이상하게 흘러가더군요. 투자 담당자는 저희 두 회사의 파트너십을 시험하려는 것 같은 투자조건을 통보해왔습니다. 두 회사 중에 한 곳에만 투자해야 하니 어느 회사가 투자를 받을지 서로 협의하여 선택하라는 것이었습니다. 무척 당황스럽더군요. 지금처럼 경험이 많이 쌓였다면 파트너사와 조인트벤처를 만들어 투자를 받았겠지만, 그때 저와 파트너사의 CEO는 그렇지 못했습니다. 결국, 젊은 혈기에 감정적인 선택을 하고 말았지요.

'아무리 대단한 투자자라고 해도 우리를 갈라놓는 제안을 했다는 것 자체가 마음에 들지 않으니 우리의 굳건한 파트너십을 위해서라도 이번 투자 제안을 과감히 거절하자.'

오랫동안 사업하면서 느낀 것인데요. 사업가에게 감정은 정말 불필요한 요소입니다. 물론 사업가도 사람이기에 감정적으로 대응할 순간이 생길 수밖에 없지만, 사업에서 감정적인 선택과 결정은 대체로 도움이 되지 않는 결과를 초래하거든요. 그래서 사업가는 감정과 이성적 판단 사이에 균형을 이루려 많은 노력을 기울여야 합니다. 저 역시 아직도 노력하고 있는 부분이기도 하고요.

아무튼 이때만 해도 저는 자만심에 가까울 만큼 자신감이 넘쳤던 것 같습니다. 이번 투자 제안을 거절하더라도 더 좋은 기회가 올 것만 같았거든요. 기회가 자주 오지 않는다는 것을 그때 알았더라면, 결과가 좀 달라졌을까요?

사업 초기에 최대한 빠르게 안정적인 조직을 갖추려면 신속한 투자 유치와 후속 투자 유치가 지속적으로 필요하다는 사실을 간과했습니다. 그리고 직원들의 인내심도 오래가지 못한다는 것을 그때는 몰랐습니다. 좋은 날이 올 때까지 참고 견디며 저와 함께해줄 것이라고만 생각했거든요. 이 모든 착각과 어리석은 결정은 제 경험 부족에서 비롯된 것이지만, 문제는 여기에서 그치지 않았습니다.

굳건한 파트너십을 지키기 위해 투자까지 거절했는데, 막상 투자를 거절하고 나니 서로 후회하는 마음이 조금씩 생긴 것이지요. 투자 거절에 대한 아쉬움을 토로하게 되고 협업을 통한 안정적인 매출 확보가 어려워지면서 급기야 단단할 것만 같았던 파트너십에도 심각한 균열이 생기게 되었습니다. 결국 파트너가 지분 스왑 했던 것을 원상 복구하자고 하더군요. 저와 두 번째 파트너의 혈맹 관계는 그렇게 끊어지고 말았습니다.

언제나 플랜 B를 생각하라

한 가족 같았던 기술 파트너와 결별하고 나서 저희 회사는 한동안 방황하게 되었는데, 사람이 죽으라는 법은 없는지 전화위복의 기회가 오더군요. 출원해놓았던 BM^{Business Model} 특허가 특허청에 등록되면서 로봇 콘텐츠 개발을 계속할 수 있는 자신감을 다시 얻게 된 것이지요. 그리고 특정한 기술 파트너와 맺었던 독점적 파트너십이 깨지고 나서인지 그 이후에는 다양한 파트너들과 유연하게 제휴하는 방법을 나름대로 모색하게 되었고, 누구를 만나 사업 제휴를 논의하더라도 돌발 변수에 대비하며 플랜 B를 준비하는 것이 습관처럼 몸에 배게 되었습니다.

제가 두 명의 파트너와 관계를 맺고 이별하면서 가장 절실하게 배운 한 가지는, 스타트업에 이상적인 파트너십이란 나와 파트너 모두 일정 수준 이상이 되고 나서 맺어야 제대로 된 시너지가 난다는 것이었습니다. '내가 부족한 점이 있고 상대방도 부족한 점이 있으니 서로 협업해서 부족한 부분을 채워주면 잘 될 거야.' 이런 안일한 생각으로 파트너십을 체결하면 공멸하는 지름길로 접어들게 될 뿐입니다. 서로의 장점이 시너지를 만들어내기도 전에 서로의 약점이 먼저 부각되고 충돌을 빚게 되면서 기대했던 파트너십은커녕 부작용만 일어나게 되는 것이지요. 역량이 제대로 갖추어지지 않은 스타트업들끼리 부족한 부분을 메우려는 단순한 마음으로 파트너 관계를 맺는 건 오히려 각자의 조직력을 약화시키고 상처를 주고받는 원인이 될 수도 있으니 주의해야 합니다. 저는 꽤 비싼 수업료를 내고 배웠지만, 여러분은 현명하게 판단하시길 바랍니다.

외주를 주는 것도 고려해볼 수 있는데, 이 또한 내가 가진 핵심 역량 안에서 상대를 통제할 수 있을 때 선택해야 합니다. 핵심 역량 부문을 외주로 맡기겠다는 스타트업을 본 적이 있는데 이는 결코 바람직하지 않습니다. 파트너와 함께 창업하든 외주사의 도움을 받든, 핵심 역량은 반드시 창업가가 가지고 있어야 합니다. 그렇지 못하면 결국 상대방에게 상처만 입고 무너질 수 있습니다.

1. 첫 사이클에서 잘하는 곳(사람)과 못하는 곳이 갈린다. 잘하는 곳이 불만을 품기 전에 못하는 곳을 빼주어야 한다.

2. 두 번째 사이클부터 첫 사이클에서 있었던 역할 범위 논쟁이 시작된다. 사업을 멈춰 처음부터 재구성하는 것도 필요하다.

3. 정작 주도했던 나는 사라지고 구성원 가운데 한 곳이 도드라지려고 하는 정치적 움직임이 보인다. 잘하는 이라면 맡기고 못 하는 이라면 얼른 빼내야 한다.

4. 시작할 때의 생각과 마쳤을 때의 생각은 무조건 달라진다. 다만, 시작했을 때의 목표와 마쳤을 때의 목표는 달라지면 안 된다.

5. 이익 배분은 나중에 하는 것이 아니라 처음에 하는 것이다.

6. 실패했을 때는 과감히 서로에게 커뮤니케이션 하지 않는 시기가 필요하다. 감정적인 발언이 나올 수 있기 때문이다.

7. 반드시 서로 눈을 맞추며 보는 자리를 주기적으로 가져야
   한다.

8. 일을 시작할 때 깔끔하게 헤어질 수 있는 동거 시기를 정해야
   한다. 서로 질질 끌리지 않으려면 3개월 정도가 적당하다.

9. 파레토 법칙(Pareto Principle, 일부 원인이 전체 결과를 좌우한다)을
   이해하자. 어디나 프리 라이더(무임승차자)가 있다. 너무 많으
   면 문제지만 적정선이라면 다음번 협력할 때 역할을 재배정
   해주자. 의외의 성과가 날 수 있다.

Q3.

우리 회사에 맞는 직원을 어떻게 찾죠?

스타크래프트로 유명한 미국의 게임 회사 블리자드 엔터테인먼트는 오직 '게임 덕후'만을 채용하는 것으로 유명하다. 심지어 '덕후질'을 얼마나 잘했는가가 인사고과에 반영된다. 창업가 마이크 모하임이 "우리 회사에는 규칙이 있다. 프로그래밍, 사운드, 아트 분야에 아무리 뛰어난 능력을 지니고 있어도 '게임 마니아'가 아니면 절대로 채용하지 않는다."라고 말했을 정도다.

넥슨의 창업가 김정주 회장은 "좋은 사람과 유능한 사람 둘 중 하나를 골라야 한다면 나는 '좋은 사람'을 택하겠다."라고 주장했다. 알리바바의 마윈 회장은 "창업 초기에는 '꿈을 좇는 팀'이 필요하다. 성공에 목마른, 평범하고 단결할 줄 알며, 공동의 이상을 가진 사람들이 필요하다."라고 말하며, 이 같은 사람들이 스타트업의 인재상이라고 밝혔다.

창업하고 조직을 구성할 때 창업가는 고민에 빠진다. 어떤 인재로 회사를 채울 것인가. 물론 대부분 유능한 인재를 영입하려고 애쓴다. 하지만 그런 인재를 영입할 만한 환경을 갖추기란 쉽지 않다. 대기업처럼 그들에게 적절한 보상을 해주기가 어렵기 때문이다. 지분을 나눠주는 조건으로 유능한 인재를 영입했다 해도, 이들이 조직에 적절하게 융합될 수 있을지도 걱정스럽다. 유능한 인재는 단독 플레이에 강하고, 팀플레이에는 약하지 않을까 하는 선입견이 있으니 말이다. 그래서 조직에 잘 융화될 수 있는 착한 구성원을 찾기도 한다. 어떤 인재든 회사에는 모두 필요하다. 그러면 어떤 인재가 우리 회사와 잘 맞는 걸까, 어떤 '사람'과 '문화'로 채우는 것이 좋을까. 이 문제를 고민하던 창업가나 예비 창업가들은 이번 장을 주목하길 바란다.

스스로
답을 만드는
사람을 찾아라

직원을 고르고 판단할 때 가장 먼저 드리고 싶은 말씀은, CEO는 자신과 같은 사람을 찾으려고 하면 안 된다는 겁니다. 또 어떤 상황이 닥치든 '직원 탓'을 해서도 안 되고요. 스타트업이라는 조직 안에서 직원은 '상수'가 아니라 '변수'이기 때문입니다. 직원이 잘하는 것도, 못 해내는 것도 변수에 속한다는 이야기죠.

직원이 변수라는 걸 받아들이자

스타트업을 경영하다 보면 직원이 문제를 일으킬 수도 있습니다. 아니, 이런 일은 아주 흔하죠. 물론 그렇다 하더라도 이것이 CEO 잘못은 아닙니다. 스타트업 조직 안에서 '상수 통제'는 모든 게 CEO의 잘못이지만 변수를 통제하려 할 땐 어쩔 수 없는 일들이 생겨날 수밖에 없으니까요. 누구 탓도 아니지만, 만약 책임을 져야 한다면 당연하게도 CEO가 져야 합니다. 모든 인사권이 CEO에게 있고, 이 직원을 선발한 것도 CEO이기 때문이죠. "누구한테 추천을 받았다."라고 변명해서도 안 됩니다. 이유가 무엇이든 그 직원을 받아들이겠다고 결정한 것은 CEO, 자신이니까요.

CEO는 경영하면서 항상 변수가 존재함을 인정해야 하고, 감수해야 합니다. 예를 들어, 조직 안에서 직원이 문제를 일으키는 것과 같은 일이죠. 이럴 때는 괜히 혼자 속을 끓일 필요도 없고, 직원을 포용한다는 둥 굳이 멋지게 포장할 이유도 없습니다. 말 그대로 변수라고 생각하고 받아들여야 합니다. 그래서 직원에게 책임을 추궁할 것이 아니라 또 다른 업무를 통해 만회하게 하면 됩니다.

직원은 주어진 일을 하고, 기한 안에 일을 마치고, 주어진 범위 내에서 책임지며, 자신이 맡은 분야에서 전문적인 역할을 해내면 됩니다. 반면 경영자는 그런 직원에게 일을 주고 시켜야 하죠. 진행하던 일의 기한이 마무리되기 전에 새로운 일을 만들어야 하고, 모든 분야를 파악해야 합니다. 책임은 훨씬 많이 지고요. 이렇게 직원과 경영자는 역할과 책임이 다릅니다.

그런데 종종 스타트업의 CEO들은 직원들에게 그 이상을 바랄 때가 있습니다. 우리 회사는 스타트업이니까, 소수이니까 한 사람이 더 많은 일을 책임감 있게 해주길 바라는 것이죠. 오판입니다. 만일 해야 할 일이 더 많은데 직원을 고용할 능력이 없다면, 그것을 직원에게 떠넘길 것이 아니라 CEO가 밤잠을 못 자더라도 해내야 합니다. 직원에게는 최소한의 휴식시간을 보장해줘야 하고요. 그래서 CEO가 지분을 더 많이 가져가는 것입니다. 이때 고생한 것에 대한 일종의 보상인 셈이죠.

환상을 꿈꾸는 직원은 독이다

CEO처럼 일해주고 책임까지 져주는 직원이 없다는 걸 먼저 인정하고 들어가는 것까지 준비가 되었다면, 이제 우리 회사에 맞는 직원을 어떻게 골라야 할까요? 회사마다 추구하는 문화나 지향점이 다르기 때문에 정답은 없지만, 최소한 이런 직원은 피해야 합니다.

스타트업에 지원하려는 사람 중에는 환상을 품고 찾아오는 사람들이 꽤 많습니다. 용의 꼬리보다는 뱀의 머리가 되고 싶다는 생각 같습니다. 그런데 이렇게 생각하는 분들은 사실 좀 곤란합니다.

스타트업이 당장 직원에게 돈을 얼마나 줄 수 있겠습니까? 급여나 복지가 대기업보다 대단할 리 없고요. 제대로 된 보상이 없다면 경험해보지도 않은 일에 대해 가지고 있던 환상은 쉽게 깨지기 마련입니다.

더욱이 환상 때문에 찾아오는 지원자일수록 실제 업무에 투입되었을 때 더 크게 실망하는 경우가 많습니다. 기대가 크면 실망도 큰 법이니까요. 우리가 맛보는 스타트업의 현실은 정글입니다. 안정된 도시 생활을 기대할 수가 없죠. 그래서 당장 살아남는 게 중요한데, 그렇지 못하고 환상에만 기대고 있다면 그런 사람들과는 현실적으로 함께 일하기 어렵죠.

이런 분들을 거르고 회사에 새로운 사람을 받아들였다면 CEO는 어떤 마음으로 직원을 대해야 할까요? 아까 직원이, 그리고 그 직원이 실수를 저지르는 그 모든 상황이 변수라고 말했던 걸 기억하실 겁니다. 직원은 언제든 잠재적 소송인이 될 수 있는 사람입니다. 무슨 말이냐고요? 고용 노동법에 위반되는 사항이 있다면 언제든 대표를 고발하거나 등질 수 있다는 거죠.

그래서 CEO는 직원에게 많은 걸 바라는 것도 안 되지만, 함부로 대하는 것은 더욱 안 됩니다. 직원은 유리병 같은 사람들이거든요. 너무 귀하게 키워도 안 되지만 막 대해서도 안 된다는 것이죠. 직원은 항상 조심해서 다뤄야 합니다.

또 우리 회사에 인재가 입사하면 축복이라 생각해야 합니다. 스타트업을 선택하는 건 일종의 모험이니까요. 능력이 뛰어나 여러 기업의 조건을 따져가며 일할 수 있는 사람이 스타트업에 들어오기란 쉽지 않은 일입니다. 스타트업은 언제 망할지도 모르고 때로는 대표자들과 임원들이 돈을 못 가지고 가는 경우도 흔하니까요. 그런 회사를 인재가 선택해줬다면 감사해야 할 일인 거죠. 그리고 직원에게 월급을 못 줄 것 같으면 직원을 내보내는 게 맞습니다. 정을 호소하며 버텨달라고 하면 안 됩니다.

경력직? 신입? 채용에 뭐가 더 유리할까?

새로 시작하는 회사라면, 직장생활 경험을 해본 경력직이 업무 면에서나 조직 문화를 만드는 데 더 낫지 않을까 생각할 수 있습니다. 하지만 조직에 어울리지 못하는 경우도 많죠. 큰 회사에서 일하다가 스타트업으로 이직하는 분들 중 충격을 받는 분이 적지 않은데, 그분들의 의견을 종합해보니 대개 이런 문제들이더군요.

① 대표나 직원이나 왜 이렇게 일을 못 하지?
② 여기는 왜 이렇게 월급이 짜지?
③ 우리는 무엇으로 돈을 벌지?
④ 왜 아무도 뭘 하라고 지시하지 않지?

⑤ 우리는 언제 쉬지?

⑥ 주변에서는 내가 다니는 회사를 왜 모를까?

⑦ 복지가 왜 이렇게 허술하지?

⑧ 도대체 이 회사에서 내 직책은 뭐지?

⑨ 내가 누구에게 뭘 시켜야 하지?

⑩ 올해 내 성과 목표는 뭐지?

규모가 큰 회사일수록 이런 질문에 대답하기 유리한 조직 시스템을 가지고 있죠. 하지만 결론부터 말하면 스타트업이란 조직 안에는 이런 질문에 관해 답을 줄 사람이 없습니다. 답은 구성원 스스로가 만들어야 하죠. 스스로 답을 내거나 구체적인 건의사항을 통해 추진해서 답을 만들어야 합니다. 정답은 없고 해답만 있는 곳이 스타트업이라는 의미죠. 그래서 수동적으로 일해오던 모범생에게는 스타트업이 지옥으로 느껴질 때도 많습니다.

그래서 저는 어떻게 보면 스타트업이 인재를 채용할 때 경력직보다 신입이 나을 때가 많다고 생각합니다. 차라리 '백지상태'가 나을 수 있다는 것이죠. 비교 대상이 없으니까요. 경력직이 스타트업 조직 안에서도 자신이 경험한 회사 문화를 좇으려 하다 보면, 오히려 스타트업에 적응하기가 더 어렵습니다.

물론 분야에 따라 경력직이 필요할 수 있고, 신입이냐 경력이냐 구분하는 것 자체가 의미가 없을 수도 있습니다. 경력직이더라도 어떤 곳에서든 뭔가를 배우려고 하는 사람은 스타트업에 필요한 사람이니까요. 스타트업 CEO도 스펀지처럼 쭉쭉 흡수하는 직원들을 볼 때 더 보람을 느낍니다.

또 지금 당장은 다른 회사보다 급여나 다른 보상을 많이 주지는 못하지만, 서로 발전하는 모습에서 가치를 찾을 수 있다고 생각하는 직원이 스타트업에 필요합니다. 스타트업은 어찌 보면 직장인에게 학교와 같습니다. '압축 성장'을 배울 수 있으니까요. 그래서 이를 다른 조건이나 보상보다 가치 있게 생각하는 분이 영입되는 게 맞습니다.

조직에 어른이 필요한가?

영화 '인턴'을 보면 상급자보다 나이와 경력이 많은, 일명 어른 직원이 등장합니다. 처음에는 어른 직원이 조직에 잘 섞일 수 있을지 의문을 갖지만, 결과적으로는 업무도 잘 처리하고 상급자에게 도움도 주죠. 그렇다면 스타트업에 이런 경험 많은 직원이 꼭 필요한 걸까요? 스타트업은 대개 젊은 조직인 경우가 많아서 어른 직원이 필요한지 묻고는 하는데, 그 질문에 답하자면 저는 꼭 그럴 필요는 없다고 생각합니다.

물론 전제조건이 필요하긴 합니다. 조직의 비전과 미션이 명확할 때는 회사에 어른이 꼭 있을 필요는 없습니다. 어른이 필요하다고 생각하는 것은 비전과 미션이 명확하지 않으니까 다들 어딘가에 기대고 싶어 하는 마음이 들어서입니다. 우리가 이 일을 왜 하는지 의문이 들기 때문에, 누군가 현자처럼 이야기해주기를 바라는 것입니다. 따라서 조직에 어른이 필요한가, 아닌가를 고민하기보다 조직의 비전과 미션이 명확한가, 아닌가를 좀 더 고민해보길 바랍니다. 그게 창업가 혹은 CEO의 역할인 것이죠.

물론 그렇다고 해서 나이가 많은 직원을 아예 배제하라는 것은 아닙니다. 직원의 나이보다 '꼰대' 같이 구느냐 아니냐가 더 중요합니다. 가령 "나 때는 말이야." "그거 봤어?", "그래서 안 돼." 이런 말을 하는 사람은 조직의 분위기를 망치는 경우가 많습니다. 이런 말을 입버릇처럼 내뱉는 사람은 나이가 어리든 많든 '꼰대'라 할 수 있습니다. 이 직원 때문에 일이 자꾸 지체되고 조직 문화에 패배주의가 짙어진다면, 조직에서 배제해야 하겠죠.

우리 회사와 상극인 직원을 상대하는 법

때로는 우리 회사와 절대 맞지 않는 직원도 있을 수 있습니다. 그런 경우 이 직원으로 인해 조직 문화가 깨질 수도 있죠. 그렇다면 서로 헤어지는 게 정답입니다. 하지만 이 직원이 회사에서 나가지 않겠다고 주장한다면 어떻게 해야 할까요? 이럴 때 CEO는 최악의 카드로 구조조정까지 생각해야 합니다. 조직을 망친다면 충분히 구조조정의 사유가 되니까요.

하지만 막무가내로 이 최악의 카드를 쓸 수는 없죠. 이 직원이 조직을 망친다는 걸 입증해야 하니까요. 그래서 직원이 하는 말과 행동, 업무 내용을 '기록'해두는 게 좋습니다. 몇 개월 전부터 중간 임원이나 대표가 직접 그 사람의 근무 태도에 대해서 기록하는 것이죠. 같은 문제가 반복될 경우, 직접 구두로 경고하는 것보다는 메일로 하는 것이 더 낫습니다. 그래야 기록이 남으니까요.

그러나 만일 그다음에도 문제가 시정되지 않는다면 직원을 불러서 면담해야 합니다. 그 과정에서 대표나 중간 임원이 그간 직원의 근무 태도를 기록했던 내용을 공유하고, 직원에게 시정하겠다는 약속을 받습니다. 만약 그러고 나서도 약속이 지켜지지 않으면 이 직원의 구직 기간을 고려해서 숙려 기간을 주고, 마지막에는 구조조정까지 가는 것이지요. 어쨌든 이렇게 여러 단계를 거쳐 문제를 고칠 수 있는지 시간을 주고, 그렇지 않으면 최악의 카드를 꺼내는 것이 자연스럽게 문제를 해결하는 방법일 것입니다.

민주주의 문화보다 중요한 스타트업 운영의 본질

자, 직원 채용이 CEO가 중요하게 고려해야 할 사항 중 하나라면, 이제 그 직원들과 함께 어떤 조직 문화를 만들 것인지, 어떻게 조직을 운영할 것인지도 CEO에게는 매우 중요한 사항이겠죠. 상황에 따라, CEO가 추구하는 방향에 따라 여러 가지 이야기를 할 수 있겠지만, 제가 가장 중요하게 말씀드리고 싶은 것은 스타트업이란 조직을 민주적으로 운영해서는 안 된다는 겁니다. 스타트업이 망하는 사례를 보면 많은 이유가 있지만, 그중 대표적인 이유는 바로 창업가가 사업을 시작하기도 전에 이런 생각을 하고 있어서입니다.

"민주적으로 하고 싶어요."
"저는 돈이 목적이 아니었어요."

저는 이런 주장은 정말 말도 안 되는 이야기라고 생각합니다. 스타트업의 목표는 무조건 '생존'입니다. 여러 제약이 있겠지만 일단 기존 시장 안에서 살아남는 게 가장 큰 숙제인 셈이죠. 사업의 성공은 오히려 차후의 문제일 수 있습니다. 살아남아야 성공도 할 수 있으니까요.

'이상적인 회사'를 만들어보고 싶어서 스타트업을 하겠다고 나서는 건 사실 배부른 이야기입니다. 이것은 '조합'에서나 가능한 일입니다. 실리콘밸리 기업을 보면 돈보다 나은 가치를 추구한다는 회사도 있기는 합니다. 그런데 이 주장은 회사가 생존할 때나 먹히는 이야기입니다. 회사가 망하고, 직원을 해고해야 하는 상황에서 할 얘기는 아니란 거죠. 만약 돈보다 더 나은 가치를 원한다면, 일단 살아남은 다음 생각해보길 바랍니다.

'멋스러운 창업'이란 건 없습니다. 스타트업도 기업이기 때문에 자본주의의 한복판에 존재할 수밖에 없습니다. 돈이 되거나 돈을 벌어서 살아남아야만 가치를 인정받을 수 있고, 그렇게 하고자 고군분투해야 하는데 그보다 직원들 사이에서 공평하게 의견을 교환하고, 회사를 민주주의에 맞게 운영하는 게 더 중요하다고 말하는 것은 지극히 이상적인 자세입니다.

이제 막 시작해서 살아남는 게 중요한 스타트업에는 대기업처럼 고통의 시간을 견디게 해줄 완충장치가 없습니다. 머뭇거리다가는 회사 자체가 날아가 버립니다. 그래서 때로는 사람들의 생각이 충돌하거나 조정이 필요해도, CEO의 권한으로 빠르게 의사결정을 해야 하죠. 매번 시간을 들여 1인 1표를 행사하며 투표로 결정할 수는 없으니까요. 공동 창업가 간에도 최초 지분을 설정할 때 주식이 많을수록 책임을 더 많이 갖도록 하는 것도 같은 이유입니다. 빠르게 움직이기 위해 결정권을 소수에게 집중시킨 것이죠.

'강인한 소수'를 만들어라

스타트업은 빠르게 결정하고 움직여야 하는 조직이라고 말씀 드렸는데요. 기획을 고민하는 순간, 실행의 단계까지 갈 수 있게 빨리 움직여야 합니다. 스타트업이 어떻게 움직여야 하는가, 바로 '실행'에 초점을 맞추고 달리는 것이죠. 대기업은 비전과 미션, 사업계획에 얽매이곤 합니다. 하지만 스타트업은 거창한 사업계획보다 당장 '뭘 해야 할까?'부터 논의해야 합니다.

직원을 뽑을 때도 이 부분을 유념하면 좋습니다. 대기업은 직원을 뽑아서 직무 교육을 시키고 이들이 적응하고 성과를 내도록 시간을 줄 수 있습니다. 만약 그러고도 적응을 못 하면 다른 분야로 옮겨줄 수도 있죠. 부서가 여럿 있으니까요. 하지만 스타트업에서는 그럴 수 없습니다. 당장 실행할 수 있는 사람을 고용하고, 그 사람이 할 수 있는 일을 부여해야 합니다. 그렇게 해서 최소한 한두 달 안에 스타트업과 직원이 서로 같이 갈 수 있는지, 같이 갈 때 시너지가 나는 존재인지 파악해야 하죠. 그렇지 못하다면 직원도 퇴사하는 것이 맞습니다.

당장 실행하고, 역할을 구분하지 않고 어떤 업무든 해낼 수 있는 베테랑들이 모인 스타트업 조직은 '강인한 소수'가 되어야 합니다. 그것이 가장 이상적인 조직이죠.

조직이 어리다고 하는 일이나 문제의식까지 어려 보여서는 안 됩니다. 베테랑답게 시장의 문제를 고민하고 해결해내는 모습을 보일 때, 그 스타트업은 잘 운영되고 있다고, '강인한 소수' 조직을 구축했다고 볼 수 있겠죠.

마지막으로 스타트업에서 일하는 분들에게 이런 이야기를 하고 싶습니다. 리더는 내일 무엇을 해야 할지 결정하는 사람이고, 관리자는 오늘 무엇을 해야 하는지 지시하는 사람이며, 직원은 지금 무엇이든 해내야 하는 사람입니다. 내일 무엇을 해야 할지 결심하면 오늘 무엇을 해야 하고 지금 무엇을 해내야 하는지 분명히 알 수 있습니다.

당신이 그저 내일을 걱정하기보다 내일 할 일이 무엇인지 알고 결심했다면, 멋진 리더입니다. 직책과 직위는 허상일 때가 많습니다. 최소한 스타트업에서는 그렇습니다. 여러분들 모두 직책과 직위를 넘어서는 분들이길 바랍니다.

1. 스스로 일 잘한다고 착각하는 월급 루팡 직원

"이게 저만 할 수 있어요. 그러니까 연봉 좀 올려주…"

2. 바쁜 대표에게 자기 일거리를 넘기는 해맑은 신입 직원

"대표님, 저는 워라밸이 중요해서요. 지난번 시키신 일은 제가 하기 어려워서, 대표님이 해주시면 안 될까요? 데헷."

3. 항상 자신이 우월하다고 생각해 CEO를 가르치려는 임원

"답답하네. 지난번에도 그러다가 망쳤잖아. 이번에는 내 말 들어. 물론 돈은 자네가 대고."

4. 자료 요청만 엄청 하고 대답 없는 투자사 심사역

"지금 상황이 시장과의 정합성product-market fit을 찾는 과정이라면 비즈니스 플로우상 필요한 데이터들이 많을 겁니다. 일단 가지고 있는 자료 다 줘보시죠."

5. 마감은 재촉하면서 돈 줄 때는 비굴해지는 거래처 담당자

"한 달 동안 답변을 못 드려 죄송해요. 저희가 자금 사정이 녹록지 않아서요. 한 달만 더 참아주세요."

6. 말로는 구글을 만들어줄 것처럼 떠들어놓고 결과물이라며 초급 HTML 뭉치를 내미는 외주사

   "아, 코드 다 보셨다고요? 그 예산으로 저희가 이 정도 만든 것도 대단한 거예요."

7. 나랏돈 가지고 생색내는 공무원과 공공기관 직원

   "이렇게 지원금 받는 거 진짜 운 좋은 거예요. 우리 진흥원이 발굴하고 배출한 기업들은 저희가 다 보육하고 성장시켜서 유니콘으로 만들어낸 거예요."

8. 쉽게 검색되는 뉴스 링크를 매일 단톡방에 보내는 오너들

   "굿모닝입니다. 제가 보다가 중요한 정보를 발견했어요. 새로운 소식 같아 공유합니다. 끝."

9. 오전에는 한껏 자신감에 차 있다가 저녁에 의기소침해져서 어찌할 줄을 모르는 거울 속의 나.

   "이걸 왜 시작해서…."

지금 우리 회사에 필요한 역량을 가지고 있는가?

창업가가 조직을 구성할 때, 가장 선호하는 직원의 유형은 '참모형'입니다. 저도 그랬습니다. '나 같은 참모형 직원이 한 명만 더 있어도 마음이 편할 텐데….' 하고요. 하지만 이건 대표의 욕심입니다. 탐욕에 가까운 바람이지요.

지금 우리 회사에 필요한 능력은 무엇인가?

참모형 직원을 원하는 마음은 창업가의 애환에서 비롯됩니다. 무슨 말이냐 하면, 스타트업 창업가는 대부분 '남들이 뜯어말리는 것을 뿌리치고 창업에 나선 사람' 즉, '자기 확신'으로 도전에 나선 자입니다. 사업을 하면 어려운 시기가 있기 마련인데, 그때 자기만의 확신을 지지해줄 누군가가 간절할 수밖에 없습니다. 연애할 때도 그렇지 않습니까. 잘잘못을 떠나 일단 상대에게 나를 믿고 지지해달라고요.

그런데 이런 참모형 직원은 만나기가 쉽지 않습니다. 창업가에게 적절한 조언을 해주면서, 회사 사정을 파악해서 합리적인 판단을 내리고, 거기에 신의와 능력까지 있는 이런 부류의 직원은 사실 창업가의 희망 사항에 불과합니다. 일단 그런 DNA를 가진 직원이라면 먼저 스타트업 창업가가 됐을 확률이 높거든요. 물론 성공한 스타트업 중에는 그런 참모형 직원과 함께하기도 합니다만, 창업가 자신도 100% 확신하기 어려운 사업에 창업가보다 더 굳은 믿음을 가지고 함께해줄 직원을 바란다는 건 지나친 탐욕이라는 이야기입니다.

참모형 다음으로 창업가가 바라는 유형의 직원은 누구일까요? 당연히 '유능한 직원'일 것입니다. 하지만 이 역시 영입하기 쉬운 유형은 아닙니다. 유능하면 다른 회사에서 스카우트 제안도 많이 받을 것이며, 조건을 따져 언제든 이직할 수 있기 때문이지요.

스타트업은 10개의 사업 아이템 중에 하나만이라도 성공하기를 바라는 마음으로 출발하는 것이 다반사입니다. 첫 아이템부터 성공한다면 그건 정말 기적 같은 일이 일어난 것이고, 9개를 연달아 실패하고 나서 마지막에 1개가 성공한다고 해도 매우 큰 행복이고 다행스러운 일이지요. 그런데 연달아 9개를 실패하면, 그 과정에서 충성심 강한 직원도 떨어져 나갈 확률이 높습니다. 더군다나 유능한 직원이라면 그 확률이 더 높고요. 다음번에는 성공할 거라는 말로 똑똑한 직원을 붙잡는 데는 한계가 있습니다. 이럴 때 이직하겠다는 유능한 직원을 배신자라 생각할 필요도 없고, 우리 회사가 비전이 없어서 직원을 잃었다고 자책할 필요도 없습니다. 그저 서로의 인연이 여기까지라고 생각하면 됩니다. 인연이 된다면 나중에 더 좋은 환경에서 다시 만나 함께 일하게 될 수도 있습니다.

어쨌거나 참모형 직원이나 유능한 직원만을 원하신다면 차라리 공동 창업가를 찾는 게 빠르고, 그들에게 적정한 비율의 지분을 제공하는 게 바람직합니다. 다시 한번 말하지만, 직원 중에는 이런 사람 없습니다. 여기에 관한 허상을 먼저 깨고 현실적으로 생각해야 합니다. 지금 당장 우리 회사에 필요한 능력이 무엇인지, 어떤 영역에서 어떤 역할을 해줄 사람이 필요한지 구체적이면 좋습니다. 단순히 유능과 무능, 착함과 나쁨 같은 추상적 기준보다 회사에 필요한 업무의 우선순위에 따라, 그 해당 업무에 적합한 능력을 갖춘 직원을 찾는 것이지요.

핵심 역량은 무조건 창업가에게 있어야 한다

저 같은 경우, 3번의 스타트업을 창업하고 운영하면서 제가 직원에게 원하는 게 무엇일까 생각해보니 간단했습니다. 뛰어난 능력보다는 새로운 업무를 맡았을 때 이를 받아들일 수 있는 평균 수준의 학습능력과 센스, 성실함, 긍정적인 태도, 이 정도면 충분했습니다. 뛰어난 능력은 결국 스타트업에 필요한 핵심 역량일 텐데, 창업 초기에 이런 핵심 역량은 직원이 아닌 창업가가 지니고 있어야 합니다. 이건 정말 중요합니다.

이해하기 쉽게 구체적인 예를 들어볼까요? 식당을 창업하려는 사장이 있습니다. 나름 차별화된 사업계획이 있었던 사장은 1호점이 잘되면 전국 프랜차이즈 사업으로 키워보겠다는 원대한 포부를 가지고 있었지요. 하지만 이 사장은 요리할 수 있는 능력은 없었기에 전문 요리사를 고용하여 식당을 열게 됩니다. 과연 결과는 어떻게 될까요?

사장이 요리사이거나, 요리를 잘하지만 경영에 집중하기 위해 요리사를 따로 고용한 경우라면 대박까지는 아니어도 쉽게 망하지는 않을 겁니다. 사장이 식당 운영에 필요한 핵심 역량을 가지고 있기 때문이지요. 하지만 핵심 역량을 가지고 있지 않다면 다음과 같은 상황을 겪게 될 가능성이 높습니다.

식당 개업 초반에는 사장과 요리사가 의기투합해서 잘 굴러갑니다. 그러다가 어느 시점이 되면, 고용된 요리사가 이것 저것 요구하는 게 많아지고 갈등이 생기게 됩니다. 사장은 요리사에게 질질 끌려다니다가 다른 요리사로 교체해보지만 결국 마음고생만 하고 식당 문을 닫게 됩니다. 본인의 차별화된 사업계획은 시도조차 못 해보고 말이지요. 어떻게 아냐고요? 바로 제가 겪었던 일이거든요. 저 말고도 이와 비슷한 경험을 한 분들이 참 많더군요.

IT 분야도 비슷합니다. 개발자를 통솔하지 못해서 고생해본 창업가라면 쉽게 공감하실 텐데요. 개발자든 요리사든 직원이 핵심 역량을 가지고 있고 그에 의존해 창업하게 되면, 창업가는 이들에게 휘둘리다가 제대로 뜻을 펼쳐보지도 못하고 사업을 접게 됩니다(이런 경우가 정말 많은데, '나는 다를 거야.'라고 생각하지 마시고 꼭 타산지석으로 삼으시기 바랍니다).

그래서 창업 초기일수록 뛰어난 능력을 지닌 직원보다 성실하고 묵묵하게 제 역할을 하는 직원이 더 필요하고 적합하다는 말씀을 드린 것이고요. 핵심 역량은 창업가가 가지고 있어야 한다는 사실, 잊지 마시길 바랍니다. 그래야 창업가를 존경하고 배우려는 성실한 직원들이 합류하게 됩니다. 안정적인 매출이 나오고 투자를 받는 등 조직이 성장할 기반이 마련되면 그때 능력이 뛰어난 직원을 추가로 채용하거나 기존의 직원에게 창업가가 지닌 핵심 역량을 전수하고 위임하면 됩니다.

직원은 언제든지 그만둘 수 있다

직원은 언제든지 그만둘 수 있는 존재입니다. 언제든지 더 나은 조건을 제시하는 곳으로 떠날 수 있고, 회사도 그런 기회를 잡은 직원을 박수 치며 떠나보낼 수 있어야 합니다. 그 직원이 나간다고 무너지는 회사라면, 이미 생명력이 없다고 봐야겠지요. 그래서 CEO를 중심으로 임원진, (좀 더 확대하면) 팀장급 이외의 직원이 언제 그만둬도 업무에 지장을 받지 않는 구조를 만드는 게 CEO에게 주어진 첫 번째 과제입니다.

《슬램덩크》라는 만화를 기억하십니까? 거기에 "왼손은 거들 뿐."이라는 명대사가 나오는데, 스타트업의 CEO가 직원에게 바라는 것도 그 정도면 충분합니다. 왼손이 중요하지 않다는 뜻이 아니라 CEO가 오른손으로 힘차게 슛을 날릴 수 있도록 곁에서 제대로 거들어주면, 직원의 역할은 충분하다는 뜻입니다. 물론 가끔 왼손으로 골도 넣어주는 직원이라면 금상첨화겠지만요.

직원이 스타트업에 합류하는 것은, 그 자체만으로도 큰 '용기'를 낸 것입니다. 좋은 조건이 보장된 기업과는 궤가 다르니까요. 그래서 스타트업의 CEO는 자신의 역할에 충실한 직원에게 항상 고마워해야 하고, 직원들이 성장할 수 있도록 스승이자 친근한 선배의 역할도 해야 합니다. 그리고 직원의 행복을 바라야 합니다. "민주주의는 피를 먹고 자란다."라는 말이 있는데, 스타트업도 마찬가지입니다. 스타트업은 CEO의 피와 희생을 먹고 자랍니다. CEO는 곧 스타트업 그 자체이며, 이것이야말로 CEO의 숙명이기 때문입니다.

직원보다 중요한 CEO의 개인기와 용병술

대기업은 업무도 전문화, 세분화되어 있고, 인재도 많아 직원들이 잘하면 조직도 잘 굴러갑니다. 하지만 규모가 작은 스타트업은 CEO의 '개인기'에 따라 성적이 좌우됩니다. 대기업만큼 안정적이고 뛰어난 조직력을 갖추지 못했기 때문이지요.

대기업은 슈퍼스타들이 즐비한 올스타팀이고, 스타트업은 절박한 감독 한 명이 처절하게 선수들을 이끌고 가야 하는 약체 축구팀에 가깝습니다. 당연히 감독이 어떻게 팀을 지휘하느냐에 따라 승패가 갈리겠지요. 히딩크 감독이나 베트남 축구의 영웅 박항서 감독처럼 스타트업의 CEO는 탁월한 리더십과 능력을 발휘해 명장이 되어야 합니다. "명장 아래 약졸 없다."라는 말이 있지만, 약졸을 데리고도 승리를 거두는 것이 진정한 명장입니다. 지나치게 비장한 표현 같지만, 12척의 배로 명량해전을 승리로 이끈 이순신 장군이야말로 스타트업의 CEO가 벤치마킹해야 할 명장입니다. 이순신 장군도 조직력이 아닌 개인기로 돌파한 것이니까요. 직원이 부족하고, 좋은 무기가 없는 스타트업이라면 명장 CEO의 뛰어난 개인기와 용병술만이 유일한 살길입니다. 빈약한 조직력 탓만 하고 있을 수가 없습니다.

축구팀 감독과 스타트업 CEO의 다른 점이라면, 스타트업 CEO는 감독인 동시에 선수여야 한다는 것입니다. 그것도 최전방 공격부터 최후방 수비까지 종횡무진으로 뛰는 멀티 플레이어여야 합니다.

'사장 놀이' 하지 말라

필요한 직원도 잘 구하고, 그 구성원으로 조직이 어느 정도 자리를 잡아 회사가 조금씩 성장하는 단계라고 느껴질 때쯤, 스타트업 CEO는 새로운 문제에 직면하게 됩니다. 이른바 개국공신들이 서로 주도권을 쥐려 신경전을 펼치거나, 기존 직원과 뒤늦게 합류한 직원들 사이에서 갈등이 벌어지는 일들이지요.

조직이 어느 정도 안정 궤도에 오르고 그 규모가 커지면 개국공신은 이전만큼 자신의 능력을 보여줄 기회가 줄어듭니다. 그래서 자신의 존재감이 작아진다는 사실에 불안해하며 회사가 어려웠던 시절에 자신이 능력을 발휘해서 위기를 견뎌냈다는 등의 무용담을 늘어놓으며 '꼰대'스러운 모습을 보이게 되지요.

어쩌면 이것은 당연한 겁니다. 창업가도 그럴 테고요. 어려운 시절을 견디고 올라온 사람들은 뒤늦게라도 인정받고 싶고 존경받고 싶은 욕구가 있으니까요. 일종의 성장통이라고 할 수 있는데, 아직 작은 조직인 스타트업에서 이런 알력이 생기면 조직에 큰 균열이 생길 수 있습니다. 이때는 CEO가 직원들을 잘 다독이며 갈등을 제때 봉합해야 하고요. 정말 돌이킬 수 없는 심각한 문제를 야기하는 경우라면 해당 임직원을 방출하는 결단도 필요합니다.

당연히 최악의 경우는 창업가 스스로 이런 언행을 하는 경우이지요. 만일 CEO가 조직 내에서 이런 모습을 보이게 되면 그 시절을 함께했던 직원 중에도 그 언행을 따라 하는 사람이 나타나게 됩니다. 이 경우 CEO가 안 좋은 선례를 만들어준 셈이 되는 거지요. 그래서 조직이 커질수록 CEO의 역할이 중요합니다. 자칫하면 회사는 커지고 성장했는데 오히려 조직 문화는 퇴보하게 되면서 조직이 무너질 수 있기 때문입니다.

개국공신이든 창업가든 과거의 영광만 좇으려는 조직은 미래로 나아갈 수 없습니다. 과거의 영광에 사로잡혀 미래 성장의 발목을 잡는 조직 문화를 만들어선 안 됩니다. 스타트업은 언제 무너질지 모르는 모래 위에 지어진 건축물과 같습니다. 샴페인부터 섣불리 터뜨렸다가는 금세 무너질지도 모릅니다. 이를 잘 유념하고 조직 문화를 정립한 곳인 게임 회사 넥슨의

'5無 문화'를 소개해보겠습니다.

넥슨의 '5無 문화'

1. 임원 보좌 비서가 없다.
2. 임원 전용 차량이나 별도의 주차 공간이 없다.
3. 임원 특별 혜택이 없다.
4. 임원 직함 명패가 없다.
5. 임원 면접이 없다.

이밖에도 세계 최대의 전자상거래 기업으로 성장한 아마존은 어떨까요? 고객을 위해서는 투자를 아끼지 않지만, 그 이외에는 최대한 절약하는 기업 문화로 유명합니다. 일례로 창업주인 제프 베조스는 설립 초기에 직원용 책상을 구매하려고 알아보다 너무 비싸서, 문짝을 사다가 잘라서 책상을 만들어 사용했다고 합니다. 이것이 일명 아마존의 '도어데스크'라고 불리는 책상입니다. 아마존은 여기에 그치지 않고 업무의 효율성을 극대화하고자 시간이든 돈이든 혁신적으로 절약한 직원에게 분기별로 상을 줬다고 합니다(이 상의 트로피마저 '도어데스크'를 잘라서 만들었다고 하니, 대단한 절약 정신이네요).

아마존의 조직 문화를 그대로 따라 할 필요는 없습니다만, 생존과 성장에 중점을 두어야 할 스타트업이라면 최소한 남들의 시선을 의식해서 멋 부리거나 꾸미는 걸 지양해야 한다는 것 정도는 알 수 있겠지요? 특히 창업 초기에는 최대한 허리띠를 졸라매야 합니다. 생산성을 높이는 데 도움이 되는 지출은 괜찮지만, 스타트업의 CEO가 '사장 놀이'를 하는 데 돈을 써서는 안 됩니다.

에어비엔비의 공동 창업가인 브라이언 체스키는 투자받게 된 결정적인 계기가 탁월한 비즈니스 모델 때문은 아니었다고 고백했습니다. 에어비앤비에 투자를 결정한 와이 콤비네이터의 폴 그레이엄은 에어비앤비의 공동 창업가 조 게비아에게 "당신들, 참 바퀴벌레 같은 사람들이군요. 쉽게 망하지는 않겠어."라고 말했다지요. 기업이 어느 정도 안정 궤도에 오르고 조직력도 갖추었다면, 스타트업에 가장 필요한 조직 문화는 무엇일까요? 과거에 얽매이지 않고, 멋 부리지 않고, 에어비앤비처럼 바퀴벌레 같은 생존력으로 잡초처럼 밟혀도 다시 일어서는 근성을 잃지 않는 것. 그것이 바로 스타트업의 정신이요, 조직 문화입니다.

1. 내 업무가 아닌 일도 미리 파악하라

자기 업무가 무엇인지 명확히 아는 것은 중요하다. 그러나 자기 업무가 아닌 일도 파악하고 있어야 한다. 스타트업 안에서는 내가 언제 다른 사람의 업무를 대신해야 할지 모르기 때문이다.

2. 언제나 업무의 마감일을 명시하라

마감을 지키지 못했을 때 해야 할 말은 "언제까지 마감하겠다."라는 말이다. 왜 마감을 지키지 못했는지의 이유를 설명하는 일은 그다음이다.

3. 예측할 때는 당당하게 말하라

과거를 분석했다가 틀리면 멍청해 보이지만 미래 예측은 그렇지 않다. 아무도 미래를 모르기 때문이다. 맞으면 그게 더 신기한 일이다.

4. 업무를 할 때는 항상 큰 그림을 먼저 그려라

큰 그림을 그리면 협업을 하더라도 내가 어느 단계에서 어떤 일을 하고 있는지 길을 잃지 않는다.

5. 성과보다 함께 일한 사람에게 먼저 고마워하라

숫자로 명시된 성과를 말하기보다 함께 일한 사람에게 먼저 고맙다고 말하라. 쉬운 것 같지만 어려운 일이다.

6. 지시보다 질문을 즐겨라

윗사람이라면 지시하기보다 질문하기를 즐겨라. 아랫사람이라면 지시받기보다 질문하기를 즐겨라.

7. 새로운 일일수록 먼저 시작하라

새로운 일에는 선후배를 따질 수 없다. 또 먼저 한다고 불리하지 않다. 먼저 시도한 사람이 실패해도 유리하고 성공하면 더 유리하다.

8. '왜' 하는지 스스로 묻고 답하라

무엇을 하는지 깨닫기는 쉽지만, 어떻게 하는지, 왜 하는지 깨닫고 설명하는 것은 어렵다. '나는 이 일을 왜 하는가?' 먼저 자문하라. 그래야 나머지 문제도 해결할 수 있다.

9. 일한다고 일상을 망치지 마라

밤샌다고 일 잘하는 거 아니다. 멍한 상태로 실수하지 않으려면 잠은 충분히 자는 게 좋다. 또 일을 핑계로 소중한 사람이나 가족에게 소홀하지 마라. 가족과 함께하는 시간을 즐겨라. 좋아하는 일을 끝까지 잘하려면 체력은 필수다. 틈틈이 운동도 빼놓지 말고 하자.

투자자에게
퇴짜 맞기
싫어요

메모 애플리케이션 에버노트의 창업가 필 리빈은 창업 1년 만에 눈물을 머금고 30여 명의 임직원에게 메일을 보낸다. 내용은 이러했다.

"내일 우리 회사는 문을 닫습니다."

이유는 간단했다. 수익이 나오지 않았고, 투자도 끊겼기 때문이다. 그런데 며칠 후 기적 같은 메시지가 스웨덴에서 도착한다.

"혹시 투자가 필요하다면 연락주세요."

이 사람이 투자에 나선 이유는 간단했다. "좋은 애플리케이션을 만들어줘서 고맙다."라는 것이었다.

창업가에게는 꿈같은 이야기가 아닐 수 없다. 좋은 제품을 만드는 것만으로도 투자받을 수 있다니. 그 흔한 사업계획서 한 장 없이도 투자를 유치한 이상적인 사례가 아닐까 싶다.

중국의 텐센트 설립자 마화텅은 창업 이후 '죽음의 계곡'에 빠졌다. 사용자 수는 늘었지만, 수익이 나오지 않아 서버 임대료를 감당하지 못해서다. 마화텅은 심리적 압박으로 디스크 수술을 2번이나 받았으며, 그 이후 진지하게 회사를 접을까 고민했다. 그러다가 마지막 희망으로 투자처를 찾아 나섰다. 20쪽짜리 사업계획서를 6가지 버전으로 만들었고, 중국은 물론 해외 투자자까지 물색했다. 결국, 이런 노력 덕분에 투자를 받아냈다.

스타트업은 보통 아이디어와 소자본으로 창업하기 때문에, 투자를 유치해야지만 사업을 계속해서 할 수 있다. 그래서 창업가들이 그렇게 투자 유치에 목숨을 거는 것이다. 하지만 남의 돈을 받는 게 쉬운 일은 아니다. 아무리 아이디어가 뛰어나고 사업계획서를 잘 써도 언제나 현실은 요원하다.

특히 한국의 경우 더 그렇다. 민간 투자보다 정부 지원 비중이 더 높은데, 이 지원금조차 현저하게 부족하다. 거기다가 정부 지원을 받으려면 제출해야 할 서류도 많고 과정도 복잡하다. 그래서 차라리 포기하라고 권하는 사람도 많다.

창업가가 사업을 하면서 가장 궁금하고 해결하고 싶은 부분인 '투자받는 법'. 어쩌면 4장은 이 책의 하이라이트라고 해도 무방하다. 한국 실정에 맞게 정부의 지원금을 받는 일부터 민간 투자받는 법, 창업가들을 골머리 앓게 하는 사업계획서를 매력적으로 쓰고 투자자의 마음을 사로잡는 법까지, 상세히 소개할 예정이니 창업가는 눈을 부릅뜨고 주목하길 바란다.

수십 장짜리
사업계획서 NO,
돈 버는 방법을 제시하라

아마 많은 창업가가 사업계획서를 어떻게 작성해야 정부 지원이나 투자 유치에 도움이 되는지 궁금할 것입니다. 그래서인지 요즘 저도 "정부 지원을 어떻게 하면 잘 받을 수 있을까요?"라는 질문을 가장 많이 받습니다. 하지만 이 이야기하기 전에 먼저 말씀드리고 싶은 것이 있습니다. 사실 정부가 제도적인 보완책을 만들어주는 건 오히려 스타트업의 자생력을 약하게 만들 수도 있음을 알아야 합니다. 정부가 공정한 안전망을 만들어주는 건 바람직하지만, 자칫하면 이 직접적인 지원이 오히려 시장을 왜곡시킬 수도 있거든요. 현실적으로 한국에서 스타트업을 해서 사업을 영위하려면 정부의 지원금이 필요할 때가 있지만, 여기에만 너무 의존하지 말라는 말씀을 드리고 싶습니다.

들러리가 되기 쉬운 공공사업

정부의 지원이 스타트업 자생력을 약하게 만들 수 있다고 말씀
드렸는데요. 이건 한국의 시스템 때문에 그렇습니다. 뉴욕 주
정부의 스타트업 지원 프로그램을 조사한 적이 있는데, 뉴욕
에서는 창업할 때 창업가들에게 거의 완벽한 정보를 제공해줍
니다. 이들이 실수하지 않도록, 위험 요소를 줄여주는 게 목표
이기 때문이죠. 공공사업 입찰을 할 때도 스타트업이 계속해서
진입할 수 있도록 창구를 열어줍니다. 만약 대기업이 입찰에
참여하려면 스타트업과 컨소시엄을 만들어야 합니다. 쉽게 말
해 공공사업이 대기업보다 스타트업 중심이라는 것이죠.

　반면 한국은 어떨까요. 일단 스타트업이 공공사업을 따내
기가 어렵습니다. 유사한 사업을 해본 경험이 있거나 경력이
일정 기간 이상 되거나 매출, 자금 동원 능력을 따지는 경우 등
참여 조건이 까다롭기 때문입니다. 이렇듯 다수의 스타트업은
공공사업에 뛰어들기도 전에 높은 진입 장벽을 체감합니다. 그
리고 결국 이 조건을 충족하는 대기업들이 입찰을 따가죠.

　더 큰 문제는 대기업이 다시 그 일을 스타트업에 하청을 준
다는 겁니다. 스타트업은 '위탁'이나 '용역'의 형태로 공공사업
에 참여하게 되는데, 따지고 보면 재주는 스타트업이 부리고
돈은 대기업이 가져가는 것이죠. 밤새 노력해 아이디어를 짜고

그것을 구현하더라도 성과는 대기업에 돌아가니, 스타트업은 일을 많이 해도 포트폴리오를 못 늘리고, 매출도 높이지 못하면서 그다음 해 공공사업 입찰에 또다시 참여하지 못하는 악순환에 빠지게 됩니다. 쉽게 말해 스타트업은 계속해서 들러리가 되는 구조인 셈이죠.

이것이 지금 대한민국 공공사업의 현실입니다. 하지만 스타트업이 겪는 어려움은 여기에서 그치지 않습니다. 하청을 받은 스타트업은 수주 업무를 마무리하려면 직원이 더 필요한데, 공공사업 대부분이 기간이 제한돼 있어서 정규직을 고용하기가 어렵습니다. 이 사업이 끝나면 이 직원들의 역할이 사라지기 때문입니다. 거기다 직원을 해고하는 순간 정부에서 받는 지원금을 반환해야 해서 CEO로서는 난감하기 이를 데 없습니다. 따지고 보면 비정규직이 늘어나는 데에는 대기업 위주의 공공사업 정책이 한몫하고 있다고 봐도 무방하겠네요.

어쨌든 이런 구조적인 문제 때문에 스타트업 생태계에서는 정부의 공공사업을 '악마의 유혹'이라고 부릅니다. 당장 성과를 내기 위해 투자하는 비용은 많은데 정작 기업의 미래를 위한 안정성은 낮아지기 때문이죠. 그래서 정부의 공공사업을 하지 말라고 권하는 액셀러레이터도 많습니다.

성장의 발판으로 정부를 이용하라

그럼에도 우리가 정부의 지원금 이야기를 하는 까닭은, 스타트업 초기에는 정부의 지원금이 매우 간절하기 때문입니다. 특히 R&D 기업이나 기술개발 기업은 적극적으로 도전해서 정부 지원 자금을 받아내야 합니다. 다른 분야에 비해 기회가 많거든요. 특히 문재인 정부가 2020년 '그린뉴딜' 정책 추진 계획을 발표하면서 다양한 미래 지향형 사업에 지원을 아끼지 않겠다고 공언했는데요. 그래서인지 그동안 제조업이라고 해서 소외당했던 소재·부품·장비(이른바 '소부장') 분야의 연구개발비 지원이 많아졌습니다. 그뿐만 아니라 사업화와 글로벌 진출에 유리할 것이라 여겨 민간이 투자한 곳에 국가 연구개발 과제 지원금을 최대 5배까지 매칭해주는 TIPS 프로그램도 큰 인기입니다. 기술기업임을 민간과 정부로부터 인정받았다는 일종의 인증 효과 때문입니다.

반면 콘텐츠를 주력으로 하는 스타트업은 정부 지원을 받는 게 다소 어려울 수도 있습니다. 일단 경쟁률도 높고 지원금도 적기 때문입니다. 500만 원, 3,000만 원, 5,000만 원 정도죠. 거기다가 이 지원금을 받으려면 법인을 설립해야 하는데, 대표자나 공동 창업가는 직원이 아니어서, 법인 설립 조건을 맞추려면 직원을 고용해야 할 수도 있습니다. 그러다 보면 인건비를 비롯한 추가 비용이 발생하게 됩니다.

물론 콘텐츠 기반의 기업이라 할지라도, 내적 역량을 갖추기 위해 정부의 대행 사업이나 위탁 사업에 도전해볼 수는 있습니다. 그것이 레퍼런스가 되어서 자기 순수 매출을 만드는 데 도움이 될 테니까요. 무엇보다 다수의 스타트업 전문가들과 액셀러레이터, 벤처투자자들의 피드백을 받아볼 수 있고, 그들과 네트워크를 형성할 기회를 만들 수 있다는 점에서도 도전해볼 만합니다.

정부의 지원금을 받기 위해 준비하면서 창업가분들이 알아야 할 사항은, 정부는 스타트업에 투자하지 않는다는 겁니다. 대한민국 정부는 스타트업이 다른 투자를 받을 수 있도록 성장기반을 만들어주는 지원 제도에 집중하고 있습니다. 쉽게 말해 스타트업이 제품과 서비스의 시제품을 만들 정도까지만 지원한다는 의미죠. 그래서 스타트업은 정부 지원금으로 시제품을 만들고 난 이후의 투자, 즉 다른 민간 투자를 어떻게 받아낼 것인지 고민하고 준비해야 합니다.

이야기를 시작할 때부터 언급했지만, 정부 지원 사업은 사업을 시작할 때에는 도움이 될지 몰라도 스타트업이 성장하는 데에는 크게 도움이 되지 않습니다. 유니콘 기업이 되려면 스스로 기업 가치를 인정받아야지, 정부가 유니콘 기업을 육성할 수는 없습니다. 그래서 다시 한번 강조하건대 스타트업 CEO는

정부 지원금을 마냥 바라서도 안 되고, 공공사업을 오래 해서
도 안 됩니다. 항상 스스로 성장 기반을 마련하는 데 더 집중해
야 합니다.

정부 지원금, 뭐부터 준비해야 할까?

자, 정부 지원금의 이점과 리스크를 이해하고 나서 정부의 지
원을 받고 싶다고 결정했다면, 어디서부터 뭘 준비해야 하는지
알아야겠죠. 가장 중요한 것은 지원 사업의 목적성에 부합해야
한다는 겁니다. 심사위원들도 그 점을 주목해서 볼 테고요. 예
를 들면 '일자리 창출형 사업'이라면 일자리를 창출할 수 있는
내용이 반드시 들어가야 합니다.

그리고 한 가지 더 유념해야 할 것이 있습니다. 정부 지원
금을 받고자 준비하다 보면 사업의 목적성이 시장과 맞지 않
는 경우가 다반사입니다. 창업가들은 여기에서 혼란을 느끼거
나 공공사업을 심사하는 사람들의 피드백에 목매다는 경우가
있는데 절대 그럴 필요가 없습니다. 심사위원들은 자기 주머니
에서 돈을 꺼내 투자하는 사람이 아니라, 공공사업의 목적성에
부합하는가, 아닌가를 평가하는 사람입니다. 그래서 공공사업
의 목적성이나 심사위원들의 의견이 시장이나 투자자가 원하
는 것이라고 믿어서는 안 됩니다.

그리고 지원 사업에 선정되지 못하더라도 상심할 필요가 없습니다. 사업마다 정부의 예산에 맞춰 뽑아야 하는 기업의 수가 정해져 있습니다. 10개 기업을 선발하라고 하면, 2개 기업밖에 선정 대상이 없더라도 순위를 매겨 8개 스타트업을 추가로 선발합니다. 반면 아이템이 좋은 스타트업이 많이 지원했어도 그 사업의 경쟁률이 높으면 11등은 떨어지기도 하고요. 정부 사업에 선정되는 스타트업의 역량이 절대적인 것은 아니라는 겁니다. 그러니 정부 지원 사업에 선정되지 못했다고 좌절하거나 박탈감을 느끼지 않길 바랍니다.

제가 여기서 말씀드리고 싶은 건 하나입니다. 지원 사업 선정과 투자 유치 성공, 창업 성공 그리고 사업 성공은 각각 전혀 다른 의미입니다. 정부가 선발했다고 해서, 나름 날고 기는 심사위원들이 인정했다고 해서 무조건 사업이 성공했다고 볼 수는 없습니다. 수능을 잘 봤다고 해서 무조건 대단한 사람이 되는 것도 아니고, 수능을 못 봐도 사회에서 거인으로 성장할 수도 있으니까요. 공공사업은 시장성보다는 사업의 목적성이 중요하고, 심사위원들의 주관성도 심사에 영향을 미칩니다. 그러니 정부 지원 사업에 군이 자기 사업의 명운을 걸 필요는 없습니다. 스타트업이 정말로 명운을 걸어야 할 곳은 고객이 있는 시장입니다.

언제, 무엇을 내세워 투자받아야 하는가?

이제 민간 투자로 넘어가겠습니다. 보통 투자의 주체라 하면 비공식적으로는 자기 자본과 친인척, 지인, 무모한 투자자가 있겠네요. 거기에 해당 분야 전문가와 자본가, 직장동료들도 있겠죠. 공식 투자 자금 조달처로는 엔젤투자자(엔젤클럽, 개인투자조합, 개인 엔젤), 창업 기획자(액셀러레이터), 벤처캐피탈이 있고요. 벤처캐피탈은 엔젤투자형, 특수 목적형, 전략적 벤처투자형으로 구분됩니다.

투자를 유치할 때 알아야 할 것은, 투자는 창업가에게 '보상'의 개념이 아니라는 겁니다. 보상은 추후 충분한 수익을 창출하거나 회사를 매각하거나 상장하는 등의 엑시트를 통해 받는 것이죠. 또 직원 월급을 주려고 받는 것도 아닙니다. 창업할 때 진 빚을 갚으려 받는 것도 아니고요. 무슨 말이냐 하면, 투자자에게 투자금을 받고 싶다면 절대 창업가의 보상과 월급, 채무를 이야기해서는 안 됩니다. 그러면 '사기꾼' 소리나 듣게 되죠. "남의 돈으로 자기 빚 갚네.", "직원들 밀린 월급이나 주고 있군." 같은 평가를 듣기 마련입니다.

투자는 사업을 '진전'시키려고 받는 것입니다. 목표한 지점까지 가는 데 통상 어느 정도의 시간이 걸린다고 하면, 투자를 받고 나서 이 시간을 얼마나 단축할 수 있는지 투자자에게 이야기해야 합니다. 그래야 투자 유치가 가능하다는 것이죠. 당연히 투자 제안서에 그런 요소들이 들어가야 하고요. 투자금은 주로 기술개발과 마케팅, 인력 충원 등에 쓰게 될 것이고, 2차 투자를 유치하기 위한 자금으로 쓸 수도 있습니다. 2차 투자가 유치되어야 1차 투자자들도 수익을 얻기 때문입니다. 스타트업이 투자를 유치해야 하는 목적은 총 3가지입니다.

첫째 초기 설립 투자용, 둘째 사업 유지 및 추가 개발용, 셋째, 마케팅 및 규모 확대용이죠.

그럼 투자자들이 원하는 투자처는 어떤 곳일까요? 우선 CEO가 사업가의 자세를 분명하게 견지하는 스타트업입니다. 돈을 벌어 자기 주머니만 채우면 '장사꾼'이지만, 돈을 벌어 모두의 주머니를 채워주려고 하면 '사업가'라 할 수 있죠. 투자자들은 그런 사업가를 감별해내려고 노력합니다.

누가 투자하는가?

첫 번째 투자자이기도 한 창업가는 대부분 자신이 투자한 기업을 위해 열심히 노력하고 기업을 성장시켜 이 자금을 더 크게 회수해서 보상을 받는 사람들입니다. 이것을 보통 '엑시트'했다고 합니다. 이를 통해 다른 창업을 준비하는 연쇄 창업가가 되기도 하고요. 한국에서도 엑시트 후 투자자로 나서는 분들이 늘어나기 시작했습니다. 실리콘밸리에 비하면 늦은 감이 있지만, 다른 나라에 비해서는 빠르게 정착하는 것으로 보입니다. 액셀러레이터 시스템도 실리콘밸리를 제외한 나라 중에서는 가장 앞서고 있고요.

자기 사업을 하는 기업이 자기 사업과는 크게 상관없는 스타트업의 투자자가 되기도 합니다. 대표적으로 핀란드의 노키아를 예로 들 수 있겠네요. 노키아는 기업이 어려워지자 사내 직원을 대상으로 '엑시트 프로그램'을 제도화해 더 유명해졌죠. 개인이나 팀별로 사업계획서를 제출하면 이들 중 선별해 최대 2만 5,000유로의 지원금을 줬습니다. 사업계획서 작성 기간은 2개월이고 이 기간에 코칭과 멘토링, 네트워크 연결, 직무 훈련 등을 제공했죠. 그렇지만 스타트업 운영에는 관여하지 않았습니다. 이들의 자율성을 보장하는 것이죠. 이런 노력 덕분에 핀란드는 스타트업 중심의 국가로 우뚝 설 수 있었습니다.

이런 흐름은 대한민국에서도 발견되고 있습니다. 네이버의 이해진, 카카오의 김범수 등은 모두 1990년대 삼성SDS에서 사내 벤처로 성공한 인물들이죠. 최근 국내 대기업은 펀드를 통해 스타트업에 투자하고 있고, 그 규모가 점차 늘고 있습니다. 네이버는 D2스타트업 팩토리라는 액셀러레이터 조직을 별도로 만들어 51개 기업을 선발해 투자, 육성하고 있는데, 배달의 민족을 운영하는 우아한 형제들에 350억 원, 메쉬코리아에도 240억 원을 투자하는 등 대규모 투자도 집행한 바 있습니다. 카카오는 카카오벤처스와 카카오인베스트먼트 2개의 전문 투자 회사를 통해 200여 개의 스타트업에 투자하고 내비게이션 애플리케이션 김기사 서비스를 개발한 록앤올을 인수하는 등 인수 합병에도 적극적입니다. 이런 사례를 기업 벤처캐피탈 Corperate Venture Capital이라고도 부르며 이들의 투자는 재무적 투자라기보다 전략적 투자에 가깝습니다.

벤처캐피탈이 투자하고 싶은 기업

호황기에는 미국 사람만 돈을 잘 번다는 업계의 이야기가 있습니다. 미국이 달러를 찍어내기 때문이죠. 화폐를 발행해서 불리고, 부를 축적하는 경제구조인 것입니다. 그러다 보면 돈이 돈을 번다고 생각하게 됩니다. 돈이 들어가지 않으면 이윤이 발생하지 않고 생산 체계가 돌아가지 않으니까 이윤을 회수할 방법이 없어지는 것이죠. 벌어들인 돈을 비용 처리만 하다가 끝나면 수익은 없습니다. 비용 이상의 돈을 투자할 수 있는 세력은, 당연하게도 자본력이 풍부한 사람이겠죠. 이 자본력을 가지고 있는 사람을 다르게 부르면 '기득권'이라 할 수 있습니다. 투자는 종종 이렇게 기득권 중심으로 흘러가곤 합니다. 그래서 기득권과 연결된 인맥 중심의 투자만이 가능하다는 이야기가 나오는 것이죠. 물론 이런 기득권 중심의 투자에 반대하면서, '크라우드펀딩'이란 제도가 생겨나기도 했습니다.

한국의 경우를 보면 벤처캐피탈이 초기 투자를 하게끔 되어 있습니다. 이때 개인 자산가나 재정이 풍부한 기업들이 투자 자금을 모으는데, 이들을 출자자라 합니다. 또한 벤처캐피탈은 정부의 '모태펀드(국민의 세금으로 기업에 투자)'를 통해 투자 재원을 더 크게 만들어 투자하는 것이 일반적이었습니다. 다만 2020년 8월부터는 정부의 모태펀드가 없어도 벤처캐피탈이 스타트업 투자를 위한 투자 재원을 마련해 벤처투자조합을 결성할 수 있도록 법이 바뀌었습니다.

모태펀드의 목표 수익률은 0%이거나 3% 이내입니다. 일부 펀드가 손실이 나면 모태펀드 측에서 우선해서 충당하는 경우도 많아 모태펀드를 받아 투자 재원을 만드는 벤처캐피탈이 대다수였습니다. 모태펀드 수익률이 0%라는 것은 결국 '원금을 보전하는 것'이 목표라는 말입니다. 벤처 투자를 하면서 수익이 안 날 수도 있고 최악의 경우 손실을 볼 수도 있지만 이는 투자자가 짊어져야 할 리스크입니다. 이 리스크는 다른 출자자들도 마찬가지입니다. 모태펀드가 출자자로 들어가 있는 투자펀드는 높은 수익률에 집착하기보다 국가와 경제에 도움이 될 만한 벤처 스타트업 육성에 정책적 목표가 있기 때문에 우선적으로 투자금 손실 리스크를 감수하는 것이라고 봐야 합니다.

그래서 벤처캐피탈은 일반 출자자들의 투자금과 정부의 모태펀드를 묶어서 운영합니다. 제1의 목표는 큰 수익을 기대하는 것보다 손해를 끼치지 않는 것이기 때문에 그에 걸맞은 안전한 투자처를 찾는 게 중요하죠.

벤처캐피탈도 영리 기업입니다. 여기서 일하는 심사역들도 자기 연봉과 성과 수익, 운영 수익을 받고 성과 수익으로 인센티브를 받는 직원들이죠. 그러니 이들도 투자원금 회수에 대한 두려움을 안고 투자처를 정합니다. 특히 모태펀드의 경우 운영 기간이 존재하는데, 이때가 손익 판단이 실현되는 순간이라 할 수 있습니다. 옛날에는 5년, 7년이었는데 요즘에는 7년에서 10년으로 기간이 늘어나기는 했습니다. 이 기간 안에 수익이 나야 하는 거죠.

벤처캐피탈 입장에서 10억 원이 있다고 하면, 1억 원짜리 10곳에 투자하는 것보다는 10억 원짜리 1곳에 투자하는 게 조금 더 안전하고 관리하기 쉽다고 생각할 겁니다. 이렇다 보니 소수에게 투자가 집중되는 흐름이 생겨버린 것이죠. 안타 치는 다수의 투자처보다 홈런 한 방 크게 치는 소수의 투자처를 찾는 이유입니다. 그래서 벤처캐피탈은 출구 전략, 즉 엑시트와 상장 전략이 명확해서 투자원금과 수익을 회수할 수 있는 스타트업을 선호합니다.

이 외에도 벤처캐피탈이 선호하는 투자처에는 어떤 스타트업이 있을까요? 일단 이들은 '수익성', '명분', '시장의 규모', '시장의 성장성', '제품의 경쟁력', '기업가의 역량', '사업 확장성' 등을 두루 고려해서 투자처를 정합니다. 하지만 더 현실적으로 말하면 다음과 같은 투자처라 할 수 있습니다.

벤처캐피탈이 생각하는 매력적인 투자처

1. 안타 타자보다 홈런 타자
2. 투자처는 자잘한 10곳보다 규모가 큰 1곳
3. 매출보다 사용자 수
4. 등산보다 로켓
5. 용 꼬리보다 뱀 머리
6. 패기보다 경륜

액셀러레이터나 벤처캐피탈 같은 투자자들은 솔직하고 믿을 만한 창업가들을 더 선호합니다. 올바른 정보를 토대로 자신과 회사의 가치를 증명하는 CEO들을 신뢰하죠. 또 어떤 투자자든 세세하고 남다른 사업 스토리를 가지고 있거나, 문제가 생기기 전에 사업 진행 과정이나 성과를 꾸준히 기록해서 공유해주고, 지속적으로 투자자와 교류하는 스타트업을 좋아합니다. 그뿐만 아니라 자신보다 더 좋은 스타트업을 소개해주고 홍보와 마케팅을 잘해서 스스로 사업성과를 내세울 줄 알고 인지도를 쌓아나가는 기업, 협상할 때 수용하든 거부하든 단호하

고 빠르게 결정할 줄 아는 CEO를 선호하죠. 그리고 이 많은 조건 중에서도 투자자가 가장 좋아하는 건 '돈 잘 버는' 스타트업이나 CEO가 아닐까 생각합니다.

사업계획서의 세 번째 버전을 기억하라

투자를 받으려면 가장 먼저 필요한 것은 당연하게도 사업계획서입니다. 많은 창업가가 이 사업계획서를 어떻게 작성해야 하는지 고민하는데, 편하게 생각하시길 바랍니다. 우리는 보통 문서를 작성할 때 읽는 대상을 염두에 두고 쓰죠? 사업계획서도 마찬가지입니다. 누가 읽을 것인지 생각하고 작성하는 것이 첫 번째입니다.

그렇다면 사업계획서는 누가 읽을까요. 크게는 세 부류입니다. 먼저 창업가 자신, 그리고 공동 창업가들, 마지막으로 벤처캐피탈이나 정부를 대상으로 하는 투자자들입니다.

사업계획서의 첫 번째 버전, 맨 처음 작성할 때는 사업 아이템이 뭔지, 솔직하고 자세하게 정리하길 바랍니다. 처음부터 요약본을 만들기보다 모든 정보를 다 채워 넣는 버전을 작성해보세요. 요약본을 구체적으로 만드는 것보다 자세하고 구체적인 문서에서 조금씩 덜어내는 방식으로 정리하는 게 훨씬 수월합니다. 이게 바로 창업가, 나 자신이 볼 사업계획서입니다. 사업계획서는 투자자에게 보여주기 위해서만 작성하는 것이 아닙니다. 사업계획서의 진정한 목적은 창업가인 나 자신에게 보여주기 위한 것이기도 합니다. 내가 이 사업을 왜 계획했는지 논리 구조를 스스로 점검한다는 의미로 사용하기도 하죠.

두 번째 버전은 공동 창업가나 직원들을 설득하기 위한 사업계획서입니다. 그리고 그다음부터는 투자자, 정부, 파트너별로 각 영역에 부합하는 문서의 축약 버전을 제작하면 됩니다. 이것이 우리가 흔히 말하는 사업계획서이자 세 번째 버전입니다.

사업계획서를 쓸 때 문서를 어떻게 꾸밀지 양식에 집착하는 분들이 있는데, 그리 크게 중요한 부분은 아닙니다. 간단명료한 메시지를 눈에 더 잘 띄게 표현하는 것도 중요하지만, 그렇다고 내용보다 중요하지는 않습니다. 물론 서체를 통일한다거나, 항목을 가지런히 정렬하는 건 읽고 보기에 편하니까 도움이 됩니다. 하지만 형식보다는 내용이고, 그중에서도 신경써서 살펴야 할 것은 숫자입니다. 숫자가 빠진 사업계획서는 마치 대사 없는 연극과 같죠. 현 시장의 분석, 추정치 등은 숫자로 표현해야 투자자들을 설득시킬 수 있습니다. 그렇다고 '차이나 신드롬'에 빠져서는 안 됩니다. '차이나 신드롬'이란 큰 기존 시장에 침입해 일부 점유율을 차지한다는 전략으로, "13억 인구 가운데 1%가 내 제품을 사준다면…"으로 시작되는 가정을 내세웁니다. 타깃을 추정할 때 경영자가 흔히 저지르는 실수죠. 하지만 항상 숫자는 명확해야 합니다.

그리고 한 가지 더 유념해야 할 것이 있습니다. 세 번째 버전까지 축약하며 정리했다고 해서 사업계획서를 완성한 게 아니라는 겁니다. 사업계획서는 절대 '완성'되지 않습니다. 계속 업그레이드해야 합니다. 그리고 사업계획서는 투자를 유치할 때 필요하기는 하지만, 투자를 받는 데 결정적인 요인은 아닙니다. 투자자들의 호기심을 불러일으키고, 투자자들에게 우리 회사의 스토리를 전달하는 문서라고 생각하는 편이 좋습니다.

사업계획서에는 어떤 내용이 담기면 좋을까요? 대략 적어둔 것이 있다면, 아래 내용을 참고해서 한 번 검토해보길 바랍니다.

사업계획서 필수 항목

1. 준비된 팀과 능력 있는 CEO임을 증명하는 내용
2. 해당 분야의 충분한 시장 규모를 설명할 수 있는 신뢰할 만한 근거 자료와 명확한 수치
3. 해당 시장의 가파른 성장 속도를 보여주는 근거와 전망치
4. 남들과 차별화된 독보적 기술이나 비즈니스 모델의 보유 여부

투자자에게 내세울 수 있는 매력요건들이 많겠지만, 이 4가지 가운데 적어도 하나는 반드시 있어야 합니다. 만약 이

4가지 중 하나도 없다면, 사업을 계속할지 되돌아보는 것이 좋습니다. 그리고 주변에 성공한 사례, 주요한 파트너십, 구체적 사업계획(서), 지속적인 실행력, 꼼꼼한 경쟁자 분석, 충성도 높은 고객, 비용과 수익 관리법 등 오히려 이런 부차적인 요소를 설명하는 데 너무 많은 시간을 쓰지 않기 바랍니다.

그밖에 다른 회사들은 어떻게 사업계획서를 만들고 발표하는지 궁금하다면 유튜브에서 '데모데이', 'startup demoday' 등을 검색해 영상을 참고하면 좋을 것 같습니다.

마지막으로, 사업계획서를 작성할 때 외주업체에 맡기는 회사가 있는데, 이건 무조건 말리고 싶습니다. 차라리 창업지원센터의 교육 프로그램을 수강하면서 직접 작성해보는 것이 더 바람직합니다. 사업계획서를 창업가가 직접 작성해야 하는 이유는 하나입니다. 투자를 받으려면 투자자가 우리 회사의 어떤 점을 보고 투자할 것인지 설명해야 하는데, 이건 창업가나 CEO가 가장 잘 알기 때문입니다.

투자를 유치하고 나서 챙겨야 할 서류

사업계획서도 잘 쓰고 기업의 매력도 잘 보여주어 투자를 유치했다고 합시다. 그런데 투자를 유치하고 나서도 여러 가지 필요한 서류들과 과정이 있습니다. 그 이야기를 해보려고 합니다.

솔직히 말씀드리면 여기는 건너뛰어도 될 내용입니다. 어차피 투자를 유치하면 자연스레 법률자문을 받아야 하는데, 그때 직접 경험하는 게 더 명확합니다. 실제로 투자를 받은 CEO들도 매번 잊고 있다가 투자를 받을 때 법률자문을 다시 받곤 하니까요.

투자 논의가 진행되면 우리는 투자 계약의 주요 조건을 담은 문서, 즉 '텀시트term sheet'라는 것을 작성하게 됩니다. 텀시트는 '투자의 대가로 얼마의 지분을 제공하는가'가 적힌 문서로서, 회사의 기업 가치와 투자금액 등 나중에 실제 작성하게 될 투자 계약서의 주요 항목들이 기술돼 있죠. 또 투자 계약서를 체결하기 전 먼저 진행해야 할 기술, 회계, 법률 실사의 방법과 배타적 협상권 등 협상에 필요한 조건들도 담겨 있습니다. 하지만 텀시트는 법적 구속력이 없고 투자 계약의 주요 조건을 확인하는 용도이니 계약 체결과 같다고 생각할 필요는 없습니다.

텀시트에 사인하고 나면 본격적으로 투자 계약 협상에 돌입하게 됩니다. 이때 쓸 문서는 '신주인수계약서'와 '주주간계약서'로 구분되는데, 신주인수계약서에는 회사가 발행하고 투자자가 인수하는 주식의 종류와 가격, 배당과 의결권 등 주식의 권리를 명시합니다. 주주간계약서에는 투자자와 주요 주주 간에 지켜야 할 우선매도권, 공동매도권, 우선매도권, 잔여재산분배청구권, 경영상 동의권과 협의권, 정보수령권, 이사의 선임권 등에 관한 내용이 담겨 있죠. 앞에서도 말했지만, 지금은 이 서류들은 절대 암기하지 마세요. 일단 투자를 유치하는 일이 중요하고, 투자를 유치하고 나면 이러한 문서들이 있다는 것만 알아두면 됩니다.

투자를 유치했다는 것의 의미

벤처캐피탈은 투자 원금 상환 시점이 다가오면 투자금 회수를 위한 방법을 논의하거나 회사를 매각한다거나 증권 거래소에 상장을 제안해올 것입니다. 투자 수익을 창출해 회수하기 위해서죠. 그런데 종종 스타트업 CEO들은 이에 대해 부정적인 의사를 표현할 때가 있습니다. 하지만 스타트업은 '백년 기업'과는 다릅니다. 저는 단도직입적으로 스타트업 창업가들에게 회사 물려줄 생각을 절대 하지 말라고 합니다.

'린 스타트업'이란, 아이디어를 바탕으로 빠르게 '최소기능 제품'을 만든 다음 고객 반응을 얻어 제품을 발전시키는 경영 방법으로, '만들기-측정-학습'의 반복을 통해 낭비를 줄이고 효율성을 극대화하는 방식의 경영 형태입니다. 여기서 '최소기능 제품'이란 초기 고객들이 원하는 핵심 기능만 최소한으로 구현한 제품을 의미하고, 제품에 원래 의도대로 아이디어가 제대로 구현되었는지, 구현하고자 하는 기능은 제대로 작동하는지 확인하고, 고객들의 피드백을 얻어 다음 개선 사이클의 모델로 사용할 목적으로 개발하는 제품을 말하죠.

이처럼 스타트업은 빠르게 시장에 진출하고 빠르게 철수하는 형태의 린 스타트업 같은 비즈니스 전략을 사용합니다. 백년 기업으로 키워 대대손손 물려주는 것보다 이런 방식으로 창업하고 사업을 확장하고 엑시트하는 것이 더 유리할 수 있는 거죠. 스타트업에 있어 내 소유권을 강조하는 건 오히려 사업을 확장시키는 개념인 '스케일 업scale up에 불리해질 수도 있습니다. 투자 유치든 상장이든, 자본이 채워져야 확장 역시 가능하니까요. 아울러 상장 후의 회사는 소수가 소유한 회사가 아니라 본격적으로 다수 주주를 위한 회사가 되는 것입니다. 그런 변화에 동의했기 때문에 상장이 허용된 것이고요.

이런 관점에서 보자면 스타트업이 최초의 투자를 유치했다는 건, 단지 투자 자금을 끌어들였다는 것이 아니라, 내가 창업한 회사를 사회적 질서 안에 존재하도록 키워냈다는 의미가 됩니다. 사회적 질서는 기본적으로 '거래'에서 발생합니다. 그 거래는 양측 모두에게 이익이 돌아갈 수 있는, 그것이 꼭 금전적 이익이 아니라도 '네트워크 효과', '잠재고객 발굴', '지식이나 수행능력 획득' 등의 '유무형의 가치'가 교환되는 것을 의미하죠. 이 '거래의 구조'를 잘 짜는 사람이 사업을 잘 하는 사람이 아닐까 싶습니다.

투자자들이 우리에게 공짜 점심을 제공하지는 않겠죠. 그들도 바라는 것이 있어서 우리에게 투자하는 것입니다. 투자를 유치했다는 건, 앞으로 돌려줘야 할 것도 많다는 것이죠. 왕관의 무게를 견딜 수 있는 자만이 왕관을 쓸 자격이 있다고 했습니다. 투자는 그 무게를 견딜 수 있을 정도로 자격을 갖췄을 때 유치하는 게 바람직합니다. 그 무게를 견디지 못해 오히려 좌초될 수도 있을 테니까요.

투자자를 만나야 투자를 유치하겠지만, 목적에 맞는 투자자를 만나야 확률이 높아질 것이다. 미디어 분야의 스타트업 CEO가 4차 산업혁명을 주 투자처로 생각하는 투자자를 만나면 투자받기가 아무래도 어려울 테니까 말이다. 그렇다면 목적에 맞는 투자자를 어디에서, 어떻게 만날 수 있을까?

아래 사이트들을 참고해 투자한 기업들(포트폴리오)을 확인하거나 동종 업계에 투자한 투자자들의 리스트를 확인해보면 나에게 투자해줄 투자처를 찾는 데 도움이 될 것이다.

1. 한국벤처투자

▶ fundfinder.k-vic.co.kr

한국벤처투자 사이트를 보면 모태펀드 출자 펀드별 주 목적 투자처와 운용 벤처캐피탈 연락처, 주소들을 찾을 수 있다.

2. 엔젤투자지원센터

▶ kban.or.kr

개인 투자자, 전문 엔젤투자자, 개인 투자조합, 엔젤클럽 목록을 확인할 수 있다.

3. TIPS 프로그램

▶ jointips.or.kr

가장 인기 좋은 민간 투자 주도 기술형 스타트업 지원 프로그램
을 운영하고 있으며, 1억 원 이상 투자를 받으면 5억 원+∝를
확보할 수 있다.

4. K-스타트업

▶ k-startup.go.kr

정부가 운영하는 스타트업 지원 프로그램이 모여 있는 일종의
포털 사이트이다. 스타트업에 투자하고 이들을 보육해주는 액
셀러레이션 프로그램과 보육 공간을 운영하는 곳들은 반드시
중소벤처기업부 액셀러레이터로 등록해야 하는데 이곳에 액셀
러레이터 목록과 담당자 연락처를 확보할 수 있다.

5. 한국벤처캐피탈협회

▶ kvca.or.kr

한국의 벤처캐피탈들은 대부분 이 협회에 가입돼 있다. 이 사
이트에서 벤처캐피탈의 목적별 펀드 운영 상황을 볼 수 있으
며, 각종 통계도 덤으로 볼 수 있다.

Q4.

6. 한국성장금융

▶ kgrowth.or.kr

한국벤처투자의 모태펀드처럼 한국성장금융 출자펀드는 정부
와 금융권이 주도해서 만든 대형 출자 사업이다. 이 출자 사업도
여러 운영사를 목적별 펀드로 구분한 다음 선정해 공개한다.

GIVE AND TAKE,
먼저 스스로
투자자가 되어보라

give and take. 평소에 많이 쓰는 참 익숙한 표현이지요. 그러나 투자를 받고자 하는 창업가라면 특히 이 말의 의미를 정확히 이해할 필요가 있습니다. 이 표현의 핵심은 내가 '먼저' 주는 것입니다. 그리고 상대가 그 가치를 인정하면 그에 맞는 반대급부를 받는 것이지요. 내가 창업한 아이템으로 함께 성공할 기회, 내가 창업한 회사의 가치에 투자하여 이익을 얻을 수 있는 기회를 투자자에게 '먼저' 제안하고, 그것을 인정하는 투자자에게 투자금을 받는 것입니다. give and take이지, take and give 즉, 먼저 받고 그 후에 주는 것이 아니라는 점을 명심하세요.

사실 이건 참으로 당연한 이야기라 말하면서도 헛웃음이 나옵니다만, 의외로 이렇게 생각하지 않는 창업가들이 많더군요. "일단 투자를 '먼저' 해주시면 제 사업은 성공할 수 있고요. 위험을 감수하고 투자해주신 만큼 당신에게 큰 이익을 안겨드리겠습니다." 스타트업 창업가는 당연한 말이라고 생각할 수 있겠지만, 투자 유치는 투자자의 입장이 되어 먼저 생각하는 것입니다. 그렇지 않으면 떡 줄 사람은 생각하지도 않는데 김칫국부터 마시는 사람이 됩니다.

물론 어떤 억지 논리를 동원해서라도 투자받고 싶은, 절실한 상황에 놓인 스타트업 창업가라면 받아들이기 어려운 말일 겁니다. 이해합니다. 그러나 투자자의 기준과 입장을 고려하여 제안할 줄 알아야 투자 유치의 가능성도 높아지게 됩니다. 투자자가 스타트업에 투자하려는 것은 리스크를 줄이면서 자신의 이익을 창출하기 위해서니까요.

투자 가치를 먼저 제시하라

그렇다면 투자자에게 어떤 것을 '먼저' 제시하면 좋을까요? 당연히 스타트업으로서의 투자 가치입니다. 그런데 국내 투자자가 투자 가치를 판단하는 기준은 결국 '매출'이더군요. 즉 돈을 잘 버는 스타트업이라는 걸 보여줘야 하고, 앞으로 돈을 잘 벌 수 있는 스타트업이라는 점을 인정받아야 합니다.

저는 제 사업에 필요한 투자 유치를 위해 투자자를 만나기도 했지만, 저와 인연을 맺은 스타트업의 투자 유치를 돕고자 투자자와 스타트업 창업가의 미팅을 주선하고 동석했던 경험이 더 많습니다. 그 과정에서 투자자의 입장과 스타트업의 입장을 객관적으로 바라볼 수 있었는데요. 투자자와 창업가 사이에서 가장 큰 이견이 발생하는 지점은 바로 스타트업의 '매출' 부분이었습니다.

그 많은 만남 중 하나를 예로 들어보지요. 혁신적인 사업 아이템으로 창업하여 하루하루 발전하던 어느 스타트업의 창업가와 투자자가 협상테이블에 앉았습니다. 나름 철저히 준비했던 창업가는 본인의 창업 스토리부터 팀의 구성, 사업계획과 엑시트 전략에 이르기까지 훌륭하게 프레젠테이션을 펼쳤고, 투자자 역시 예상 시간을 훌쩍 넘겼음에도 그의 발표에 집중하며 해당 사업 아이템에 관심을 보였습니다. 그러다가 투자자가 던진 질문 하나에 분위기가 반전되었지요.

"네, 아주 좋네요. 그런데 현재 매출은 어떻게 되나요?"

투자 미팅을 끝내고 투자자가 돌아간 다음, 그 창업가와 저는 함께 차를 마시며 수고했다고 덕담을 주고받았습니다. 그러다가 불쑥 그 창업가의 입에서 이런 불만 섞인 말이 튀어나오더군요. "매출을 내기 위해 투자를 받는 거지, 매출이 나온다면 굳이 투자받을 필요가 있나요? 지금 준비하는 계획대로 잘 돼서 매출이 나오면 투자는 안 받을 거예요."

아마 스타트업을 창업하고 투자자를 만나본 경험이 있는 분이라면 공감하실 법한 이야기일 겁니다. 저도 창업 초기에 이런 생각을 했었으니까요. 그러나 많은 투자자를 만나보고 항상 비슷한 결과를 접하게 되면서 이게 '현실'이라는 것을 인정하게 되었습니다.

무슨 말이냐, 투자를 유치할 때 투자자의 입장에서 먼저 생각해보라고 했지요? 투자자는 어느 정도 안정적인 매출이 '먼저' 나오고 있는 스타트업에 투자하여 '더 큰 매출과 빠른 성장'이 이루어질 수 있겠다는 판단이 들 때 그 회사에 투자하고 싶어 합니다. 이건 친분이 있는 투자자에게 들은 이야기인데, 보통의 투자자들이 이런 확고한 투자 기준을 가지고 있고, 이게 창업가가 처한 '현실'이라는 겁니다.

그러니 매출이 나오면 투자받지 않을 것이라는 창업가의 말은 투자자에게는 치기 어린 투정으로밖에 들리지 않을 겁니다. 물론 매출이 나와 투자를 받지 않겠다는 것은 창업가의 자유이지만, 투자자가 생각하는 이상적인 투자는 어느 정도의 매출이 나오는 스타트업에 투자해서 더 빠르게 더 많은 매출을 올리며 성장하도록 돕는 것이니까요. 창업가와 투자자의 이런 생각의 차이는 쉽게 좁혀지지는 않을 것 같습니다.

물론 매출이 없어도 매우 혁신적인 사업으로 가치를 인정받아 투자를 유치하기도 합니다. 하지만 이런 경우는 매우 드물고, 그마저도 핵심 역량과 관련한 특허나 혁신적인 기술을 보유하고 있다거나 매출 대신 스타트업의 가치를 증명할 객관적인 지표가 있어야 하지요. 저도 스타트업 창업가이기 때문에 이 점이 무척 안타깝습니다만, 투자자가 원하는 기준에 맞추어 투자를 유치하는 것이 우리가 처한 현실이라는 걸 말씀드리고 싶네요.

투자에 적합한 조건과 투자자에 대한 명확한 엑시트 계획이 갖추어진 스타트업이라면 투자자가 '먼저' 적극적으로 투자 조건을 제시하기도 합니다. 이런 경우 창업가는 투자자와 대등한 위치에 서서 대화할 수 있고, 이러한 모습에 투자자는 더 큰 호감을 느끼게 되지요.

만약 투자자에게 돌아갈 이익(또는 이익을 제공할 가능성)을 먼저 제시할 준비가 부족하다면 투자 유치 활동을 하지 않는 편이 차라리 현명합니다. 어차피 투자를 유치하기 힘들 것이고, 이 모든 활동이 결국 시간 낭비가 될 테니까요. 앞에서도 이야기했지만, "투자 좀 먼저 해주세요. 그러면 성공시켜서 보답할게요." 이런 식의 접근은 자제하는 게 좋습니다.

명심하세요. 투자는 내가 받고 싶다고 해서, 간절히 부탁한다고 해서 받을 수 있는 게 아닙니다. 일방적으로 투자자가 베푸는 시혜도 아니며, 투자자가 큰 이익을 얻을 수 있겠다는 판단이 서고 투자 가치를 느낄 때만 이루어지는 것입니다.

물론 항상 투자자가 올바른 선택과 판단을 하는 것은 아닙니다. 투자자 중에는 무책임한 사람도 있고 '갑질'을 일삼는 사람도 있지요. 저도 투자를 약속해놓고는 일방적으로 철회 통보를 한 투자자를 만나 크게 상심했던 적이 있습니다. 그때 자바 Java를 개발한 '썬 마이크로시스템즈' 공동 창업가이자 실리콘밸리의 유명한 투자자 비노드 코슬라의 인터뷰가 큰 위안이 되어주었는데요. 여러분에게도 공유하고 싶네요.

"실리콘밸리에는 실제로 창업해본 적이 없는 벤처캐피탈리스트와 컨설턴트가 넘쳐난다. 그리고 이들이 스타트업을 망치기도 한다. 창업가에게 조언해줄 만한 경험을 하지 못한 상태에서 무지한 조언을 일삼아서다. 창업가가 귀를 기울여야 할 대상은 실제로 스타트업을 창업해서 사투를 겪었고, 후배 창업가가 직면하는 상황에 대한 어려움을 이해하는 투자자들이다."

어떤가요? 스타트업의 마음을 정확히 이해하는, 우리의 답답한 속을 뻥 뚫어주는, 사이다 같은 발언 아닌가요? 비노드 코슬라가 이런 충고를 한 이유는 실리콘밸리의 투자 심사역들이 과연 그럴 만한 자격이 있는지 의심이 드는 경우가 많아서였을 겁니다. 그러니 여러분들도 투자를 유치하는 과정에서 혹시 안 좋은 평가를 받는다고 해도 흔들리지 않으셨으면 합니다. 안 좋은 이야기가 나오면 어차피 남의 시선일 뿐이라고, 오히려 오기를 가지는 것도 창업가에게는 필요하다고 생각합니다.

그나마 한 가지 다행인 점은, 한국의 투자자나 투자 심사역들 중에는 창업해본 선배가 많다는 점이지요. 창업이 얼마나 힘들고 어려운지 겪을 만큼 겪어본 분들이기에 후배 여러분의 심정을 잘 알아주는 편입니다.

나 자신부터 설득시켜라

그럼 이 선배들에게 어떤 방법으로 투자받을 수 있을까요? 창업가가 겪는 어려움을 잘 이해해준다고 해서, 더 후하게 평가해준다는 보장은 없습니다. 투자자로서 판단하고 결정해야 하는 이상, 창업가와는 이견과 갈등이 빚어질 수밖에 없지요. 이 차이를 합리적으로 줄여나가는 것이 협상 과정입니다. 그럼 어떻게 이 차이를 줄일 수 있을까요? 제일 먼저 할 일은 '내가 투자자라면 뭘 보고 나에게 투자할까?'를 생각해보는 겁니다. 스스로 그 이유가 설득되어야 투자자도 설득할 수 있기 때문이지요.

또 투자자는 창업가가 신뢰할 만한 사람인지 제대로 알고 싶어 합니다. 때때로 사업 아이템은 이보다 뒷전일 때도 있지요. 그래서 어떤 투자자는 창업가와 술자리를 갖기도 합니다. 술자리는 사실 상징적인 의미이고, 투자자는 창업가가 사업에 대해 가지고 있는 태도를 알고 싶어 하는 것입니다. 에어비앤비가 바퀴벌레 같은 생존력 덕에 투자를 유치하게 된 일화에서 짐작할 수 있지 않나요? 투자자에게 '음… 이러한 생존력이라면 나의 소중한 투자금을 날려 먹지는 않겠어.'라는 믿음을 줄 수 있다면 그 창업가는 성공한 셈입니다.

저도 마찬가지였습니다. 이곳저곳 문을 두드려도 투자를 받지 못해 전전긍긍하던 차에 와이 콤비네이터의 폴 그레이엄처럼 저의 열정과 열망을 알아보고 인정해주는 투자자가 나타나더군요. 저의 오랜 지인이기도 한 그 투자자는 마지막에 이렇게 말씀하셨습니다. "사업이 잘될지는 모르겠는데 그냥 너 믿고 투자하는 거야."라고요(말 그대로 '엔젤'투자자였습니다).

그분은 오랫동안 사업을 했던 분이었기에 처음 창업하는 제가 CEO로서 아직은 부족하다는 걸 알고 계셨을 겁니다. 하지만 결국에 보완해나갈 것이고 어려움을 잘 극복할 사람이라고 믿어주셨기 때문에 투자를 결심하신 게 아닐까요. 저도 그 마음을 잘 알기에 포기하지 않고 끈질기게 버틸 수 있었던 것 같습니다.

투자자가 투자를 결정하는 이유는 여러 가지가 있겠지만, 저는 '신뢰'가 가장 중요하다고 생각합니다. 신뢰는 투자자를 잘 설득한다고 생기는 것이 아닙니다. 창업가의 인생과 인성에서 우러나오는 것이고, 투자자가 이를 자연스럽게 느끼게 되는 것이지요. 제가 저의 투자자에게 준 '신뢰'는 오랫동안 방송하며 얻게 된 이미지 덕분일 수도 있습니다만, 그것도 어떻게 보면 결국 '신뢰할 만한 인생을 살아온 사람'이라는 것의 다른 표현이 아닐까 싶습니다.

창업가라면 본인만의 스토리에 기반을 둔 '브랜드'와 '신뢰'를 갖추어야만 합니다. 만약 이 준비가 부족하다면 아직은 창업할 때가 아니라고 생각하고 부단히 노력해 긴 안목을 가지고 창업을 준비하는 것이 좋습니다. 그러니 투자를 유치하기 전에 먼저 자문해보세요. 내가 투자자에게 신뢰를 줄 수 있는 사람인지, 내가 투자자라면 나의 어떤 점을 보고 투자하고 싶은지를요. 그 질문에 자신 있게 답할 수 있을 때, 여러분의 진정성을 알아봐줄 투자자를 만나게 될 것입니다.

때로는 무모한 패기가 타고난 재능과 인맥을 뛰어넘는다

적은 금액일지라도 안정적인 매출이 나오는 스타트업이라면 투자 유치는 선택사항에 불과합니다. 자신의 꿈을 더 크게 키우기 위해 투자를 받을 것인가, 아니면 외부의 투자 없이 현재 수준의 매출로 내실 있는 운영과 성장을 할 것인가. '죽음의 계곡' 앞에 서 있는 분들에게는 이런 이야기가 배부른 소리로 들리겠지만, 사실 가장 이상적인 모습이라고 생각합니다. 그리고 역설적으로, 이런 상황에 놓였을 때 정말 좋은 투자자를 만나게 됩니다.

사실 저는 개인적으로 지분 투자자보다는 매출을 안겨주는 파트너를 더 소중하게 생각하는 편인데요. 매출을 일으켜주는 좋은 파트너가 많으면 지분 투자자는 자연스럽게 따라붙기 때문입니다. 성공적인 투자 유치를 하려면, 유치 활동에 올인하는 것보다 매출을 올리는데 전념하는 것이 더 빠른 길이 될 수도 있다는 것입니다. 그렇다면 어떻게 해야 좋은 매출 파트너를 확보하고, 좋은 투자자를 만날 수 있을까요? 이런 고민을 하고 계실 분들을 위해 제 경험담 하나를 소개해보겠습니다.

로보위즈를 창업했던 초기에 저의 유일한 취미는 등산이었습니다. 로봇업계에서 존경받는 교수님 한 분과, 저를 포함한 로봇 스타트업 CEO 3명, 총 4명이 작은 모임을 만들어 등산을 다녔지요. 말 그대로 등산을 좋아하고, 멤버들의 인품이 좋았기에 이루어진 모임이지, 비즈니스를 도모하고자 만든 모임은 아니었습니다. 게다가 서로 바쁘다 보니 자주 모이지도 못했고요.

오랜만에 함께 모여 등산을 하게 된 어느 날, 산을 내려와 막걸리를 한잔하면서 담소를 나누게 되었는데, 교수님이 이런 말씀을 하시더군요. "내가 말이야, 얼마 전에 우연히 대기업 회장님 한 분을 만났어. 그런데 이 분이 로봇에 아주 관심이 많더군." 그러면서 명함을 한 장 저에게 보여주셨습니다. 그 명함에는 이렇게 적혀 있었습니다. '제과전문그룹 해태 크라운 회장 윤영달'

저는 교수님께 "로봇사업에 대한 투자 요청이나 협업 제안을 직접 해보시면 좋은 성과가 있지 않을까요?"라고 말씀드렸습니다. 교수님께서는 그냥 허허 웃기만 하시더군요. 그때 그웃음의 의미는 뭐 이런 게 아니었을까 싶습니다. '글쎄, 내가 연락해서 제안한다고 성사가 되겠나. 연락이 될지 안 될지도 모를 일이고, 혹시 회장님과 비즈니스 미팅을 한다고 해도 그 밑에 실무자에게 내려가면 흐지부지되고 말 거야. 웃자고 한 얘기인데 뭐 그렇게 진지하게 받아들이나.' 아마 지금 제가 그 당시 교수님이었다고 해도 같은 반응을 보였을 겁니다.

그런데 그때 저는 뭐에 홀리기라도 했는지 교수님께 그 명함을 달라고 했습니다. "교수님! 그러면 그 명함, 저 주세요. 제가 한번 연락해볼게요." 그러고 나서는 사무실에서 며칠 동안 그 명함을 뚫어지게 바라보았습니다. '연락을 하기는 해야 하는데, 어떻게 하지?' '어라, 명함에 회장님 휴대전화 번호도 있네? 그냥 직접 전화를 걸어볼까?' '아냐, 일면식도 없는데 그건 너무 무례하지.' 저 혼자 별별 생각을 다 하다가 결국 가장 무난하면서도 제 생각과 열정을 가장 잘 전할 수 있는 방법을 선택했습니다. 그것은 바로 이메일이었습니다.

2020년 하반기에 스타트업을 소재로 한 드라마 '스타트업'을 보신 적이 있나요? 이 드라마의 남자 주인공 남도산(남주혁 분)이 투자를 받으려고 VC에게 이메일로 사업계획서를 계속 보내는데, 읽히지 않은 채 무시당하는 장면이 나옵니다. 이른바 '콜드메일'이라는 거지요.

그때 저는 제가 회장님께 보내는 이메일이 '콜드메일'이라는 생각조차 하지 못했습니다. 단지 본능적으로 이 생각만 했던 것 같아요. '내가 전달하고자 하는 메시지를 회장님(잠재적 투자자)에게 어떻게 하면 잘 전달할 수 있을까? 적어도 명함을 주신 교수님께 누를 끼치지 않도록 최대한 예의를 갖추어서 내용을 작성하자.'

과연 결과는 어떻게 되었을까요?

그전에 제가 만약 '콜드메일을 보내면 안 돼. 보내봤자 읽히지도 않고 무시만 당할 텐데 뭐.' 이런 선입견이 있었다면 저는 회장님께 이메일을 보낼 수 없었을 겁니다. 용기 있는 자가 미인을 얻는다고 하지요. 반대로, 오르지 못할 나무는 쳐다보지 말라는 말도 있고요. 아는 게 힘이고 모르는 게 약이라고도 합니다. 이처럼 세상의 명언들은 내가 처한 상황에 따라 모순되는 경우가 많지요. 결국, 중요한 것은 상황에 맞는 판단과 선택, 실행에 옮기는 힘과 열정입니다. 스타트업 창업가라면, 진정성과 기본적인 예절을 갖추었다는 전제하에 과감히 용기를 내보시라고 말씀드리고 싶습니다. 거절당하면 어떻습니까. 마음에 드는 이성에게 고백했다가 거절당할 것이 두려워서 시작조차 하지 않는다면 절대 사랑을 얻을 수 없을 겁니다. 그러나

고백하면 최소한 확률은 50:50이 됩니다. 혹시 거절당하더라도 다음번에 더 잘할 수 있는 경험이 쌓이게 되니 스타트업 창업가의 입장에서는 할까 말까 고민하는 시간에 열정과 패기를 가지고 도전하는 것이 더 중요한 셈이지요. 스타트업 대표가 이것저것 생각이 많아져서 재기만 하면 아무 일도 일어나지 않습니다.

자, 다시 이야기로 돌아와서 제가 윤영달 회장님께 이메일을 보낸 다음 과연 어떤 일이 일어났을까요? 정말 드라마 같은 일이 벌어졌습니다. 이메일을 보내고 며칠이 지나서도 회신이 오지 않자 '그럼 그렇지.' 하는 생각에 저도 잊고 있었습니다. 그런데 어느 날 저희 사무실로 전화가 한 통 왔습니다.

"여보세요? 크라운해태제과인데요, 한상균 대표님과 통화하고 싶습니다."

제가 보낸 이메일을 회장님이 읽어보셨고, 관련 부서의 담당자에게 지시하신 거더군요. 그렇게 크라운해태제과의 담당 부장님을 먼저 만나서 검증받았고, 그 뒤에 회장님과 미팅을 하게 됐습니다. 윤영달 회장님 앞에서 직접 프레젠테이션을 했는데, 회장님이 그 자리에서 흔쾌히 함께 사업을 진행해보자고 하시더군요. 그리고 신속하게 크라운해태제과에 로봇 공연 사업 TF팀이 꾸려지게 되었고, 저를 포함한 TF팀 멤버들이 중국에 가서 최고의 실경 공연(실재의 자연경관을 무대로 활용하는 공연으로, 이때 관람한 공연들은 장예모 감독이 중국의 아름다운 산과 호수를 배경으로 첨단의 테크놀로지를 융합하여 연출한 '인상서호' 등 세계적인 수준의 작품들)을 관람하고 영감을 얻은 후에 로봇 공연을 개발할 수 있도록 모든 지원과 투자를 해주셨습니다. 덕분에 수많은 시행착오와 난관을 극복하고 크라운해태제과와 국내 최초의 로봇 공연극을 기획, 개발, 운영할 수 있게 됐고, 전국 순회공연을 하며 저희 회사의 매출과 성장 동력을 키울 수 있었습니다. 대기업 매출 파트너가 생긴 덕분에 투자자들의 관심도 많이 받게 됐고요.

그런데 저는 이때 회장님께 "투자를 좀 먼저 해주십시오."라는 말은 하지 않았습니다. 이렇게 말씀드렸지요. "제과업계의 가장 중요한 고객은 어린이들인데요, 어린이들이 가장 좋아하는 것이 로봇입니다. 그러니 크라운해태제과가 로봇 콘텐츠에 관심을 가질 만한 가치가 분명하고 저희 회사는 협업의 준비가 되어 있습니다!"

자, 어떤가요? 이 드라마 같은 이야기가 저만의 특별한 경험이라고 생각하실 수도 있는데요, 절대 그렇지 않습니다. 여러분의 사업 아이템을 객관적으로 판단해보고 확신이 있다면, 반드시 이와 같은 기회를 잡을 수 있습니다. 다만 앞서 말씀드린 give and take와 윈-윈의 마음가짐이 충분히 몸에 배어 있어야 합니다. 이런 준비가 잘 되어 있는 분은 기회를 잡을 것이고, 그렇지 못한 분은 기회를 놓치는, 그 차이일 뿐입니다.

가끔 학연이나 지연, 여러 사회에서 맺은 인맥 탓을 하는 분들이 있는데, 인맥은 절대적인 조건이 아닙니다. 그보다 더 중요한 것은 나 자신이고, 내 사업 아이템이지요. 사업 아이템이 좋고, 성공할 가능성이 있으면 좋은 인맥은 제 발로 찾아옵니다. 그리고 지푸라기인지, 썩은 동아줄인지 뭔지 헷갈리는 상황에서도 항상 최선을 다하면 그 노력이 수포로 돌아간다고 해도 배우고 느끼는 것이 있으니 손해는 아닐 겁니다.

왜냐하면 스타트업이니까요. 스타트업을 막 시작한 시기는 군대로 치면 이등병, 대학생으로 치면 신입생, 무모해 보일지라도 패기만 있으면 얻을 것이 많은 시기입니다. 물론 기본적인 예의와 상식 수준에서의 판단과 노력이 바탕이 되어야 하지만, 일단 무한한 상상력과 열정, 패기가 있어야 하고 그것들을 가지고 도전하고, 거절당하고, 또 도전하는 것이 중요합니다. 무모한 도전인 동시에 무한한 도전인 것이지요. "끝날 때까지 끝난 것이 아니다." 이 명언처럼 스타트업은 창업가, CEO가 포기할 때까지는 결코 끝난 것이 아닙니다.

투자자가 원하는 것을 파악하라

투자자는 보통 그 기업의 CEO를 보고 투자합니다. CEO가 어떤 생각을 가지고 있고 그걸 어떻게 표현하느냐가 투자 유치의 관건이라는 것이지요. '이 회사의 CEO는 반드시 성공해서 큰 수익을 안겨줄 거야.' 'CEO가 대단한 것까진 모르겠는데 적어도 내 돈 먹고 튈 놈은 아니야.' 이유가 무엇이 되었든 이렇게 투자자에게 강한 믿음을 줘야 투자를 받을 수 있습니다.

투자를 유치하고자 할 때 거치는 일반적인 과정이 있는데, 크게 4단계로 나누어 볼수 있습니다. 1단계는 투자하고자 하는 사람의 연락처를 확보하고, 2단계는 그들과 미팅 약속을 잡아 제안하며, 3단계는 심사 후 투자, 계약을 진행하고 4단계는 유치를 하든 못 하든 잠재적 투자자와 지속적인 관계를 유지하는 겁니다. 사업도 사람이 하는 일이라 사실 이 단계마다 계속해서 신뢰를 쌓는 것이 중요합니다.

투자 유치의 4단계 과정

▪ 1단계, 연락처 확보
네트워킹 파티 참석, 네트워킹을 통한 소개, 투자자 리스트 확보, 기사 열람 등

▪ 2단계, 제안과 미팅
간단한 사업 소개, 수익성과 사업성 제안, 1, 2차 미팅

▪ 3단계, 투자 심사 통과
IR을 통한 투자 심사 후 투자 진행, 계약 및 후속 커뮤니케이션

▪ 4단계, 지속적인 관계 유지
투자 유치가 성공적이든 실패든 지속적인 인간관계 유지

투자자에게 퇴짜 맞기 싫어요

그렇지만 짧은 시간 안에 이런 믿음이나 신뢰를 주는 건 무척 어려운 일이라서, 순수하게 비즈니스를 목적으로 만난 사람에게 단기간 안에 투자받기란 사실 쉽지 않은 일입니다. 그래서 창업가를 곁에서 오랫동안 지켜본 사람들이 초기 투자자가 되는 경우가 많고, 이들을 엔젤 또는 투자의 3F Fool, Friend, Family 라고 부르는 것이지요. 카카오의 임지훈 전 대표가 소프트뱅크 벤처스 심사역 시절 창업가와 심사역과의 관계에 대해 이런 글을 쓴 적이 있습니다.

① 전화번호를 알아내 직접 전화하는 것은 피하라.
② 처음 연락할 때 문자나 카톡으로 하지 마라.
③ 페이스북과 트위터 등 소셜미디어로 연락하지 마라.
④ 밤 10시 이후, 주말에 연락하지 말라.

비즈니스를 목적으로 만난 투자 심사역과 진심 어린 '신뢰'를 구축하기가 어렵다는 것을 느끼게 되는 대목입니다. 그래서 결국 인맥을 이용해 투자받으려는 경우가 많은 게 아닌가 싶기도 하고요. 하지만 인맥보다 중요한 것이 있다고 했지요? 투자가 필요한 스타트업이라면 비즈니스 네트워크를 이용한 소개와 만남, 그리고 제가 크라운해태제과 회장님을 만나게 된 것처럼 우연과 운명의 힘을 다 끌어모으는 노력이 필요합니다.

Q4.

또 노력과 신뢰를 쌓는 것만큼 중요한 것이 투자자를 파악하는 일입니다. 투자 심사라는 것도 어찌 보면 협상의 하나입니다. 협상의 기본은 상대를 파악하는 것이지요. 투자 유치도 마찬가지입니다. '감'을 중요하게 생각하는 투자자라면 우리 회사의 비전부터 건네는 게 효과적입니다. 반대로 '숫자'를 좋아하는 투자자라면 정량적인 내용이 강조된 사업계획서를 준비하는 것이 유리합니다. 가령 현재 회사 가치가 얼마인지, 투자를 받으면 3년간 매출 계획은 어떻게 되는지, 핵심 고객의 충성도, 트래픽 추이, 매출 상황 등 핵심성과지표KPI도 꼼꼼하게 정리해서 제시할 필요가 있습니다. 최근에는 스타트업의 사업성과를 지표화하는 도구들이 상당히 발전하고 있어 이에 대한 조사도 영역별로 해두는 게 바람직합니다.

사업계획서는 언제나 베타 버전이다

창업가라면 누구나 사업계획서를 잘 쓰고 싶을 텐데요. 보통은 그 기준이 투자자가 좋아할 만한 사업계획서라고 생각할 겁니다. 그러나 작성하기에 앞서 먼저 이것을 왜 쓰는지 그 목적을 생각해보시길 바랍니다. 그러면 어떤 내용을 담아야 하는지, 어떤 사업계획서가 잘 쓴 것인지 스스로 알 수 있을 겁니다.

사업계획서는 투자자들에게 보여주기 위해서만 쓰는 것이

아닙니다. 투자받기 위해, 투자자에게 보여주기 위해 사업계획서를 작성하다 보면 거품이 생기게 됩니다. 사업보다 투자 유치가 더 중요한 목적이 되는, 주객전도가 되는 것이지요. 사업계획서를 쓰는 중요한 목적 중에 하나는 그 문서가 내부 조직원들에게 내비게이션 역할을 하기 때문입니다. 어쩌면 이 이유가 투자 유치보다 더 우선일 수도 있습니다. 스타트업 조직원들을 위한 비전과 확신이 사업계획서에 담겨야 하고, 이것을 조직원들이 이해하고 공감한다면 당연히 투자자에게도 전해질 것입니다. 그것이 투자를 결정하는데 중요한 요소가 될 것임은 당연하겠지요.

사업계획서는 우리 회사의 기준점과 같은 역할을 합니다. 단순히 사업 아이템을 정리해놓은 문서가 아니라 우리 조직이 앞으로 무엇을 할 것인지, 어떤 가치를 고객에게 줄 것인지를 정리해놓은 문서입니다. 그렇기 때문에 '왜 이 사업을 해야 하는지', '왜 우리가 모였는지' 등이 담겨야 하지요. 또 '미래에 어떤 영향을 주고자 우리가 지금 이 일을 하는지'가 담겨 있어야 합니다.

그리고 여기까지 잘 정리되었다면, 사업계획서를 계속해서 고치고 발전시키는 습관을 들이세요. 스타트업은 완성형 조직이 아니라 매순간 변화하고 발전하거나 퇴보할 수도 있는 현재 진행형의 조직입니다. 그런 의미에서 사업계획서는 늘 베타 버전일 수밖에 없습니다. 이 베타 버전의 사업계획서를 지속적으로 발전시키는 것은 창업가의 가장 기본적인 책무라는 것, 이것이 사업계획서를 어떻게 작성하느냐보다 중요한 일임을 기억하시면 좋겠습니다.

이렇게 잘 준비된 사업계획서를 가지고 있으면, 여러분은 언제나 당당하게 투자자들을 만날 수 있고, 마침내 사업에 함께할 동반자를 찾게 될 것입니다. 투자 협상은 정직한 사실을 기반으로 투자자에게 사업의 가치를 증명하는 과정이기 때문이지요. 단언컨대 투자자들도 솔직하고 믿을 만한 창업가들을 더 좋아합니다.

그리고 객관적으로 봤을 때 이런 요소들이 잘 담겨 있는데도 불구하고 사업계획서를 보고 의심하거나 믿지 못하는 투자자라면, 굳이 그들을 설득하기 위해 시간과 노력을 낭비할 필요는 없습니다. 오히려 여러분의 가능성을 알아보지 못한 그들의 실수인 것이지요. 대한민국 최고의 엔터테인먼트 회사 중 하나인 JYP도 아이유라는 스타를 알아보지 못하고 오디션에서 떨어뜨리지 않았습니까. 그 뿐만이 아닙니다. 불법 다운로드가 기승을 부리던 열악한 글로벌 음원시장을 겨냥해 2006년 창업했던 음원 스트리밍 스타트업 스포티파이는 어떻습니까. 이 회사는 광고를 들으면 무료로 음악을 듣는, 당시에는 파격적인 서비스와 인공지능 음악 추천 서비스를 통해 사용자들의 귀를 사로잡았고 2021년 기준 전 세계 90여 개국에서 3억 2,000만 명 이상의 사용자를 보유한 세계 최대 음원 플랫폼 기업으로 성장했습니다. 하지만 이 음원 스트리밍 서비스는 혁신의 아이콘 스티브 잡스조차 실패를 예견했던 분야였지요. 이처럼 대단한 성공과 다양한 경험을 한 스타트업 선배나 투자자들, 심사역들도 실수할 수 있습니다(오히려 너무 많이 해서 문제죠).

사업계획서를 보고 모든 투자자가 박수를 보낼 수는 없습니다. 박수를 보내는 소수를 만나는 것만으로도 행운입니다. 그러니 투자자가 사업계획서를 홀대했다고 해서 절망할 필요도 없습니다. 우리를 믿고 함께 가주는 소수의 투자자와 함께 전진하면 됩니다.

검은 천사를 조심하시라

사실 사업하다 보면 알겠지만, 하늘에서 뚝 떨어지는 로또 같은 '행운'은 없습니다. 한 번은 우연히 찾아올 수도 있지만, 마냥 반복되지는 않지요. 오히려 내가 제대로 준비되지 않은 상태에서 행운을 맞이하면 그것은 더 큰 불운으로 이어질 수도 있습니다. 그게 바로 여러분이 있는 비즈니스 현장입니다. 투자 유치도 마찬가지입니다. 투자를 받았다고 다 좋고 행운인 것만은 아닙니다. 때로는 투자를 유치한 게 오히려 화근이 되기도 하니까요.

투자자를 만날 때, 투자 유치를 앞두고 있을 때, 창업가라면 마냥 좋아할 것이 아니라 모든 상황을 주의 깊게 살피고 판단해야 합니다. 신뢰도가 검증되지 않은 투자자의 경우, 일단 너무 쉽게 투자를 결정한다면 조심하세요. 오히려 위험할 수도 있습니다. 그리고 투자를 대가로 과도한 지분을 요구하거나 독소조항을 내걸지는 않는지 살펴야 합니다. 이런 투자자들을 소위 말해 '블랙 엔젤'이라 부르는데, 이 검은 천사들은 투자 계약서에 도장을 찍는 순간부터 사사건건 간섭해댑니다. 투자자들이 우리들의 사업계획서를 검토하듯이, 투자받는 우리도 투자자의 포트폴리오와 평판을 검토해야 합니다. 투자자가 우리에게 어떤 도움을 제대로 줄 수 있는지 확인해야 하고요.

투자 계약에 합의했다고 해서 투자를 유치했다고 착각해서도 안 됩니다. 계약서에 도장을 찍고도 얼마든지 뒤집어질 수 있는 게 비즈니스 현장이니까요. 인생도 그렇지만 사업은 새옹지마 같은 일이 비일비재합니다. 저도 투자자들과 계약서에 도장 찍기 직전까지 갔다가 깨진 적이 있는데요. 심지어 한 번도 아니고 수차례나 있었습니다. 그러니 투자금이 통장에 들어올 때까지 긴장을 늦추지 마세요. 입금되기 전까지 투자 유치의 결과는 아무도 모르는 일입니다.

또 운 좋게 좋은 투자자를 만나 계약까지 가더라도 계약서에 도장을 찍기 전에 창업가 선배들이나 전문가를 찾아가서 투자계약서에 독소조항은 없는지 자문을 구하세요. 신중해서 나쁠 것은 없습니다.

앞서 투자 유치가 화근이 될 수 있다고 이야기했었는데, 조직 역량이 제대로 갖춰지지 않은 상태에서 투자를 유치하려는 것은 오히려 독이 될 수도 있습니다. 만약 조직 역량이 충분히 갖춰지지 않았다면 어설픈 투자를 받기보다는 차라리 끈질기게 버티며 역량을 키운 다음, 조직력도 제법 갖춰지고 자생력도 충분히 기른 후에 투자 유치를 하는 것이 더 나을 수도 있습니다. 더 좋은 투자자를 만날 가능성이 높아지기 때문이지요.

마지막으로 투자를 유치하지 못했다고 해서 기죽지 마세요. 물론 유치하지 못하는 일이 반복되면 '사업 아이템과 우리 조직이 부족한가?'라는 생각에 심란해지고 의욕이 저하될 수 있습니다. 하지만 사업은 조급해할수록 더 꼬이게 되는 경우가 많아요. 그러니 투자 유치에 너무 목매지 말고 명철해지셨으면 좋겠습니다. 이가 없으면 잇몸으로 산다고 하잖아요. 최악의 경우 투자받지 못해도 꿋꿋하게 사업을 진행해나가겠다는 배짱과 대비가 창업가에게는 필요합니다.

투자 유치금은 어디에 사용할까?

험난한 과정을 거쳐 투자금이 통장에 들어오면 기분이 매우 좋습니다. 허리띠 졸라맨 지난날을 뒤로하고, 이제는 좀 떵떵거리는 삶을 살고 싶어지고요.

사무실도 넓은 곳으로 옮기고 싶고 직원도 더 뽑고 싶고, 이제껏 고생해온 직원들에게 더 큰 복지를 제공하고 싶어집니다. 하지만 투자 유치금은 언젠가는 수익을 붙여서 돌려줘야 할 돈입니다. 이 돈을 함부로 쓰다가는 탈이 나지요. 실제로 투자를 유치하고 나서 도산한 스타트업도 많습니다. 1억 5,000만 달러를 투자받았던 실리콘밸리의 중고차 거래 플랫폼 비피가 대표적이지요. 돈은 들어오기는 어렵지만 나가기는 쉬운 법입니다.

투자를 유치하고 나서 우리가 가져야 할 첫 번째 자세는, 투자금을 효율성 있게 써야 한다는 것입니다. 대전제는 간단합니다. "지출해야 할 분명한 이유가 있는 곳에만 돈을 써라." 투자금이 크다고 무조건 좋은 것도 아닙니다. 그만큼 지분도 많이 내줘야 하고 한 번에 많은 돈이 들어오면 오히려 스타트업에 독이 될 수 있거든요.

일부 스타트업은 투자를 받고 나면 재투자를 받으려고 외양을 화려하게 꾸미기도 합니다. 잘나가는 것처럼 보여야 후속 투자가 더 잘 이어질 것 같아 그런 거겠지요. 그래서 회의실이 큰 사무실로 옮깁니다. 하지만 회의실을 제대로 활용하지 못하고 그저 구색용으로 자리만 차지한다면 임대료만 낭비하는 겁니다. 몇 년 전부터 회의실을 공용으로 사용하면서 보증금 없이 사무실을 쓰는 공유 오피스가 유행인데 바람직한 문화가 아닐까 싶습니다. 공유 오피스 외에도 정부나 지방자치단체, 대학교에서 스타트업에 공간을 내어주는 경우도 많습니다. 이런 기회를 적극적으로 활용하는 것도 좋은 방법입니다.

물론 사업을 하는 데 비싼 인테리어가 필요하고, 이를 통해 수익이 나올 수 있다면 적극적으로 투자금을 사용해도 됩니다. 예를 들어 콘텐츠를 만드는 스타트업이라면 괜찮은 스튜디오를 마련하기 위해서 적극적으로 투자해야겠지요. 이런 데까지 절약하란 이야기는 아닙니다. 직원을 고용하는 일도 매출과 연계된다면 더 많이 충원해야겠지요. 하지만 매출과 관계없는 지출이라면 오히려 화가 될 수 있음을 명심해야 합니다. 투자 유치금의 활용은 '매출'을 기반으로 생각하는 것입니다. 가장 중요한 것은 언제나 매출과 이익 창출이니까요.

또한 투자자들에게 어떤 방식으로 보답할지도 생각해야 합니다. 당연히 최상의 보답은 회사가 성장하는 것이지요. 이번 투자금을 활용해서 다음 투자를 유치할 때까지 회사가 어떤 모습으로 성장할 수 있을지 깊이 고민하면서 더 큰 책임감을 가지고 일해야 할 것입니다. 투자자들이 스타트업에 투자한다는 건, 자신의 돈을 은행 예금이나 부동산에 투자하는 것보다 더 높은 수익률로 돌려받을 기회가 있다고 생각해서입니다. 그리고 투자를 한 번 받은 스타트업은 검증이 되었다는 공신력이 생겨서 투자자들의 주목을 한 번이라도 더 끌게 됩니다. 그만큼 투자 유치는 책임감이 커지는 계기가 되기도 합니다. 이제 회사가 사회적 존재가 됐다는 의미이기도 하니까요. 스타트업이 투자 유치에 성공한 후, 창업가들이 불상사에 휘말리기도 하는 것은 자신이 사회적 존재임을 망각해서입니다. 투자를 받으면 창업가는 이런 부분까지 염두에 두어야 합니다.

1. 사업 개요 또는 사업의 이유(Company summary purpose statement)

투자자들은 적게는 몇 개에서 많게는 수십 개의 사업계획서를 검토한다. 그래서 사업 개요를 소개하는 장은 사업계획서에서 가장 중요한 장표 중 하나다. 초기에 투자자의 시선을 잡지 못한다면 다른 장표들은 보일 수 있는 기회조차 없기 때문이다. 사업 개요는 간결하고 명확하게 우리가 하는 업을 요약해서 보여주어야 한다. 우리 회사의 정체성을 한 문장으로 설명하는 것이 가장 이상적이다. 새로운 개념의 사업이라면 한 문장으로 설명하긴 어렵겠지만, 간결할수록 좋다. 사업 개요 대신에 우리가 왜 이 사업을 하는지 이유를 써도 좋다.

2. 문제(Problem)

회사가 해결하려고 하는 문제를 명확히 할수록 사업에 더 집중할 수 있다. 대부분의 성공한 사업들은 고객이 겪는 불편함을 명확히 인식하는 것에서 시작되었다. 물론 애플의 아이폰처럼 뛰어난 제품은 아직 불편한 줄도 모르는 고객에게 아이폰 이전의 휴대전화가 얼마나 불편했는지를 알려주기도 한다. 하지만 많은 창업가나 투자자는 스티브 잡스가 아니기에 문제의식이 명확하면 명확할수록 좋다.

3. 해결책과 제품(Solution & Product)

문제를 제대로 정의했다면, 그 문제를 가장 잘 풀 수 있는 해결
책도 설명해야 한다. 만약 기술이나 제품이 완성되었다면, 회
사의 제품이 풀고자 하는 문제에 가장 적합한 해결책인지 기술
의 우수성, 신규 고객의 성장 추이, 사용자의 방문하는 횟수와
같은 정량적인 지표와 고객의 사용 만족도와 같은 정성적인 지
표를 내세워 보여줘야 한다.

4. 사업 모델(Business model with product roadmap)

많은 창업가가 초기에 간과하는 부분이 바로 전략적 사업 모델
수립이다(최소한 기술 창업가들은 이 부분을 상당히 어려워한다). 내 기
술은 세계 최고이기 때문에, 우리 애플리케이션은 다운로드 수
가 늘어나기 때문에 사업도 자연히 성장할 수 있을 거라고 기
대하는데, 사업 대부분은 정교한 마케팅과 영업 전략이 동반되
어야 매출로 이어진다. 이것이 진정한 사업이다. 따라서 투자
자를 설득할 때 창업가는 항상 탁월한 기술과 많은 고객으로부
터 어떻게 매출을 창출해낼 수 있는지 설명해야 한다.

5. 시장(Market)

벤처투자자들에게 시장성은 그 무엇보다 중요한 지표일 수 있다. 훌륭한 팀이 어려운 문제를 창의적인 방법으로 푼다고 하더라도 회사의 성장성, 다시 말해, 시장이 작거나 시장의 확장성이 없다면 투자 가치를 크게 느끼지 못한다. 보통 시장 크기를 논할 때 TAM(총 유효시장), SAM(유효시장) SOM(수익시장)에 대한 설명을 많이 하는데 특히 SOM(수익시장)의 크기가 너무 작거나 현실적이지 않으면 투자를 받기가 어렵다.

6. 경쟁(Competition)

초기 스타트업은 경쟁을 너무 간과하거나 무서워하는 양극단의 태도를 보이는 경우가 많다. 단순히 타사 제품의 기술력이 우리 회사의 제품보다 좋지 않다고 해서, 아니면 아예 시장에 경쟁자가 없다고 해서 마냥 좋은 것은 아니다. 경쟁자가 없다는 건 시장이 충분하지 않다는 뜻일 수도 있기 때문이다. 경쟁 부분은 객관적으로 분석해서 회사의 현재 위치를 공유해주는 게 바람직하다.

7. 팀(Team)

벤처투자자 대부분은 동의하겠지만 사업의 성패를 위해서 팀보다 더 중요한 요건은 없다. 훌륭한 팀은 어려운 시장도 이겨낼 수 있지만, 훌륭한 문제의식과 해결 방법이 있어도 팀 구성이 잘못되면 일을 망칠 수 있다. 투자자에게 팀을 소개할 때는 "왜" 우리 팀원들이 이 사업을 성공시키는 데 필요한 최상의 조합인지 설명하는 것이 중요하다. 이때 팀원들의 학업, 연구, 사업적 성과 등이 뒷받침되어도 좋다.

예를 들어 신약을 개발하는 스타트업에는 요식업을 하던 팀원보다 제약회사나 약사 출신의 팀원이 더 일을 잘할 가능성이 높을 것이다. 의류 제작 유통 서비스를 제공하는 회사의 경우 의류회사의 MD나 유통사에서 많은 경험을 쌓은 팀원이 사업을 성공시킬 확률이 더 높을 것이다. 문제의식과 해결책, 제품과 가장 잘 어울릴 만한 팀 구성은 사업 성공의 필수 요소다.

8. 그 외 재무계획 등(Financial plans, etc.)

필요하다면 향후 1~2년 동안의 재무계획과 투자를 받고 나서 자금을 어디에 사용할 것인지 그 목적을 투자자와 공유하는 것도 바람직하다.

Q5.

멈춰야 할 신호는 어떻게 알아챌까요?

케빈 시스트롬은 파티 사진을 공유하는 웹 기반 공유 프로그램 '포토박스'를 만들어 실리콘밸리의 주목을 받게 됐다. 마크 저커버그가 같이 일하자고 제안할 정도였다. 하지만 시스트롬은 이를 거절하고 창업을 선택한다. 그리고 몇 년 후 그는 사진 공유 서비스 '버븐Burbn'을 세상에 내놓았다.

'버븐'은 현재 위치를 다른 사람들과 공유하고 사진도 주고받을 수 있는 일종의 체크인 서비스였다. 하지만 '버븐'은 실패로 끝나고 만다. 사진, 비디오 업로드, 북마크, 게임 등 기능이 너무 많아 이용자들이 복잡하고 불편해했기 때문이다.

그럼에도 시스트롬은 잃은 것보다 얻은 게 많다고 당시의 실패를 회고한다.

일단 '버븐'의 성과를 높이 인정했던 사업 파트너인 마이크 크리거를 회사로 끌어들일 수 있었다. 이 두 사람은 이용자들의 불만을 해결하고자 '버븐'에 사진 공유 기능만 남겨두고 다른 기능들은 모두 제거해버린다. 쓸데없는 기능을 덜어내자 아주 '단순하고 멋진' SNS가 탄생하게 됐는데, 이것이 바로 우리가 아는 '인스타그램'이다. 아주 심플한 사용자 인터페이스를 바탕으로 사진을 아름답게 포장해주는 애플리케이션 '인스타그램'은 '버븐'의 실패가 없었다면 세상에 나올 수 없었다.

스타트업은 성공하기보다 실패할 확률이 높긴 하다. 또 스타트업의 앞길에는 '죽음의 계곡'도 놓여 있다. 실패를 겪은 CEO들은 고민한다. 여기서 사업을 접고 포기할 것인가, 아니면 다시 한 번 도전해서 사업 전환, 즉 피봇을 할 것인가? 괜히 피봇을 하다가 연쇄 창업가가 아닌 연쇄 파산가로 전락할지도 모른다. 당신이 창업가라면 과연 어떤 선택을 할 것인가. 아니, 어떤 선택을 해야 하는가.

'인스타그램'처럼 피봇으로 성공을 거둔 사례는 시장에 넘쳐난다. 인터넷 라디오 서비스를 만들겠다고 나섰던 잭 도시는 실패했지만 트위터를 세상에 내놓으며 대박을 거두었다. 한국에는 네오위즈가 인터넷 자동 접속 프로그램 원클릭에서 인터넷 커뮤니티 서비스 세이클럽으로 피봇을 했고, 하락기에 접어들자 다시 게임 산업으로 전환해 대성공을 거두었다.

물론 거론하기도 힘든, 악몽 같은 실패 사례도 넘쳐난다. 그중 최악은 계속 붙들고 있다가 신용 불량자가 되는 것이다.

무엇을 선택하든 그건 회사와 창업가의 몫이겠지만, 이왕이면 최선의 선택을 해야 하지 않을까. 그리고 창업가라면 당장은 실패하더라도 당연히 피봇을 통해 성공하고 싶지 않을까. 그러면 눈앞의 위기 상황을 어떻게 이겨내야 할까. 현명한 선택의 판단 기준을 무엇으로 삼아야 할까. 이번 장에서는 스타트업을 운영하면서 겪게 되는 위기의 순간들과, 그 위기 앞에서 CEO가 어떤 선택을 해야 하는지, 그 선택의 기준은 무엇인지 이야기해보고자 한다. 이번 장에서 하는 이야기는 어쩌면 여러분의 현재이자 미래를 바꿀 수도 있다.

치명적인 3가지 위기 신호를 감지하라

저는 다양한 방식으로 창업을 해왔습니다. 개인 창업부터 공동 창업, 설립 임원까지 말이죠. 분야도 다양했습니다. 미디어, 게임 심지어 요식업도 해봤죠. 실패도 많이 했는데, 속상한 이야기이지만 저와 비슷한 상황에 놓인 분들이 좀 더 나은 선택을 하길 바라는 마음으로 제 이야기를 들려드리겠습니다.

징후 없는 실패는 없다

"나쁜 일은 갑자기 닥치지 않는다."라는 하인리히 법칙을 잘 아실 겁니다. 모든 실패에는 항상 그전에 그럴 만한 징후가 나타나게 마련이죠. 제 인생 최악의 실패를 겪었을 때도 분명 그전에 계속 징후가 발견됐습니다. 다만 대처하지 못했을 뿐이죠.

이 회사(실패 사례라서 회사 이름을 특정하지 않겠습니다)는 처음에 제가 투자자로 관계를 맺은 회사였는데, 증자에 계속 참여하다 보니 나중에 2대 주주가 됐고, 자연스레 공동대표까지 역임하게 됐습니다. 이 회사를 설립한 사람은 떠났고 공동 창업가가 대표가 되어 개발과 안살림을 맡았고, 저는 나중에 영입된 셈이었는데요. 제가 참여하고 나서 이 회사의 매출은 비약적으로 늘어났고 연이어 투자까지 유치했죠. 초기에 열심히 영업을 뛰며 매년 매출을 2배씩 올렸습니다. 그런데 이 회사는 결국 망하고 말았습니다. 저도 빚더미에 올라섰고요. 어떻게 된 일이었을까요?

이유는 간단했습니다. 매출은 2배씩 오르는데, 비용을 3배씩 썼기 때문입니다. 매출이 늘어나니까 어느새 회사는 임대료가 비싼 강남으로 옮겨가 있더군요. 규모도 아주 큰 사무실로요. 그러자 거기에 어울리는 고급스러운 인테리어를 하게 됐고, 복지 차원에서 안마 의자를 떡하니 갖다 놓았으며, 창의성을 향상시킨다는 명분으로 천장마저 높였죠. 회의실도 근사하게 꾸몄고 사장실을 별도로 만들었으며 실리콘밸리를 따라 한다며 게임기까지 갖다 놓았습니다. 워크숍은 큰 비용을 들여 제주도로 가고, 직원들 월급도 대폭 인상했죠. 우리는 아직 성장 중인 작은 스타트업이었는데 말입니다.

문제는 이것만이 아니었습니다. 제가 공공기관과 대기업에서 위탁 용역 업무를 대행하는 사업을 수주해왔는데, 직원들이 반발을 하더군요. 매출도 늘고 투자까지 받았는데 굳이 공공기관 일까지 맡아 '을' 역할을 할 필요가 있느냐는 불만이었죠. 또한 대기업 고객들과 숙련되지 않은 이 회사 사이에 업무 마찰도 빈번하게 발생했습니다. 직원들이 자존심을 굽히지 않는 것까지는 좋았는데, 싸우더라도 때가 되면 타협할 줄도 알아야 하는데, 그러지 못했던 것이죠. 직원들은 퇴사하겠다고 나서고, 공동대표는 이를 말리느라 고객사와의 일을 중단해버렸습니다. 그런 클라이언트가 점차 늘어났죠. 업무 담당자를 교체하기보다 고객과의 계약을 중도 해지하자는 공동대표의 입장은 아주 간단했습니다. 직원들이 너무 고생한다는 이유에서였죠.

또 다른 징후도 있었습니다. 개발 연구소를 만들면서 개발자를 충원해야 했고, 당시 개발할 프로젝트에는 매우 노련하고 경력이 높은 개발자가 필요했습니다. 그런데 핵심 개발자를 확보해야 하는데 정작 여기에서 비용을 절감하려 했습니다. 경력이 부족한 개발자를 잔뜩 고용한 거죠.

우수한 개발자들은 일단 먼저 실행하지만, 실력이 부족한 개발자들은 모여서 회의하는 데 더 많은 시간을 씁니다. 이 회사의 개발자들은 며칠 동안 계속 토론만 하고 있었고, 그러다 보니 기획자와 파트너, 개발자들 사이에서 계속 마찰이 일어났죠.

투자를 받고 나서 은행 잔고가 바닥을 보이기까지 딱 9개월 걸렸습니다. 그때 저는 회계에 별로 관심이 없었거니와 공동 대표가 안살림을 맡고 있으니 캐묻지 않고 그를 믿었습니다. 그러다가 처음으로 통장을 확인했는데, 그때의 충격이란 이루 말로 표현하기 어려울 정도였으며 머리에 떠오른 외마디 비명만 기억합니다. '망했다.'

5개월이 지나자 직원들 퇴직금도 못 줄 상황으로 몰렸습니다. 직원을 내보낼 수밖에 없었죠. 그래서 공동대표에게 다급히 대책을 마련하자고 제안했습니다. 그런데 착한 이 공동대표는 은행 대출을 더 받아서 버티자며 직원들을 내보내지 말자고 말하더군요. 그는 직원 급여를 30% 삭감하고 공동대표인 우리 둘은 기존 월급의 반만 가져가자고 제안했습니다. 저는 강력하게 반대했습니다. 공동대표의 제안이 최선 같아 보이겠지만, 현실적으로는 그렇지 않거든요. 조직력이 탄탄하면 가능할지도 모르겠으나, 당시 우리 회사는 그렇지 못했습니다.

"아무도 일 안 할 거다. 오히려 직원들은 월급을 받으면서 이직을 고민할 거다."

저는 계속해서 주장했고, 결국 그렇게 되고야 말았습니다. 우리가 한 일은 실패를 몇 개월 지연시킨 게 전부였죠. 석 달 만에 절반의 직원을 내보내야 했고 대표인 저는 이사회를 열어 스스로 해임시켰습니다. 그렇게 연대보증 12억 원을 안고 퇴직금도 없이 회사를 나오면서 저는 한순간에 빚더미에 올라섰습니다.

급여를 삭감하거나 미루는 것은 대안이 아니라 대표 스스로 범죄자가 되겠다고 선언하는 것과 같습니다. 이런 생각은 사실 제가 직장생활을 하는 동안 노조부위원장을 맡으면서 알게 된 지식이었죠. 경영자를 견제할 방법을 너무 잘 아니 경영자가 되고 나서 우리 경영자들이 얼마나 취약한 상태인지 알겠더군요.

그런데 문제는 여기에서 그치지 않았습니다. 안 좋은 일은 연이어 터진다고 하잖아요. 이주한 강남 사무실의 경우 임대 기간이 끝나지 않았다는 지극히 당연한 이유로 보증금을 내주지 않았습니다. 회사는 망했는데, 사무실 보증금은 계속 까먹고 있었던 거죠.

경영자라면 반드시 현금 흐름에 민감해야 합니다. 직원 월급은 미루거나 깎아선 안 되고 직원 월급 줄 돈이 없으면 임원 급여 지급부터 일단 미루거나 삭감해야 합니다. 그다음에도 직원 월급 줄 돈이 없으면 빚을 내서라도 퇴직금을 줄 수 있을 때 얼른 직원을 내보내야 합니다. 괜히 직원 월급 늦게 주거나 적게 줄 생각은 절대 금물입니다. 그러면 대표는 사업만 망하는 게 아니라 혼자서 임금 체불이라는 형사상 범죄자까지 되고 맙니다. 너무 잔인한 이야기인가요? 아프게 들리겠지만, 여러분의 자리인 창업가이자 CEO의 자리가 바로 그런 것입니다.

돈 관리는 기본이다

방금, CEO라면 회사에 들고 나는 현금 흐름에 민감해야 한다고 말씀드렸는데요. 기업이 망하는 경우는 딱 한 가지입니다. 돈이 없기 때문이죠. 돈이 없는 건 보통 돈을 못 벌거나 돈을 막 썼거나 둘 중 하나에 해당되는데, 그 안을 들여다보면 이유는 좀 더 다양합니다.

일단 돈이 많은데도 계속 망하는 분들이 있습니다. 투자를 받았는데도 망하는 건 왜 그런 걸까요? 돈을 제대로 사용하지 못해서입니다. 비용을 얼마나 쓸 것인지 집행을 잘못한 것이죠. 아이템 원가 계산을 정확하게 못한 것도 포함되고요. 예를 들어 동영상 서비스를 제공하면서 서버 비용을 계산하지 않은 겁니다. 이런 분들은 사업 아이템도 자주 변경합니다. 그러다 보면 계속해서 매몰비용이 생겨나죠. 특히 인건비 부분에서요. 콘텐츠 유통 서비스를 하다가 콘텐츠 제작 서비스로 변경하면, 서비스 담당자들은 불필요한 인력이 됩니다. 이런 경우 팀이 와해되기도 합니다.

비용 관리를 못해서도 망하지만, 지분을 제대로 배분하지 못해서 망하기도 합니다. 빚은 CEO가 계속 지면서 운영해왔는데, 지분은 다른 사람이 더 많이 가지고 있어서 창업가만 계속 코너에 몰리는 상황이 이어지는 것이죠. 이런 경우가 반복되면 CEO는 의욕을 상실하게 됩니다. 결국 CEO가 이탈하게 되고, 투자자는 간섭을 할 것이며, 개인 투자자들은 자신들이 낸 투자금에 대한 환급과 상환 계획을 제출하라고 요구해옵니다. 이렇게 되면 후속 투자를 받기도 어려워집니다.

투자를 받을 때 가치 평가를 제대로 못 받아 문제가 발생하기도 합니다. 가치가 50억 원짜리 회사인데 150억 원을 투자받으면 기분은 좋죠. 문제는 150억 원의 가치를 인정받았으면 그다음은 300억 원, 500억 원으로 확장되어야 하는데 회사의 가치라는 게 그렇게 바로 커지기가 어렵습니다. 그러다 보면 처음에 받았던 돈이 사라질 때까지 이전 투자의 가치를 맞추지 못하는 것이죠. 첫 번째 투자로 외형이 커진 회사가 두 번째 투자를 받지 못하면 경영이 어려워지는 건 불 보듯 뻔합니다. 이렇듯 돈 관리를 제대로 못하면, 돈이 없어지는 여러 상황을 제대로 관리하지 못하면 망하는 것은 한순간입니다.

시작하기도 전에 망할 징조

창업하기 전에 실패를 감지하는 경우도 있습니다. 조직 구성과 운영에 관한 문제인데, 한 개발자가 저를 찾아와 조언을 구한

이야기를 들려드리죠. 내용은 이렇습니다.

조직이 총 3명으로 구성되어 있는데, 그중 1명은 다른 회사에 다니고 있었습니다. 이 개발자는 대표 겸직을 하는데 경영할 때 의사결정은 3명이 만장일치로 정하기로 했다고 합니다. 심지어 지분구조조차 균등 배분한 N분의 1이었습니다. 비용은 이 개발자가 모두 투자했는데도 말이죠. 저는 이 개발자에게 조직을 민주적으로 운영하지 말라고 적극적으로 제안했습니다. 하지만 제 말을 쉽게 듣지 않더군요.

이후 이 개발자가 저를 다시 찾아왔습니다. 지분을 N분의 1씩 줬는데 그중 한 명이 자기 회사 일이 바쁘다고 연락해도 나타나지도 않는다고 하더군요. 만장일치제로 결정하는 운영체제인데 말이죠. 그리고 나머지 한 명도 언제 도망갈지 고민하면서 이력서만 쓰고 있었다고 합니다. 이런 조직으로 어떻게 성공을 기대할 수 있겠습니까. 그러면서 공동 창업가들에게 서운한 나머지 눈물을 보이더군요. 이 개발자는 자기 급여를 포기하면 6개월 정도 운영할 비용이 남았다고 했습니다. 하지만 저는 잔고가 남아 있을 때 하루라도 빨리 정리하라고 조언했죠.

폐업 절차에 들어가면 3년 동안 회계장부가 남고 법인 대표가 국세 미납인지 그 여부를 계속 찾아보게 되어 있습니다. 지금 사업을 빨리 정리해둬야 다음 사업을 원활하게 시작할 수 있습니다. 이 개발자는 제 이야기를 듣고 계속 울었습니다. 실패나 휴업, 폐업, 신용 불량 등에 대해서 아무도 얘기해준 사람이 없었다는 겁니다. 그러면서 자기가 사실은 전세자금 1억 원을 대출받아 사업을 시작했다고 고백하더군요. 이 빚 때문에 주저하고 있었던 것입니다. 지금 포기하면 모든 것이 손실로 확정되기 때문이지요. 하지만 그만큼 냉정해야 합니다. 취업해서 갚는 등 회복할 수 있는 손실 범위에서 멈추지 않으면 평생 갚아도 없어지지 않는 큰 빚을 안고 살아야 할 수 있기 때문입니다. 저는 사업 정리와 함께 일정한 수입을 얻을 수 있는 취업 자리를 알아보라고 권했습니다.

창업하기 전에 사업 아이템, 시장 진입, 조직 운영, 비용 관리 못지않게 공부해야 할 필수 과목이 있습니다. 바로 개인 파산과 회생 절차이죠. 성공적인 창업만 좇다가는 신용 불량자가 되고 맙니다. 실패 확률이 이미 높은 창업을 준비하면서, 최악의 상황에 대한 대비 없이 시작하는 것은 너무 위험합니다. 실패를 어떻게 대비할 것인지도 미리 준비해야 리스크를 줄일 수 있습니다.

준비가 철저하지 못해 실패하는 경우도 흔합니다. 이와 관련된 또 다른 사례를 알려드리죠. 한 번은 아이비리그 출신의 창업가 3명이 찾아왔습니다. 사업 아이템도 그럴싸했습니다. 어머니들의 집밥을 배달해주는 서비스였죠. 그런데 아주 근본적인 문제가 있었습니다. '집밥' 자체가 일반 가정의 어머니가

요리하는 음식인데, 이분들은 식품위생법상 제품을 판매할 수 없습니다. 즉, 실정법을 전혀 감안하지 않은 것이죠.

문제는 저를 찾아왔을 때 이미 창업가들은 지역의 어머니들과 계약까지 마친 상태였습니다. 홍보물까지 제작해서 배포했고요. 심지어 배달 차량도 리스로 준비해놓았더군요. 정작 식품위생법을 비롯한 식품 조리, 판매와 관련한 허가는 하나도 받지 않았으면서요.

물론 이들의 하소연도 이해가 갔습니다. 미국에서는 가능한 아이템이었기 때문이죠. 아마 공유 주방을 운영한다거나 자격증이 있는 분만 고용하는 형태로 사업을 시작한다거나 하는 방법이 있을 수 있었습니다. 이들이 미국이 아니라 한국의 시장을 겨냥했다면, 시장조사를 좀 더 치밀하게 했어야 합니다.

창업하기 전에 이런 시장조사나 아이템도 검토해야 하지만, 법리 검토나 법무 검토, 회계 검토도 해야 합니다. 정 안 되면, 액셀러레이터나 멘토들을 찾아가 도움을 받으세요. 굳이 법률사무소나 회계사무소까지 찾아갈 필요 없습니다. 창조경제혁신센터, 서울창업허브, 판교에 있는 공공지원센터, 창업진흥원, 중소벤처기업진흥공단 같은 창업 지원을 해주는 곳에서 법무, 세무 서비스들을 제공해주니까요. 창업가라면 이런 정보를 미리 알아보고 적극적으로 이용할 줄 알아야 합니다.

물론 창업가가 세상에 모든 것을 다 알고 사업을 시작할 수는 없습니다. 하지만 최소한 자기가 하려는 사업에 필요한 아주 기본적인 내용, 어떤 리스크가 있는지 정도는 목록을 만들고 직접 확인하면서 준비하는 게 바람직합니다.

3가지 미지급은 반드시 막아라

언제 사업을 접어야 할지를 판단하는 기준은 간단합니다. 먼저 새로 매출이 일어나지 않는데 고정비는 확정돼 있다면 바로 심각하게 고민해야 합니다. 또 회사가 보유한 현금으로 6개월 정도밖에 유지할 수 없다면 역시 이 사업이 지속될지에 대한 고민을 해야 합니다. 마지막으로 회사의 자산(또는 창업가의 자산)이 마이너스가 되면, 그때부터는 빠르게 사업을 정리할 계획을 세워야 합니다.

잔고가 남아 있을 때 접으면 문제를 해결할 수 있지만, 그전에 접지 않고 버티면 임대료나 다른 업체, 외부 프리랜서에게 줄 미지급금이 생기며 채무가 늘어나게 됩니다. 이때 채권자들은 회사의 영업을 중단시키고 계좌를 동결시킬 수 있습니다. 이후 임금 체불이 벌어지고 그다음에 국가에 내야 할 세금을 납부하지 못해 국세 체납이 이어지고, 그다음부터 심각한 법적인 문제가 생깁니다. 국세 체납을 하면 나중에 국가와 거래할 수 없게 되고, 임금 체납을 하게 되면 형사범이 되거나 소송에 시달려야 합니다.

대금 미지급, 임금 체불, 국세 체납. 이 3가지의 미지급은 무조건 막아야 합니다. 특히 임금 체불은 정말 신경 써야 합니다. 직원들의 인생에 있어서 심각한 트라우마를 만들기 때문입니다.

이 3가지 미지급이 예상되는 시점의 6개월 전에는 뭔가 수단과 방법을 만들어야 회복할 수 있고, 아니면 빠르게 사업을 접어야 위기를 막을 수 있습니다. 이 체납 예상 시점에서 사업을 빨리 접은, 즉 제로 베이스로 다시 돌아간 분들은 다시 창업할 수 있습니다. 그전에 한 경험을 바탕으로 다시 시작할 수 있는 것이죠. 때로는 이전의 투자자가 다음 사업의 투자자가 될 수도 있습니다(실제 그런 경우를 많이 봤습니다).

하지만 시기를 놓쳐 회복하기 어려운 상황이 되면 재창업마저 곤란합니다. 제로 베이스에서 시작하기 어렵다면 일단 창업의 마음은 접고 취업하는 게 바람직합니다. 그렇게 일정 부분 자기가 책임질 수 있는 준비를 다시 하는 거죠. 만일 제로 베이스보다 못한 상황에서 힘들게 창업하면, 그마저도 문제가 됩니다. 각종 송사에 시달리게 될 테니까요. 저는 임금 체불을 당한 직원들이 자기 회사의 창업가 집으로 찾아가 문을 부수고 페인트칠을 하고, 신나를 뿌리는 광경까지 목격했습니다.

실패가 경험으로 작용하는 건 맞습니다. 하지만 자산이 사라지는 경제적 실패는 회복하기가 쉽지 않습니다. 빚을 졌다거나 연대보증을 섰다거나 사채를 끌어다가 쓴 경우는 이자도 내야 해서 더 힘들어지죠. 그러니 실패 중에서도 자산이 사라지고 빚을 져야 하는 실패는 실패 이후를 생각하기보다 아예 그런 상황이 닥치지 않도록 미리 준비하는 것이 바람직합니다.

'죽음의 계곡'은 뛰어넘기보다 마주치지 않는 게 상책

스타트업은 끊임없이 희망 고문을 당합니다. 특히 '죽음의 계곡'이 그렇죠. 죽음의 계곡은 사업 진행 단계에 따라 비용은 늘어나는데 매출은 생기지 않는 구간을 말합니다. 비용이 늘어난다는 건, 일단 가입자 수가 증가한다는 의미도 됩니다. 찾는 사람들이 있으니 창업가는 희망을 품게 되는 거죠. 그런 희망 고문 없이 어떻게 사업을 하겠습니까. 이 '죽음의 계곡'을 넘어가는 최고의 묘수는 매출입니다. 언제나 핵심은 매출이죠. 그런데 매출이 쉽게 잡히지 않을 때가 많습니다. 우리는 사업을 시작하기 전 이마저도 고려해야 합니다.

죽음의 계곡은 손익분기점과 관련돼 있습니다. 비용과 매출액에 따라 손익분기점이 결정되죠. 매출이 비용보다 적으면 적자인 것이고, 이 구간이 바로 '죽음의 계곡'인 셈입니다. 죽음의 계곡에 최대한 늦게 도착하려면 방법은 간단합니다. 비용을 최소화시키는 것이죠. 스타트업은 조직이 작기 때문에 가능합니다. 일단 비용이 발생하는 법인 설립은 최대한 늦추는 게 바람직합니다. 또한 최소기능제품을 제작할 때, 이 비용은 투자 비용으로 계산하는 게 아니라 지분율로 처리하세요. 추후 투자를 유치하거나 매출이 생겼을 때, 창업가는 지분율로 보상받으면 됩니다. 그러면 누구도 나쁘지 않은 선택이 될 수 있죠. 우리는 자꾸 '죽음의 계곡'이라는 표현으로 프레임을 만들어놓는데, '죽음의 계곡'은 닥쳐서 뛰어넘기보다 아예 처음부터 만들지 않는 게 최선입니다.

실패한 순간, 창업가 멘탈 관리는 필수

창업가는 회사와 개인이 분리된 존재라는 사실을 알아야 합니다. 회사를 창업하면 거기에 이입되어 회사와 자신을 동일시하는 경우가 있습니다. 물론 회사를 내 아이처럼 키우는 것도 중요하지만, 회사가 어느 정도 크면 놓아줘야 할 때도 있습니다. 보통 그 순간에 창업가는 매각이나 기업공개를 선택하죠. 내가 낳은 아이가 결혼하는 거라고 생각하면 되겠네요.

실패도 마찬가지입니다. 회사가 망하고 사업에 실패했다고 해서 자기 인생마저 끝났다고 망연자실할 필요 없습니다. 내 역량의 전부가 내가 창업한 회사의 그릇이라고 자책할 필요도 없습니다. 오히려 정당한 방법으로 사업을 했는데도 불구하고 실패했다면 당당하게 구세요. 직원들 월급 주고 비용 썼다면, 어쨌든 사회에 기여한 것입니다. 실패한 것에 대해 반성하지 말라는 이야기가 아닙니다. 사업에 실패했다고 자신의 인생을 비하하거나 운명에 좌절하지 말자는 이야기입니다.

실패 후, 저는 어떻게든 빚을 갚아야 한다고 마음먹었습니다. 그래서 아르바이트를 하며 열심히 뛰어다녔습니다. 방송 진행도 하고 강연도 미친 듯이 하고 스타트업과 관련된 행사의 진행도 맡고, 행사 기획부터 1인 행사 대행사까지 온갖 일을 떠안았습니다. 문제는 제가 잘하는 일이 아닌 것조차 했다는 거죠. 경영할 때보다 더 바빴지만, 빚은 줄어들지 않고, 정신은 피폐해져 갔습니다. 그때 원칙을 하나 세웠죠.

'이것저것 다 하지는 말자.'

그 대신 내가 할 수 있는 것 가운데 잘할 수 있는 일을 하자고 결심했습니다. 이런 원칙을 세우고 나서 여기에서 출구를 찾기 시작했죠. 그러다 보니까 극복할 수 있는 기회가 몇 번씩 찾아오게 됐습니다. 망가진 멘탈도 정상으로 돌아왔죠. 그렇게 4년 만에 제가 졌던, 연대보증을 떨쳐낼 수 있었습니다.

첫 실패 이후를 준비하라

실패의 징조와 언제 포기하거나 지속해야 하는지에 대해 계속 이야기해왔는데요. 창업가라면 실패하더라도 사업을 어떤 식으로든 지속하고 싶겠죠. 최악의 상황은 면하게 되었다면, 이제 다음을 준비해야 할 겁니다. 바로 사업 전환, '피봇'에 대해 살펴보겠습니다. 피봇은 원래 회전축을 의미하는 단어인데, 사업 전환도 마찬가지입니다. '축'이 존재해야 합니다. 이 축을 두고 사업의 방향을 바꾸는 것이 피봇인 거죠.

만약 이 축, 그러니까 회사의 핵심 역량을 바꿔야 한다면 차라리 기존의 회사를 없애버리고 새로운 회사를 만드는 게 낫습니다. 핵심 역량이 안정화되어 있지 못해 실패했다면 피봇을 해도 성공할 수 없을 테니까요. 반면 핵심 역량을 유지했다면 피봇을 할 수 있고, 또 그 방법으로 재창업하는 것이 유리합니다.

피봇을 할 때 창업가는 위축될 수 있습니다. 주위 사람들에게 괜히 이런 소리를 들을까 봐서요. "어? 지난번에 말했던 사업이 아니네.", "투자자가 뭐라고 안 해?", "애써 모았던 고객들을 버리는 거야?", "이제까지 고생했는데 바닥에서 다시 시작하는 거야?" 하지만 괜히 주눅 들 필요 없습니다. 오히려 낭떠러지 아래로 굴러떨어질 일을 비껴갈 수 있다면 축하받을 일이죠. 창업할 때 세웠던 비전과 미션이 흔들리지 않고 방법만 바핀 것이라면 더욱 칭찬받아야 하고요. 무엇보다 포기하지 않고 실망하지 않고 다시 시작하기로 결심한 것만으로도 충분히 응원받을 만합니다.

그럼 피봇을 할 때는 어떤 사업 아이템으로 승부해야 할까요? 아이디어에서 출발해 사업으로 발전시키고 성공까지 하는 경우는 1,000개 중에 하나에 불과합니다. 아이디어를 사업으로 전환할 때는 고려해야 할 것들이 있습니다. 아이디어가 독보적인가와 사업의 성공 유무는 다른 차원입니다. 사업은 '이익이 남는가, 남지 않는가'로 그 성공의 유무가 결정되니까요. 물론 여기서 말하는 이익은 금전적인 것만이 아닙니다. 가치도 이익에 들어가죠. 단지 아이디어만 있고 이익이 발생하지 않는다면 사업이 될 수 없습니다.

그리고 10년 정도 먼 미래를 생각해서는 곤란합니다. 지금 할 수 있거나, 개발하고 나서 얼마나 신속히 시장에 진입할 수 있는가를 계산해봐야 합니다. 그리고 고객이 있는가, 시장이 존재하는가 같은 내용도 고려해야 합니다.

마지막으로 우리가 하려는 사업에 경쟁자가 있는지도 확인해야 하고요. 경쟁자는 반드시 필요합니다. 시장에 다른 참여자 없이 혼자서만 존재하면 조용히 사라지고 말거든요. 반면 경쟁자들이 존재하면, 나 역시 존재감이 느껴지죠. 곧 시장이 조만간 생성될 것이라는 의미이기도 하고요. 혼자 외롭게 존재한다는 건, 사실 시장이 존재할 가능성이 없다는 것과 같습니다. 그래서 어설프더라도 경쟁자들이 있는 시장에 들어가는 것이 유리합니다.

더 나은 해법이 있을 법한데 시도하는 이가 없고, 해봐도 될 거 같은데 계속하는 사람이 없고, 시장이 큰 거 같은데 최근에 성공한 기업이 안 보이고, 누가 봐도 오랫동안 비효율적으로 돌아가고 있는데 과점과 소수가 독점하고 있는 시장을 발견했다면 도전해볼 만합니다. 남들이 안 하는 이유에 집중하면 해법이 보이지만, 남들이 다 하는 걸 좇아서는 내가 집중해야 할 이슈가 안 보이기 때문입니다. 스타트업은 그래서 '안 되는 이유가 더 많은 시장'에서 시작합니다. 다 가진 것 같아도 모든 걸 다 잘할 수 없죠. 결국 스타트업은 과독점 사업자의 약한 부분을 노려야 성공할 수 있습니다. 완전 경쟁 시장이 더 쉬울 거라는 건 환상에 불과하죠.

사실 대부분의 성공한 사업들은 블루오션에서 나오지 않습니다. 오히려 경쟁이 치열한 레드오션 중에서 틈새를 공략할 때 성공할 가능성이 높죠. 우리가 생각한 것 중에 세상에 없었던 것은 거의 없었습니다. 다만 그 레드오션 중에서 시장의 문제와 고객의 문제를 발견한 게 현명한 걸음이겠죠. 지나치게 블루오션에 집착하지 말고 레드오션에서 성공할 수 있는 영역을 찾아보길 바랍니다. 내가 알고 있는 경험의 범주 안에서 이해할 수 있는 사업이 좋은 사업 아이템입니다. 이런 전략을 퍼플오션Purple Ocean 전략이라 부릅니다.

마지막으로 실패하고 나서 새로운 시작을 준비할 때, 스타트업의 본질을 다시 고민해보길 바랍니다. 스타트업은 고객의 니즈를 발견하고 그걸 스스로 해결할 때 세상에 나옵니다. 고객 없는 사업은 없습니다. 고객이 처음 본 것을 스타트업이 자꾸 설득하려고만 하면 고객은 이렇게 생각할 것입니다. '스타트업이 가려운 곳만 긁어주면 좋을 텐데 엄한 곳만 긁다 피를 내는 건 아니야?' 때로는 고객을 아이디어 상태에서 먼저 만나볼 것을 권합니다.

스타트업의 초기 성과는 '0'에서 시작되기 때문에 사업 그래프를 보면 우상향하는 모습을 그리기 마련이다. 하지만 어느 정도 시간이 지나면 몇 가지 위기 신호가 나타난다. 이 위기 신호를 잘 감지하고 대비할 수 있느냐 없느냐에 따라 사업을 유지할지 포기할지 결정할 수 있다.

1. 사업하는 도중 맞닥뜨리게 되는 위기 신호 4가지

- 사용자 수가 늘기보다 이탈되어 나가는 수가 더 많아진다.
- 6개월 후 잔고가 바닥날 것 같은데 매출이나 현금 유입원이 없다.
- 매출보다 비용이 늘어나는 비율이 빠르다.
- 경쟁사가 성장하는 만큼 우리 회사의 성장이 줄어든다.

2. 투자 유치 시, 발생할 수 있는 위기 신호 10가지

- 직원들이 월급을 올려달라거나 복지 요구가 높아진다.
- 직원이 급격히 늘어나면서 파벌이 형성된다. 논공행상은 고래로 조직을 망가뜨린다.
- 원래 있던 직원과 새로 뽑은 직원의 능력 차이가 시너지보다 상호 마이너스 효과를 일으킨다.

- 지분이 나뉘어 있을 경우 투자자들의 지분 보호 욕구가 증대하면서 대외 협상력이 약해진다.
- 대표와 직원들이 마케팅과 홍보에 치중하는 시간이 많아지면서, 기존에 하던 일도 못한다.
- 목표 매출이 늘면서 영업 압박이 심해지지만 대표 외에 대책을 세울 영업 담당자가 없다.
- 프로젝트의 완성도가 시장의 기대보다 낮아 조급해진다.
- 주위에서 숟가락 얹고 감 놔라 배 놔라 하는 사람이 급격히 늘어난다.
- CEO 스스로 월급 걱정을 안 하면서 갑자기 나태해진다.
- 빚으로 회사를 키울 수 있다는 막연한 기대감과 부채에 대한 상환 압박이 동시에 밀려온다.

3. 위기를 막는 대책 7가지

- 좋은 투자자를 확보하라. 초기 생존에 엄청나게 중요하다.
- 적절한 매출 시기를 조절하고 스스로 생존할 수 있는 비즈니스 모델을 개발하라.
- 초기에는 잘하는 것에 매진하라.
- 스타트업의 인수 합병은 흡수가 아닌 더 잘할 수 있는 환경을

만들어주는 방식이어야 한다.

- 넓게 펼치는 사업 기회 탐색보다 좀 더 깊이 있는 분야에서의 집중도를 높여라.

- 갖고 있는 것을 버리고 새로운 차원에서 전면적으로 변신해 야 할 타이밍을 잘 잡아라.

- 처음 시도한 것에 매달리지 말고 가장 잘할 수 있는 사업을 찾아내야 한다.

Q5.

돈 벌어줄 비즈니스 모델이 있는가, 없는가?

"작은 차이가 명품을 만든다." 이런 광고 카피가 유행한 적이 있었는데요. 사업도 비슷합니다. 아주 작은 차이로 인해 사업의 성공과 실패가 결정되니까요. 99%를 준비한 CEO가 예상하지 못한 단 1%의 변수 말이지요. 코로나19처럼 내 잘못이 아닌 외부의 환경적 변수 때문에 실패할 수도 있습니다. 이처럼 작지만 치명적인 변수들은 언제, 어디에서든 튀어나올 수 있기에 CEO는 항상 최악의 상황에 대비하는 노력을 해야 합니다.

제품은 만들고 파는 것이 아니라 팔아놓고 만드는 것

하지만 CEO가 아무리 노력해도, 수많은 돌발변수를 모두 관리할 수는 없습니다. 제아무리 슈퍼 CEO라도 불가능합니다. 결국 최선의 방법은, 성공의 핵심 요소라고 판단되는 부분만큼은 반드시 CEO가 직접 챙기고 관리하는 것입니다.

여러 번 말씀드렸지만, 빅에프엠이 실패한 이유는 간단합니다. 비즈니스 모델이 없었기 때문이지요. 아니 정확히는 비즈니스 모델은 있었는데 그것을 제때 구현해내지 못했기 때문이라고 보는 게 맞을 겁니다. 쉽게 말해, 영업이 계획대로 안되었던 것입니다. 이런 변수를 예상하지 못했던 저는 제대로 대처를 할 수 없었고, 영업 관리가 안 되니 당연히 적자가 지속됐지요. 아마도 대부분의 스타트업이 이 부분을 극복하지 못해서 사업을 접는 경우가 많을 겁니다. 특히 엔지니어로서 훌륭한 역량과 DNA를 가지고 창업하는 분들이 영업 관리에 취약한 경우가 많아서, 스스로 연구개발자인지 스타트업의 CEO인지 헷갈리는 것을 자주 보았습니다. 바이오사업처럼 연구개발 그 자체가 성공의 핵심 요소인 경우는 예외일 수 있겠지만, 스타트업의 창업가라면 영업 마인드를 꼭 갖추어야 하고 비즈니스 모델도 잘 챙겨야 합니다. 이것은 필수이며, 이 유무에 따라 사업의 성패가 결정된다고 봅니다.

스티브 잡스가 위대한 이유를 딱 하나만 꼽으라면 저는 비즈니스 마인드를 꼽고 싶습니다. 훌륭한 엔지니어인 스티브 워즈니악이 갖지 못한 이 재능을 스티브 잡스가 가지고 있었기에 애플이 성공할 수 있었다고 생각하기 때문입니다.

　저를 처음 보시는 분들은 인상이 좋다고, 착한 '범생이' 같다고 하시는데요. 실제로 제 성격이 그런 면이 좀 있다 보니 처음 창업했을 때 누군가를 만나서 부탁하고 영업하는 것이 어려웠습니다. 직원들에게 싫은 소리 하는 것도 잘 맞지 않았고요. 비즈니스 마인드가 부족했던 것입니다.

　하지만 지금은 달라졌습니다. 꼭 필요한 일이면 부탁도 잘하고, '돌직구'도 잘 날립니다. 사업을 오래 하다 보니 성격이 좀 바뀐 것 같습니다. 이제는 고인이 되신 삼성 이건희 회장님은 위기 경영과 혁신을 역설하며 "마누라와 자식 빼고 다 바꾸라."라고 하셨는데 겨우 제 성격 하나 바꾸는 것은 어려운 일도 아니지요.

　제 성격이 바뀔 수밖에 없었던 것은, 저 혼자만 신경 쓰고 잘하면 되는 방송인 생활을 하다가 처음으로 창업해서 사업가가 되어보니 조직 운영이 내 마음 같지 않았기 때문이었습니다. 특히 비즈니스 모델, 광고영업과 관련해서는 참으로 답답할 뿐이었습니다. 사실 창업 기획 단계에서 무작정 '우리 회사의 방송 콘텐츠가 좋으니까 배너 광고가 잘 팔리겠지, 매출이 나오겠지, 협찬 광고가 들어오겠지.'라는 근거 없는 자신감을 가지고 창업했던 것 같습니다. 대부분 창업가들은 '좋은 제품과 서비스를 만들면 잘 팔리겠지.'라고 생각하는데, 실은 그 반대입니다. 잘 팔리는 것이 좋은 제품이고 좋은 서비스입니다. 이게 무슨 차이냐, '잘 만드는 것'에 초점을 맞추는 것은 개발자, 생산자의 입장에서 먼저 생각하는 것이고, '잘 팔리는 것'에 초점을 맞추는 것은 시장과 구매자의 입장에서 먼저 생각하는 것입니다. 당연히 후자의 경우에 훌륭한 제품과 서비스가 기획될 것이고, 개발, 생산, 마케팅이 이루어지겠지요. 물론 애플의 아이폰처럼 세상에 없던, 잘 만들어진 혁신적인 제품이 구매자의 욕구를 이끄는 경우도 있기는 합니다만, 대부분은 고객이 무엇을 원하는지, 시장에서 팔리는 제품과 서비스가 무엇인지를 염두에 두는 것이 먼저입니다.

그래서 "제품과 서비스는 만들고 파는 것이 아니라, 먼저 팔아놓고 만드는 것이다."라는 말이 나온 것입니다. 얼핏 말장난처럼 보이지만 성공한 창업가들이라면 공감하는 말일 겁니다. 고객의 손이 닿는 곳에 나의 제품을 진열할 수 있는 유통망을 가지고 있거나 구축할 수 있을 때, 고객이 필요로 하는 것이 무엇인지 정확히 알고 있을 때 그에 기반을 둔 제품과 서비스를 만들라는 것입니다. 마케팅 전략과 영업 마인드가 부족한 상태에서 창업한 스타트업은 모래성처럼 무너지기 쉽습니다.

'존버'의 기준은 비즈니스 모델

사업을 하다 보면 '죽음의 계곡'을 비롯해 여러 난관에 봉착할 수밖에 없습니다. 아무리 잘나가다가도 위기를 맞는 게 사업입니다. 거기다가 실패의 구간에 들어서게 되면 이성적으로 판단하기 어려워집니다. 조바심이 나고 쉽게 말해 '멘붕'에 빠지는 거지요. 저도 그런 순간에 CEO답지 못한 행동을 많이 했던 것 같습니다. 끊어야 할 때 제때 끊지 못하는 우유부단한 모습을 보이기도 했었고, 실패했으면 인정해야 하는데, 그러지 못하기도 했고요. CEO도 사람인지라 어쩌면 이건 당연한 겁니다.

그럼 이런 순간에 CEO는 어떤 선택을 해야 할까요? '존버'를 해야 할까요? 비즈니스 모델을 갖추었다면 '존버'를 해도 괜찮습니다. 1조 원이 넘는 적자를 내면서도 '계획된 적자'라며 대규모 투자 유치를 통해 공격적으로 경영하던 유니콘 기업 '쿠팡'을 보세요. 코로나19로 비대면 서비스와 배달 수요가 급격히 늘면서 더욱 폭발적으로 성장했는데, 사실 그전에 '쿠팡'에 대한 평가는 극과 극이었습니다. 하지만 지금 보면 결과적으로 대규모 적자에도 불구하고 '존버'를 한 결실을 맛보고 있는 겁니다.

반면 비즈니스 모델을 갖추지 못한 상태에서 '존버'를 하면 '좀비'가 되고 맙니다. 이때는 용기를 내어 포기할지 계속 버틸

지에 대해 정말 심각하게 고민해야 합니다. 어차피 망할 거라면 차라리 빨리 폐업하고 취업하거나 재창업을 하는 것이 좋다는 의견도 있지만, 회사마다 상황이 다르므로 창업가 본인의 판단이 중요하다고 생각합니다. '쿠팡'만큼의 비전은 아닐지라도 본인의 사업에 희망이 있다고 판단된다면 어떻게든 '존버'를 하시고, 회생의 가능성이 낮은데 자존심 때문에 실패를 인정하지 않고 막연하게 버티는 것이라면 냉철한 판단으로 포기를 선택하는 게 맞을 겁니다. 오히려 더 큰 불행을 자초할 수도 있으니까요. 이 판단만큼은 절대 남의 의견을 따르지 말고 스스로 선택하길 바랍니다.

저도 빅에프엠이란 사업 아이템을 가슴이 무너지는 심정으로 떠나보냈습니다만 회사까지 포기한 건 아니었습니다. 아이템은 버리더라도 회사는 살려야겠다고 판단했고, 피봇을 선택했지요.

포기하지 않아야 피봇도 한다

실패는 했지만, 첫 번째 사업을 하면서 쌓인 조직 역량은 피봇을 하는 데 훌륭한 자양분이 되어주었습니다. 빅에프엠 창업 당시 저희 회사는 조직 역량이 매우 낮은 수준이었습니다. 대표인 저부터가 그랬고, 직원들도 좌충우돌의 연속이었지요. 이 과정에서 회사를 나간 직원들도 많았습니다. 그런데 신기한 것은 남은 인원으로 맨땅에 헤딩하듯 이것저것 자꾸 시도하다 보니 그래도 뭔가 쌓이는 게 있었다는 겁니다. 당장 큰돈을 벌어들이지는 못했지만, 뭔가 제대로 일을 처리하는 게 제 눈에 보이기 시작했습니다. 안정적인 매출을 만들어내는 일거리만 있다면 신명 나게 일할 수 있는 소수의 정예부대가 되어가고 있었던 겁니다. 새로운 사업 아이템을 찾으면 피봇을 할 수 있는 상태가 된 것이지요.

그렇게 하루하루 버티던 어느 날 지금 생각해도 영화 같은 일이 일어났습니다. 어느 대기업에 근무하는 선배를 만나러 갔다가 우연히 엘리베이터 안에서 오래전 친구를 만나게 되었는데, 이 친구가 창업을 준비하고 있다는 겁니다. 그것도 이름만 대면 누구나 알 만한 톱스타를 매니지먼트 하는 사업을요. 이 친구가 창업 준비의 어려움을 털어놓기에 제가 겪었던 실패의 경험담을 들려주었더니 본인이 고민하고 있던 부분에 많은 도움이 되었다고 하더군요. 바로 그 순간, 저는 피봇을 떠올렸습니다. 제 친구는 톱스타를 돕는 회사를 창업하고, 저는 그 회사의 창업과 운영을 도울 수 있다면 서로 윈-윈이 될 것 같다는 생각이 든 거죠. 빅에프엠의 피봇이 이루어지는 순간이었습니다.

이 당시 제 친구와 함께했던 사업 모델은 톱스타 연예인에게 잘 어울리는 상품을 기획, 개발, 마케팅해서 파트너 회사와 함께 브랜드화하는 것이었습니다. 지금은 연예 기획사와 대기업이 손을 잡고 공동 사업을 진행하는 것이 하나의 트렌드로 자리 잡았지만, 이 당시만 해도 이러한 방식은 국내에서 생소했었습니다. 그러다 보니 어려움도 많았지만, 결국, 이 사업 모델은 큰 성공을 거두게 되었고, 이제는 다양한 분야의 셀럽, 크리에이터들과 중소기업의 제품이 콜라보하는 형태까지 그 범위가 확장되었지요.

제가 제 친구와 이 사업 모델을 기획하고 실행하며 깨닫게 된 것이 있는데요. 빅에프엠에 유망한 크리에이터들이 많았음에도 비즈니스 모델로 연결하는 데 실패했던 이유를 알게 됐다는 것과 '존버'를 했기에 그 실패의 경험을 활용할 기회를 잡을 수 있었다는 것이었습니다. 그리고 이 모든 경험을 바탕으로 제 주변 스타트업의 성공을 돕고, 나아가 더 많은 스타트업들의 브랜드를 품어 안는 바다 같은 회사가 되자는 뜻을 담아 회사명을 '브랜드오션스'로 바꾸고 피봇을 했습니다. 마치 저의 DNA에 잘 맞는 옷을 찾아 입은 것 같았고, 지금은 스타트업에서 코스닥 상장사에 이르기까지 폭넓게 협업을 진행하고 있으니 괜찮은 선택이었다고 생각합니다.

스타트업을 하다 보면 크든 작든 실패를 겪을 수밖에 없습니다. 다만 그 실패를 언제 겪느냐, 어느 정도의 강도로 겪느냐의 문제일 뿐입니다. 이런 과정을 겪지 않고 성공한 창업가는 본 적이 없습니다. 중국 극동지역에서만 자란다는 '모소 대나무'를 아시나요. '모죽'이라고 하는 이 대나무는 씨앗을 뿌리고 4년간은 3cm 밖에 자라지 않는다고 합니다. 하지만 인내심을 가지고 잘 가꾸다 보면 5년이 지나는 기점부터 엄청난 속도로 성장한다고 하는데요. 하루에 30cm 이상 자라기도 하고 6주 만에 키가 15m에 이르며 울창한 대나무 숲을 이룬다고 하네요.

혹시라도 좌절하고 있을 창업가 여러분, '모죽'처럼 여러분에게도 언젠가 좋은 때를 만나 하루하루 무럭무럭 성장하고 발전할 날이 분명 올 겁니다. 쉽게 포기하지만 않으면요. 물론 어려운 상황에서 성공은 어쩌면 '운'이 좋아야만 일어날 수 있는 일이라고 생각하실지도 모르겠네요. 하지만 그 운의 뒤에는 운보다 더 큰 생존력이라는 힘이 존재합니다. 버텨냈기에, 생존했기에 성공할 수 있는 것입니다. 그러니 포기하지 말고 살아남으세요. 어떤 형태로든 반드시 기회가 올 테니까요.

창업가는 '돈'의 소중함을 알아야 한다

첫 번째 사업의 실패 이후, 저는 오래 생존하고자 최대한 허리띠를 졸라맸습니다. 일단 무조건 아껴야 한다는 마음에 지출을 최대한 줄였고, 꼭 필요한 곳에 돈을 쓸 때도 가성비를 반드시 따졌습니다. 그러다 보니 의외로 불필요한 지출이 많았다는 것을 알게 되더군요. 그동안 돈 관리에 참 무신경했고, 돈의 소중함을 몰랐다는 생각도 들었습니다.

"사업하면서 돈보다 중요한 것이 있다." "돈을 좇지 말라." "돈을 좇지 않으면 돈이 다가온다." 다 좋은 말입니다. 하지만 이건 사업철학을 정립할 때에나 참고해야 하는 것이고, 사업계획을 수립하고 회사를 운영할 때에는 돈, 정말 중요합니다. 수익성을 가장 우선적으로 염두에 두어야 하고요. 사업철학과 사업계획을 구분해야 합니다. 예를 들어 사업철학은 돈이 먼저가 아닌 사람이 먼저라고 할 수도 있고, 돈을 잃으면 작은 것을 잃은 것이지만 사람을 잃으면 모든 것을 잃는 것이라고 할 수도 있습니다. 여기에서 '사람'은 '신뢰'와 일맥상통하는 것이고요. 하지만 사업계획은 계획대로 결과가 나올지는 차치하고라도, 최소한 사업계획서상에는 돈, 영업이익이 나오는 수익성을 최우선 가치로 설정하고 수립해야 합니다.

물론 사업철학과 사업계획이 서로 모순되는 것은 아닙니다. 사업철학이 이상이라면, 사업계획은 현실이니 이상과 현실이 서로 조화를 이루어야겠지요. 돈을 무시하고 사람을 먼저 챙긴다고 해서 성공이 보장되는 것도 아니고, 그 반대 역시 바람직한 결과가 나오기는 어렵습니다. 이래서 창업가, 리더의 역할이 중요하고 어려운 것 같습니다. 훌륭한 사업철학을 바탕으로 냉철하게 사업계획을 수립하고 실행해 나아가야 하고, 계획대로 진행되지 못할 때는 창업가가 솔선수범하고 희생해야 하지요. 어쨌거나 사업철학과 사업계획 모두를 잘 지키고 수행하려면 창업가는 돈의 소중함을 제대로 알고 관리할 수 있어야 합니다.

두 번째 창업을 결심한 한 가지 기준

저는 두 번째 창업을 결심할 때 딱 하나만 생각했습니다. 안정적인 매출을 빨리 만들어낼 수 있는가. 첫 창업 때 비즈니스 모델이 제때 구현되지 않아서 사업을 접었기 때문에, 두 번째 사업을 준비할 때는 매출이 언제, 어디서, 어떻게 나올 수 있는지를 먼저 확인했지요. 그리고 피봇을 앞두고 마지막에 제가 마주한 장벽은 이전 사업 아이템에 투자했던 '매몰비용'이었습니다. '여태껏 내가 쏟아부은 자금과 노력이 얼마인데 이제 와서 사업을 전환하는 게 과연 맞는 건가, 그러다 또 손해를 보면 어쩌지, 아직은 적자가 크지만 조금씩 매출이 나오기 시작하는데 괜히 일 벌이지 말고 지금 아이템을 유지하는 게 낫지 않을까.' 솔직히 그런 생각을 했거든요.

하지만 매몰비용을 감수할 것인지, 말 것인지를 판단하는 기준 역시 간단명료합니다. 더 큰 매출이 나오는지, 영업이익이 더 좋은지 따져보는 것이지요. 제가 로봇 콘텐츠로 두 번째 창업을 하게 된 이유는 창업과 동시에 안정적인 매출과 영업이익을 창출할 수 있었기 때문입니다. 팔아놓고 만드는 구조를 확보했던 것이지요.

그런데 문제는 로봇기술이 우리 회사의 역량이 아니라는 점이었습니다. 하지만 이 상황에서도 저는 이런 생각을 했습니다. '우리의 콘텐츠 제작 역량이 로봇 생태계에도 꼭 필요할 거야.' '좋은 기술 파트너와 협업하여 원-원 하게 될 거야.' '로봇기술과 콘텐츠가 융합된 비즈니스 모델을 만드는 게 더 중요해.'

스티브 잡스가 그랬지요. 컴퓨터업계에서 가장 필요로 하는 것은 컴퓨터에 관련된 지식이 아니라 컴퓨터 이외의 경험이라고요. 저도 비슷한 생각을 했습니다. 첨단 기술의 집합체로 보이는 로봇 생태계에 꼭 필요한 것은 콘텐츠 역량이고, 기술과 콘텐츠가 융합될 때 새로운 비즈니스 모델이 나올 것이라고요. 그런 생각으로 두 번째 창업을 했고, 기대했던 매출이 제때 나오기 시작하며 매몰비용을 지킬 수 있었습니다.

낭만에 빠지면 다음을 준비할 수 없다

제 첫 창업 아이템은 세계 최초였고 블루오션이었기 때문에 마음에 들었습니다. '이 사업은 나만이 할 수 있어.' 솔직히 이런 생각에 자부심도 강했습니다. 하지만 그건 제 착각에 불과했습니다. 초보 창업가는 경쟁자가 가득한 레드오션이 창업하기에 불리하다고, 오히려 블루오션에서 대박이 날 것이라고 생각합니다. 하지만 그건 낭만에 가까운 헛된 기대일 뿐입니다. 성공하기 전까지는 매출이 아예 나오지 않는 게 블루오션이기 때문이지요. 반면 레드오션은 대박은 아니더라도 일단 매출은 나옵니다. 노력하면 될 수 있는 영역이라는 것이지요. 그러나 블루오션은 노력만으로는 성공할 수 없는 영역입니다. 그래서 블루오션 안에서 대박을 치려면 거기에 맞는 나름의 생존 비법을 가지고 있어야 합니다. 단순히 블루오션 시장을 찾아냈으니 성공할 수 있을 것이란 순진한 생각은 참담한 결과만 불러올 뿐입니다.

낭만에 빠진 스타트업이 내놓는 사업계획서를 보면 구체적인 경쟁자를 거론하기보다 "이 세상에 우리와 같은 사업을 하는 업체는 없다. 그러므로 우리는 대박을 낼 거다."라고 써놓는 경우가 많습니다. 죄송하지만 이 세상에 없는 아이템이라면, 이 세상에서 성공하기까지 꽤 오랜 시간이 걸릴 겁니다. 이 사실을 기억해두면 좋겠네요.

1. 한계

어느 순간 일이 많아졌는데 혼자서는 처리할 수 없다.

2. 허명

이름은 알려졌으나 실속은 없다는 것을 깨닫는 순간이 온다.

3. 고용

적당한 사람을 찾을 수 없고 들어온 사람도 마뜩잖다.

4. 실기

넉넉해지고 기회가 많아지면서 연속으로 잘못된 선택을 한다.

5. 소진

열정을 불살라버리고 창업가 스스로 무기력해진다.

6. 논공

잘된다 싶으면 다 자기 덕이라고 주장하는 이가 많아진다.

7. 경쟁

내가 한 실수는 반면교사, 내가 잘한 일은 벤치마킹 대상이 되어 경쟁자가 많아진다.

8. 투자

쓰지 않아도 될 곳에 돈을 쓰고 복지만 늘어나 곳간이 빈다.

9. 나태

작은 성과에 만족하며 느긋해지다가 결국 자만하는 순간이 온다.

10. 사기

주위에 꼬이는 사람 가운데 사기꾼이 는다.

11. 망상

지나치게 긍정적이면 사업계획이 비현실적이게 된다.

12. 분산

작은 성공이 이어지자 이것저것 일을 대책 없이 벌이는데 수습은 못한다.

13. 망덕

나 혼자 잘해서 잘된 것 같다. 그래서 파트너에 대한 고마움을 잊고 그를 실망시킨다.

14. 아집

무수한 변수를 잊은 채 자기의 성공방식을 고집한다.

15. 지출

비용관리를 제대로 못해 더 커진 조직의 더 커진 씀씀이에 당황한다.

Q6.

사업을
키울 타이밍은
언제일까요?

2014년 9월 18일, 미국의 거대 기업들은 큰 충격에 빠졌다. 중국 최대 전자상거래업체인 알리바바가 기업공개를 한 결과가 발표됐기 때문이다. 이날 뉴욕증권거래소에서 기업공개를 하며 알리바바가 조달한 금액은 무려 218억 달러. 상장 첫날의 시가총액만으로도 경쟁자인 아마존을 뛰어넘었다.

첫 거래가 있었던 다음 날에는 더욱 놀라운 일이 벌어졌다. 알리바바의 주가가 공모가보다 38.07% 오른 93.89달러로 장을 마감하며 시가총액 2,300억 달러를 기록한 것이다. 이는 페이스북을 제치고 4,010억 달러인 구글에 이어 두 번째로 큰 인터넷 기업으로 우뚝 솟아올랐다는 뜻이기도 하다. 이렇듯 스타트업의 진정한 성공의 순간은 어쩌면 상장하는 순간이 아닐까.

아마존은 2009년 7월 22일, 온라인으로 신발을 파는 회사인 자포스를 12억 달러에 인수했다. 자포스의 창업가 토니 셰이는 이로써 실리콘밸리의 거인으로 자리 잡았다. 스타트업의 또 다른 성과는 이렇듯 자신의 회사를 매각하는 엑시트를 통해 얻어지기도 한다.

지금껏 대한민국의 엔터테인먼트 사업은 SM, JYP, YG 3사 구도라고 해도 과언이 아니었는데, 프로듀서 방시혁이 세운 빅히트 엔터테인먼트라는 회사는 전혀 다른 도전을 시도했다. 방탄소년단을 해외에서 승부를 보게 한 것이다. 잘 알다시피 BTS는 전 세계를 호령하는 최고의 그룹이 됐고, 빅히트 엔터테인먼트는 전 세계가 주목하는 엔터테인먼트 회사로 성장했다.

스타트업의 경영 확장은 상장, 엑시트, 해외 시장 진출 등 다양한 모습으로 드러나며, 이것이 곧 스타트업 성공의 척도가 되기도 한다. 어쩌면 이는 모든 창업가가 꾸는 꿈일 것이다. 하지만 여기에 이견도 분명히 있다. 먼저 상장의 경우 창업의 고유 가치를 잃고 주주들에게 끌려다닌다는 우려가 있다. 엑시트는 소위 말해 회사를 파는 것인데, 창업가들의 반발이 만만치 않다. 마지막으로 해외 시장만 겨냥했다가는 국내 기반마저 잃을 수 있다는 걱정도 있다. 그렇다면 상장, 엑시트, 해외 진출을 노리는 게 맞을까, 계속 공들이고 잘 키워서 국내에서 백년 기업으로 키우는 게 맞을까.

선택은 창업가와 그 회사의 몫이겠지만, 그 선택을 좀 더 현명하게 하도록 돕기 위해 이번 장에서는 스타트업의 확장이 의미하는 바와 이것이 가져올 득과 실을 다뤄볼 것이다. 이 책의 마지막 장이자 어쩌면 창업가들이 거쳐야 할 창업의 마지막 단계이기도 한 경영 확장 즉, 상장, 엑시트, 해외 시장 진출 여부까지 잘 이해하고 따라온다면 창업의 시작부터 끝까지 자신만의 큰 그림을 제대로 그릴 수 있을 것이다.

더 큰 이익을
만들어낼 수
있는가?

스타트업이 지향하는 시장은 특정 국가나 지역이 아닌 전 세계를 대상으로 하는 것이 맞습니다. 인터넷부터가 글로벌을 지향하는 미디어이고, 애플리케이션은 더욱 그런 환경에 부합하죠. 스타트업은 애플리케이션을 통해 시장을 겨냥하고, 거점 시장을 장악한 뒤 확장하는 방식으로 성장해갑니다. 하지만 그럼에도 해외 진출만이 능사는 아닙니다. 무조건 해외 진출을 해야 스타트업이 성공하는 것도 아니고요. 해외로 진출할 것인가, 국내에 머물 것인가의 판단은 선택의 문제이지 조건의 문제는 아닙니다. 쿠팡이나 우아한형제들의 사례만 봐도 국내 사업만으로도 큰 성공을 거둘 수 있습니다.

매출을 따라가면 답이 보인다

해외에 진출했다고 해서 성공한 스타트업이고, 국내에 머문다고 해서 확장하지 못했다, 성공하지 못했다 단정할 수는 없습니다. 사업에 중요한 것은 '매출'과 '이익'입니다. 매출이란 기준을 가지고 보면, 해외 시장으로 진출하는 것이 매출을 높이는 데 유리하다면 그렇게 하면 되고, 같은 이유로 국내 거점 시장을 장악하는 것이 이익을 남기기에 유리하면 그렇게 하면 됩니다. 따라서 둘 중 어느 것이 더 성공했다고 단정할 수는 없는 것이죠.

우버, 에어비엔비, 위워크, 드롭박스 같은 스타트업은 태생적으로 해외 진출을 해야만 성장할 수 있는 구조로 설계됐습니다. 이들 기업은 현재 모두 매출은 크게 성장하고 있지만 이익은 적자이죠. 하지만 이들이 높게 평가받는 이유는 사용자 수가 많아서입니다. 이 기업들은 사용자 수가 곧 기업 가치고, 매출이익이니까요. 사용자 수를 계속 늘리려면 해외 사용자를 끌어들여야 하고, 그렇기 때문에 해외 진출은 당연한 겁니다. 잘해서가 아니라 잘하고 싶어서 해외 진출을 하는 것이라고 해석하는 게 맞지 않을까 싶습니다.

물론 이 설계가 가능했던 건 대규모 투자를 받았기 때문이죠. 이들처럼 대규모 자본을 유치하지 못했다면 거점 시장을 빨리 잡아서 매출을 올리는 게 최선입니다. 이익을 보는 시장으로 가든가, 가치에 부합하는 타깃을 선택하든가 해야죠. 쇼핑몰들이 이런 방향을 잘 잡습니다. 아예 20대 여성만 대상으로 해서 시장을 잡아내니까요.

해외 진출, 시장 특성부터 이해하라

국내 스타트업이 해외 진출에 환상을 품은 이유는 한국 시장이 좁다고 생각해서입니다. 인구수가 적으니까요. 그런데 생각해보면 선진국 중에 우리보다 인구 적은 곳도 많습니다. 모든 게 선택의 문제일 따름입니다.

한국은 코로나19 사태를 거치면서 명실상부한 선진국임을 인정받고 있습니다. 경제협력개발기구OECD 자료에 따르면 구매력평가지수PPP 기준, 한국의 1인당 GDP는 2017년부터 일본에 앞선 것으로 조사됐습니다. 2017년 한국의 1인당 GDP는 4만 1,001달러, 일본은 4만 827달러로 역전됐습니다. 구매력평가지수가 아닌 일반적으로 1인당 소득 수준을 나타내는 명목상 1인당 GDP 순위(2020년 기준)로 보면 우리나라는 22위인 일본의 3만 9,229달러보다 낮은 26위로 3만 644달러였습니다. 2020년 한국은 전 세계 GDP 규모에서 세계 10위입니다. 내수시장도 작다고만 할 수는 없죠.

영어로 서비스나 제품을 제작하면 해외 진출에도 용이하고 매출도 증대될 것이라고 생각하는 창업가들이 있는데, 이것도 환상입니다. 제가 경영하는 벤처스퀘어와 유사한 아시아 스타트업 미디어 '테크인아시아'는 싱가포르에서 시작했습니다. 로컬 기업이지만 싱가포르가 영어를 사용하니 해외 진출에 용이했겠죠. 실제로 홍콩을 비롯해서 많이 진출했으니까요. 하지만 그렇다고 해서 '테크인아시아'가 수익까지 좋은 것은 아닙니다. 투자가 없으면 어려울 정도죠. 단지 영어로 제작했다고 해서 매출과 이익까지 높은 건 아니라는 의미입니다. 더구나 아시아 몇 개 나라에 진출한 것이지 본격적인 미국과 유럽 등에서 유력 매체로 안착하진 못하고 있습니다. 2018년에는 대규모 투자를 받고 블록체인 암호화폐 사업을 진행하다 큰 손실을 보기도 했습니다.

또 해외 진출이 언어로 결정되는 것도 아닙니다. 앞선 싱가포르 테크인아시아 사례처럼 베트남과 인도도 영어를 표준어로 사용하지만 이 나라 스타트업이 해외로 많이 진출하는 건 아닙니다.

해외 진출을 할 때는 자신들의 주요 고객층이 있는 시장의 특성에 주목해야 합니다. 한국이 작아서 어떻게든 밖으로 나가야 한다는 주장은 옛날 옛적 수출 중심의 무역 시대에 해당하는 이야기란 거죠. 국내부터 장악할지 해외로 갈지는 다시 한

번 강조하지만 선택의 문제입니다. 자기 고객부터 명확히 설정한 다음 그들을 만나는 게 사업의 첫걸음입니다.

시장은 항상 예측 불가능합니다. 대표적으로 야후는 미국에서 태어났지만 그곳에서는 망했습니다. 하지만 대만과 일본에서는 미디어 부문에서 여전히 1위를 차지하고 있죠. 2020년에는 야후재팬과 라인이 합병을 발표하기도 했습니다. 아시아 최대 플랫폼으로 도약한 셈이죠. 아무리 국가 간의 장벽이 낮아졌다 해도 각 국가만의 시장 특성은 존재하는 게 아닐까 싶습니다. 그래서 많이들 글로컬Glocal을 강조하는 듯싶네요. 글로컬은 세계를 뜻하는 글로벌Global과 지역을 말하는 로컬Local의 합성어죠. 우리는 모두 글로벌을 꿈꾸지만 이제는 그보다 앞서 '글로컬'에 대한 시선도 놓치지 말아야 합니다.

해외 파트너를 확보했는가?

해외 진출을 언제 해야 하는가. 이 문제는 아예 처음부터 세계 시장을 겨냥하여 본사 이전을 염두에 두지 않았다면 한국에서 성과를 낸 다음 진출하는 것이 바람직합니다. 또한 이때 관건은 신뢰할 만한 해외 파트너를 확보하는 것이고요.

그러려면 자기 나름대로 정보를 얻을 수 있는 네트워크가 필요합니다. 물론 쉽지는 않습니다만, CEO마다 자기만의 방식으로 파트너를 평가할 수 있는 방법이 필요합니다. 평판을 조회하거나 포트폴리오, 그들의 경영 역사를 살피는 거죠. SNS와 링크드인이 상당 부분 그런 역할을 하고 있는데, 저도 개인적으로 링크드인을 통해 외국 기업의 연락을 받은 적이 있습니다. "○○○를 아느냐, 예전에 야후코리아에 있었던 직원인데 어떤 장점이 있고, 단점은 뭐냐." 이런 식으로 정보를 묻고 알아내는 거죠. 원래 비즈니스를 할 때 거래하기 전 '정보 확보'는 필수입니다.

정보가 부족하면 항상 문제가 생깁니다. 예를 들어 킥스타터 같은 글로벌 소셜 펀딩으로 200%나 300% 투자 달성한 스타트업 중에서 오히려 곤란한 상황에 빠지는 경우를 종종 봐왔습니다. 나중에 제조물을 해외 투자자들에게 발송해야 하는데 해외 배송이 원가보다 훨씬 더 들어가서 그렇죠. 해외 진출을 준비할 때는 지속 가능한지, 그다음 단계까지 이어질 수 있을지 제대로 확인한 다음 진행해야 합니다. 이것은 상장이나 엑스트를 할 때도 마찬가지입니다.

상장과 엑시트에 관한 생각의 차이

이번에는 상장 이야기를 해볼까요. 기업이 상장하는 이유는 돈을 벌기 위해서입니다. 돈이 있으면 많은 걸 할 수 있습니다.

반면 돈이 없으면 하고 싶어도 할 수 있는 게 별로 없습니다. 그럼 상장은 언제 해야 할까요? 이미 돈이 많으면 상장할 필요가 없습니다. 귀찮기만 하죠. 자본을 끌어들이는 일이 한계에 다다랐거나 더는 확장이 쉽지 않을 때, 창업가 스스로 더는 투자할 수 없을 때 등등 이런 상황이 닥치면 상장을 준비합니다. 물론 투자자들이 상장을 요구하는 경우도 많습니다. 그동안 참고 기다렸지만 이제 예전에 투자한 금액을 공개시장에서 현금으로 환수해야 할 때가 임박했기 때문입니다.

상장이나 인수 합병, 법인을 매각하는 등 엑시트는 투자자들에게 내 회사에 투자할 만한 가치가 있는지 없는지, 그 가치가 얼마나 되는지 확인해줄 수 있는 수단이기도 합니다. 스타트업의 최초 근원 투자자는 창업가고, 후속 투자자들은 엔젤투자자고 벤처캐피탈이죠. 창업가는 대개 스타트업의 CEO가 되어 월급을 받지만, 엔젤투자자나 벤처캐피탈 같은 후속 투자자들은 아직 받아 가는 게 없습니다. 그러니 이 사람들에게 줄 보상도 준비해야 합니다.

주식회사를 만들었다는 것은 사실 상장을 목표로 삼은 것과 같습니다. 주주들이 많아지면 많아질수록 자본을 확보하기 용이하다는 장점이 분명하죠. 주주들은 회사를 소유하겠다는 목적으로 투자하는 게 아닙니다. 투자자 입장에서 의결권을 갖고 있지 않거나 의결에 크게 참여하지 않는 소액 지분들을 팔아서 돈을 모으겠다는 것이 상장의 기본 구도라고 볼 수 있고, 그렇기에 상장의 규모는 크면 클수록 좋겠죠(전략적으로 그걸 회피하거나 늦추거나 그걸 굳이 하지 않고도 회사를 유지, 발전시킬 수 있다면 그것도 나쁜 선택은 아닙니다).

요즘 창업가들은 창업에서 엑시트까지 걸리는 기간을 오래 보지는 않습니다. 스타트업을 창업하기가 옛날보다 쉬워졌기 때문이죠. 최근에는 액셀러레이터를 비롯해서, 투자자들이 여러 가지 방면으로 창업가들의 아이디어에 지원해주고 있고 창업 자체가 유연해졌기에 엑시트에 대한 생각도 유연해진 게 아닐까 싶습니다. 예전에는 자신이 창업한 회사에서 나온다는 것을 꼭 쫓겨나는 것처럼 느끼는 사람이 많았다면, 지금은 다릅니다. 오히려 엑시트가 창업의 성공을 증명하는 자격증이 되었으니까요.

실제로 투자자들이나 정부가 요구하는 사업계획서의 표준 양식에도 엑시트 계획을 넣으라고 돼 있습니다. 그 이유는 엑시트를 하거나 하지 말라는 것이 아니라 배당, 자사주 매입 혹은 상장이나 M&A를 통해 투자자가 수익을 얻을 수 있는 방법을 설명하라는 겁니다.

또 창업가와 투자자가 엑시트에 대해 생각하는 데에도 꽤 큰 차이가 있다는 점을 알아야 합니다. 창업가에게 엑시트는 자신이 설립한 기업에서 이탈하는 것, 그로 인한 노동의 해방,

자금 보상부터 상상하겠죠. 하지만 투자자에게 기업가의 노동 해방은 별로 중요하지 않습니다. 그들에게 엑시트란 자기 돈이 더 커져서 되돌아오는 것이고, 이런 부분을 먼저 상상하겠죠. 물론 투자한 돈보다 더 적어질 수도 있고 영영 되돌려 받지 못할 수도 있다는 걸 인정하는 것(손실 확정)도 엑시트의 한 종류일 수 있습니다. M&A나 IPO 정도를 떠올릴 수도 있는데 본질적으로 M&A나 IPO는 계획이 아니라 엑시트의 한 수단에 불과합니다.

창업가나 투자자는 모두 자신이 보유한 주식을 1주 단위로도 사고팔 수도 있고 경영권을 지분화해서 대가를 받고 제3자에 넘길 수도 있고 주식을 담보 잡고 의결권을 위임하고 대출로 유동화할 수도 있습니다. 폐업도 완전한 엑시트이며 계약상 확보된 권한, 즉 스톡옵션이나 주임종채권 대체 상환, 주식의 교환 같은 특별한 상황도 엑시트의 일종이라고 볼 수 있고요.

기업을 언제 확장해야 하는가

창업가들에게 엑시트는 아예 자기 회사에서 떠나는 것입니다. 물론 인수된 이후에도 창업가가 회사에 계속 남아 경영에 참여하는 경우도 있지만, 일단 떠나는 대가로 돈을 받는 거죠. 내가 창업한 회사라도 상장하게 되면 임기를 창업가 마음대로 연장시킬 수는 없습니다. 주식회사가 표로 의결하는 상황에서는 당연히 창업가도 쫓겨날 수 있죠.

상장이든 엑시트든 하려는 본질은 간단합니다. 창업가의 아이디어가 돈을 벌 수 있고 계속 고용을 유지할 수 있는 환경이면 좋은 거고, 그렇지 않을 경우에는 엑시트를 고민하는 것이죠. 물론 사주는 사람이 있어야 팔 수 있겠지만요. 어쨌거나 창업가는 이런 상황도 대비해야 합니다.

창업가 분들이 혼동하는 개념 중 '오너십'과 '리더십'이란 게 있습니다. 자기가 만든 회사라도 투자받고 직원을 고용하고 고객이 생기면 '내 것'이 아닌 '우리 것' 또는 '남의 것'이 되는 겁니다. 이건 자연스러운 현상입니다. 종종 자신이 만든 회사의 가치를 지나치게 높이려는 창업가나, 조직은 커지는데 혼자서 모든 것을 떠안으려는 창업가도 우리 주변에 많습니다. 이런 회사들은 '창업가 리스크'를 안고 있다고 봐야 합니다. 자식은 아무리 고생해서 키웠어도 언젠가는 떠나보내야 합니다. 회사도 마찬가지입니다.

마지막으로 스타트업의 확장이란 개념에 있어, 이런 이야기를 해드리고 싶습니다. 경영하다 보면 변화의 시점이 필요할 때가 반드시 찾아옵니다. 보통은 이런 상황에 직면했을 때죠.

① 성공적인 진입이었으나 성공적인 성장인지 의심스러울 때

② 의기투합했던 초기 멤버들이 지금은 없을 때

③ 돈 벌기 위해 뛰어다니기보다 번 돈을 지키려고 고민할 때

④ 틈새시장에 진입했으나 경쟁 시장으로 변질될 때

⑤ 투자자들이 살아만 달라고 하다가 배당금은 언제 줄 거냐고 물어볼 때

⑥ 지금 있는 직원으로는 더 이상 전진하기 힘들 때

이런 상황에 처하면 마음을 단단히 먹고 새로운 방향을 고민해봐야 할 것입니다. 기존 방식도 완전히 버리고 잊어야 합니다. 기존의 작은 성공 안에서 허우적거려서도 안 됩니다. 해외 진출, 상장, 엑시트에 대해 이야기했지만, 스타트업의 확장은 이것만이 아닙니다. 창업가, CEO가 새로운 방향을 고민한다면, 그것이 곧 스타트업에는 '확장'이겠죠. 스타트업은 안정보다는 불안정한 조직에 가깝지만, 언제든 다시 시작할 수 있는 조직이기도 합니다. 그래서 스타트업의 CEO는 사회의 그 어떤 존재보다도 더 위대합니다. 저는 그렇게 믿고 있습니다.

특허나 상표권, 콘텐츠 사용권과 같은 지식재산권IP, Intellectual Property은 스타트업의 가치를 평가할 때 중요한 요소다. 다만 지식재산권이 모두 같은 가치를 갖고 있지는 않다. 기술 기업들은 다양한 지식재산권을 취득하는 경우가 많은데 너무 많은 지식재산권은 그것을 유지하기 위해 많은 비용을 부담해야 할 수도 있다. 특허법인 MAPS 조욱제 변리사가 제시한 다음 3가지 질문을 중심으로 회사가 보유한 IP 포트폴리오를 점검해보길 바란다.

1. IP 포트폴리오가 사업과 연관되어 있는가?

기업에 투입되는 역량과 자원은 사업목표를 성취하기 위함이다. IP 포트폴리오를 확보하려는 노력도 사업목표를 성취하기 위해 투입되는 자원에 해당한다. 간혹 사업 관련성이 적거나 적용 가능성이 낮은 특허를 무리하게 출원하거나 대외적인 지원 사업이나 R&D 과제에 선정되려고 필요하지도 않은 특허를 외부에서 매입하는 경우가 있는데, 스타트업 CEO가 조급한 마음에 그러는 것도 이해는 간다. 하지만 용도가 명확하지 않은데 수집품 모으듯이 특허를 모으는 것만큼 어리석은 짓은 없다.

기업이 조준하고 있는 사업목표의 가늠좌 역할을 하는 것이 IP 포트폴리오다. 따라서 CEO는 IP 포트폴리오가 기업의 사업목표와 연관되어 있는지 모니터링하고 여기에서 벗어났을 경우에는 영점 재조정을 해야 한다. 사업목표와 동떨어진 멋진 기술 아이디어에 집중하다 IP 포트폴리오가 더는 사업목표에 부합하지 않거나 심지어 IP에 투입되는 과도한 재정적 자원으로 인해 기업 운영에 지장을 주게 되면 전문가와 함께 IP 포트폴리오를 수정해야 한다.

2. IP 포트폴리오가 균형감 있게 구성되어 있는가?

IP 포트폴리오는 하나의 권리로 이뤄져 있지 않다. 특허권, 상표권, 디자인권, 영업 비밀 등도 포함된다. 사업 종류에 따라 기술이 중요한 사업과 브랜드와 타깃팅이 중요한 사업, 제품의 디자인이 중요한 사업이 있다. 따라서 사업 경쟁력을 결정하는 핵심 요소에 우선한 권리를 집중적으로 확보해야 한다.

예를 들면 'AI를 이용한 챗봇 서비스'는 브랜드와 디자인보다는 정확하고 자연스러운 답변을 내놓을 수 있는 기술이 더 중요한 사업이다. 따라서 IP 포트폴리오의 구성도 이 기술력을 확보하고 보호하는 특허가 중심이 되어야 한다.

반면 기술보다 소비자에 대한 브랜딩 전략이 중요한 여행업, 숙박업, 외식업과 같은 분야는 통상적으로 브랜드에 대한 상표권이 중심이 되어야 한다. 마찬가지로 이모티콘, 귀금속 액세서리 같은 분야에서는 디자인권이 우선 고려되어야 한다.

사업 핵심 요소에 우선한 권리를 집중 확보하되 나머지 권리는 핵심 요소를 부각하는 요소로 사용하면 더욱 좋다. 이런 방법론은 이미 유용하게 활용되고 있다(주객을 혼동하면 안 된다). 예를 들어 다이슨이나 발뮤다 같은 기업은 제품의 기술력, 성능이 좋기로 유명하지만 더불어 유려한 디자인도 유명하다. 그리고 이것이 제품의 성능을 더욱 돋보이게 한다. 제품 디자인이 핵심 기술을 부각시키고 소비자에게 신뢰감을 주는 역할을 톡톡히 하고 있는 셈이다.

3. IP 포트폴리오로 투자자를 설득할 수 있는가?

미국 투자자 중 67%가 스타트업 지식재산을 투자 결정의 중요한 요인으로 선택했다는 통계가 있다. 매출이 미미하고 보유하고 있는 자산이 부족한 스타트업의 CEO가 투자자에게 기업의 미래 비전과 가치를 입증할 수 있는 효과적인 수단 중 하나가 지식재산권이기 때문이다. 투자를 유치하는 일은 스타트업 CEO에게 매우 힘들고 고된 과정이다. IP 포트폴리오는 그런 고된 투자 유치 과정에 윤활유 역할을 해준다.

스타트업 CEO는 기업이 보유한 IP 포트폴리오로 투자자를 설득할 수 있는지 자문해봐야 한다. 해당 비즈니스 분야에서 기업이 보유한 IP 포트폴리오가 적절히 작동해 독점적인 사업을 영위하는 데 도움이 되는지 경쟁 기업에 장애물인지 여부는 스타트업의 성장 가능성과 이익에 직결되는 요소다.

모든 투자는 투자 회수라는 공통의 목표를 전제로 한다. 우리나라에서 스타트업에 대한 주요 투자 회수 창구로 활용되는 기술특례상장 제도만 살펴보더라도 지식재산권은 기술특례상장을 위한 기술성 평가에서 핵심적인 평가 항목 중 하나다.

시리즈별 투자자에게 투자 회수 가능성을 높이는 IP 포트폴리오를 제시할 수 있다는 것은 꽤 매력적이다. 견고하게 확장되는 IP 포트폴리오는 기업의 가치를 더 빠르게 높인다. 스타트업 CEO라면 기업의 IP 포트폴리오가 투자자를 설득시킬 수 있는지, 나아가 투자자에게 비전을 제시할 수 있는지 항상 고민해야 한다.

충분히 준비하고 도전해도 늦지 않다

2021년 1월, LG전자는 '로봇 브루잉 마스터' 자격증을 획득한 로봇 바리스타가 커피를 만들어서 임직원들에게 서비스하는 'LG 클로이 바리스타봇'을 여의도 LG트윈타워에서 운영하기 시작했습니다. 그보다 한 달 전인 2020년 12월에는 현대자동차가 미국의 로봇 기업 보스턴 다이나믹스를 약 1조 원에 인수한 것이 화제가 되기도 했지요. 국내 대기업들의 본격적인 투자와 참여로 인해 이제야 드디어 로봇 사업이 꽃을 피우게 될 것 같은데요. 제가 로보위즈를 창업한 것이 2006년이었으니 이 역시 빨랐다는 생각이 듭니다. 그때 창업하지 않고 충분히 준비하며 시장 상황을 지켜보다가 2010년대 초중반쯤 창업했다면 어땠을까 하는 생각을 해보게 됩니다.

Q6.

창업가로서 저의 지난 삶을 돌이켜보면, 저는 굉장히 무모하고 도전정신으로 충만한 창업가였습니다. 초보 창업가였음에도, 큰 성과를 거둘 수 있을 거라는 김칫국을 먼저 마셨지요. 아이들 장난처럼 여겨지던 게임 중계방송에 뛰어든다고 했을 때 주위에서 곱지 않은 시선으로 보기도 했었는데, 이를 가볍게 무시하고 뛰어들어 보란 듯이 성공했던 경험 때문에 더 그랬던 것 같습니다. 제가 창업할 때도 그렇게 되리라 막연하게 생각했던 겁니다.

해외 진출, 직접 관리할 수 있는지부터 따져라

일찍 시작한 로봇 사업이다 보니, 그동안 외국에서 여러 사업 제안을 받은 적도 있습니다. 한때는 적극적으로 검토했었지요. 하지만 눈앞의 이익만을 바라보고 해외 진출을 하면 안 될 것 같더군요. 일단 저와 직원들이 해외에 상주하면서 관리할 여건이 안 된다는 게 큰 문제였습니다.

사업은 관리가 생명입니다. 제안해준 업체가 이를 해결해줄 수 있다면 좋겠지만, 검토해보니 그 업체는 사후 관리를 감당할 능력이 없어 보였습니다. 로봇은 A/S라는 큰 문제도 걸려 있습니다. 특히 A/S 문제는 사업자로서의 신뢰에 가장 큰 영향을 준다는 것이 저의 확고한 신념입니다. 그래서 저는 해외 파트너들의 제안을 여러 번 거절할 수밖에 없었습니다. 해외 진출을 준비할 때는 우리 회사를 객관적으로 바라보는 능력이 필요합니다. 해외 진출을 원한다면 현지에서 먹힐 수 있을지 타인의 시각과 판단에 의지하지 말고 직접 점검할 수 있어야 합니다. CEO라면 그 수준까지 올라서야 합니다.

철저하게 의심하고 의심하라

해외 시장을 염두에 뒀느냐, 아니냐는 사실 중요하지 않은 것 같습니다. 해외 시장을 염두에 뒀다고 사업이 반드시 확장하거나 성공하는 것은 아닐 테니까요. 그보다는 오히려 리스크가 커지고 관리할 것도 많아집니다. 그래서 무리하게 해외 시장 진출을 목표로 삼으면 실패할 가능성이 더 커지기도 하지요.

반면 국내 시장에서 안정적인 비즈니스로 성공하면 내수가 뒷받침되기에 해외에서도 인정받을 수 있습니다. 사업은 철저하게 의심에서 시작해야 합니다. "가장 확실하게 믿기 위해서는 철저하게 의심해봐야 한다."라는 말도 있지요. 해외 파트너의 역량은 물론, 내 회사가 그 일을 감당할 수 있는지도 철저하게 의심해봐야 합니다. 무모한 창업가였던 제가 지금은 무척이나 신중해졌습니다. 그래서 현실적으로 국내 시장에서만이라도 독보적인 기업이 되자고 마음먹고 있습니다. 사실 이것만으로도 원대한 꿈이겠지요.

 물론 한국이라는 제한된 시장에서 스타트업으로 성공하는
것은 매우 힘듭니다. 미국과 중국에서는 내수 시장만으로 가치
가 커질 수 있는데, 한국은 솔직히 쉽지 않습니다. 그래서 한국
의 많은 스타트업이 해외 진출을 필수처럼 여기는 것도 이해는
합니다. 그렇지만 이건 창업가가 신중하게 판단해야 합니다.
중국 시장만 보더라도 대기업들이 실패를 맛보며 줄줄이 철수
하고 있지 않습니까. 글로벌 플랫폼을 사용하는 게임 분야의
경우는 그나마 해외 진출이 용이한 편이지만 이 역시 해외에서
성공한다는 보장이 있는 것은 아닙니다. 각자 본인들의 업종과
보유한 역량에 따라 신중하게 판단해야 합니다.

창업가의 꿈은 엑시트보다 연쇄 창업가

투자자는 수익을 회수하는 것에 목적을 두고 투자하기 때문에,
'출구 전략'에 관심이 많을 수밖에 없습니다. 하지만 현장에 있
는 창업가들의 시각은 다를 수 있죠. 엑시트보다 매출과 영업
이익, 그리고 생존이 우선입니다. 또 투자자들은 스타트업이
엑시트에 성공하는 것을 유일한 목표로 생각하거나, 안정적인
궤도에 올라서면 전문 경영인에게 경영을 맡기고 창업가는 이
사회 의장으로 물러나는 수순을 밟는 것이 스타트업 성공의 정

석이라 생각하는 것 같기도 합니다. 하지만 창업가들은 돈도 좋지만, 현업이 좋아서 창업한 것이기 때문에, 당연하게도 오랫동안 경영자의 자리에서 일하고 싶을 겁니다.

지금이야 엑시트에 대한 생각이 많이 바뀌었지만, 과거 벤처 1세대 분들은 이것이 회사를 배신하는 것처럼 느꼈답니다. 주변에서 엑시트한 경영자가 나오면 자기 꿈을 버렸다느니, 돈에 인생을 팔았다느니 하는 뒷이야기도 많이 했죠. 그렇다고 엑시트를 하지 않는 것이 맞는 것인가. 사실 엑시트하지 않고 소신껏 끌고 가다가 결국 망해버린 벤처 기업도 있습니다.

엑시트에 성공한 창업가의 계속 일하고 싶은 욕망이 반영된 것인지 연쇄 창업가도 속속 등장하고 있는데요. 연쇄 창업가란 창업해서 스타트업을 성장시키고 엑시트를 한 다음, 다른 분야로 재창업하는 사람을 말합니다. 돈도 벌고 경영도 하고, 스타트업 정신에 맞게 끊임없이 도전하는 것이지요. 아마존의 창업가 제프 베조스도 2021년 2월 아마존 CEO의 자리를 아마존웹서비스 CEO인 앤디 제시에게 승계하고, 자신은 우주탐사 기업 '블루오리진Blue Origin'과, 〈워싱턴포스트〉 운영, 자선사업 등에 많은 시간을 할애하겠다고 발표했습니다. 다양한 분야에서 더욱 왕성하게 활동하겠다는 겁니다.

이제 막 창업을 준비 중이거나, 아직 기업이 안정되지 못한 스타트업 창업가에게 상장이나 엑시트, 연쇄 창업가를 논

한다는 것이 먼 이야기일 수 있으나 우리 다 같이 '행복한 상상'은 할 수 있잖아요. 어쨌든 이 부분에 대한 제 생각은 이렇습니다. 어떤 선택을 하든 그것은 그 나름의 이유가 있고 존중을 받아야 한다고요. 특히 사업을 하는 사람은 유연한 사고방식이 필수입니다. 중간에 좋은 기회가 생기면 상장할 수도 있고, 회사를 매각할 수도 있습니다. 다만 그런 결정을 내릴 때 창업가가 정말 중요하게 생각해야 할 것이 있는데요. 그 결정이 '창업가 본인을 진정 행복하게 해주는가.'입니다. 그리고 그동안 동고동락했던 임직원들에게 적정한 보상이 돌아가게끔 배려하는 것도 잊지 말아야 합니다. 엑시트에 성공한 창업가의 미래에 어떤 형태로든 든든한 지지자가 되어줄 사람들이기 때문이지요. 쿠팡이 미국 뉴욕증권거래소에 상장하기로 결정하면서 직원들에게 '양도 제한 조건부 주식Restricted Stock Unit'을 무상으로 나누어주겠다고 발표한 것도 비슷한 맥락일 겁니다. 반면에, 투자 유치도 하지 못했고 밤새워 일해야 함에도 현장에 남아 일하는 게 즐겁다면, 그것도 좋은 선택입니다. 일이 뜻대로 풀리지 않아서 결국 폐업하게 되더라도 '그래도 행복했었다.'라고 스스로 위로할 수 있는 일, 그런 업이라면 계속 일하는 것도 괜찮은 선택일 겁니다. 제가 생각하는 가장 바람직한 창업가의 모습은 일할 때 무아지경에 빠져 시간 가는 줄 모르고 집중하는 것입니다. 그러니 여러분, 여러분이 행복한 결정을 하세요!

투자자가 사고 싶을 만큼 매력적인 회사를 만드는 일

미국은 상장, 즉 IPO보다 M&A를 통한 인수 합병이 더 많습니다. 반면 국내에서는 인수 합병 비율이 상대적으로 낮습니다. 그래서 국내를 기반으로 한 스타트업이 투자금을 회수하는 동시에 회사도 성장시킬 수 있는 가장 좋은 방법은 상장인 것 같습니다. BTS의 소속사 빅히트 엔터테인먼트도 상장을 선택했고, 초기 투자자들이 엄청난 수익을 챙겼지요. 물론 상장하고 나서 주가가 급락해 논란이 되기는 했지만, 창업가와 초기 투자자 모두 원-원 하는 결과가 나온 것은 분명한 사실입니다.

상장하면 회사의 가족이 늘어납니다. 주주가 많이 생기니까요. 저는 주주란 진짜 피와 살을 함께 나눈 사이라고 생각합니다. 한마디로 혈맹이지요. 회사도 하나의 인격체이기에 회사의 지분을 피와 살이라고 본다면, 필요한 단계마다 이것을 주주들에게 떼어주고 그 대가로 투자금을 받는 것이죠. 창업가에게 주주는 회사의 피와 살을 일부 내어줄 정도로 소중한 존재이지만, 그렇다 하더라도 뼈까지 내주어서는 곤란합니다. 여기서 뼈란 결국 창업가가 가진 경영권이 되겠네요. 경영권을 안정적으로 지키는 범위 내에서 투자를 유치해야 투자자들에게 휘둘리거나 경영권을 위협받지 않을 수 있고, 창업가의 의지대로 중장기 성장목표를 달성할 수 있습니다. 그리고 회사 가치가 높아져서 정말 괜찮은 인수자를 만났을 때 좋은 조건으로 M&A 협상을 진행할 수도 있고요.

저는 최근 코스닥 상장사의 M&A 업무를 컨설팅하면서 인수자와 매도자, 양쪽의 의견을 가까이에서 들을 수 있었는데요. 가장 합리적인 절충안은 경영권이 포함된 지분을 인수자에게 넘겨주되, 인수자는 창업가가 계속 회사를 경영할 수 있게 해주어 창업가가 꿈꿔왔던 목표까지 회사를 키우도록 배려하는 것이었습니다. 이렇게 되면 결과적으로 회사 가치가 더 커지게 되고 인수자의 지분 가치와 창업가의 잔여 지분 가치가 모두 올라가니 함께 만족할 수 있게 되는 거지요(물론 이러한 협의 조건은 그때그때 상황에 따라 달라지므로 이것이 정답이라고 말할 수는 없습니다).

사실 가장 좋은 건 투자자가 어떤 조건으로라도 인수하고 싶을 만큼, 창업가가 스타트업을 잘 키우는 것이지요. 그 수준이 되면 협상의 주도권은 창업가에게 있습니다. 실제로 인수자가 좋은 조건을 제시해도 거절하는 창업가들이 꽤 많았거든요. 상장하든 인수 합병을 당하든 내가 창업한 회사를 잘 키우고 회사 가치를 높이면 여러분이 '갑'인 겁니다. 그것이야말로 지금까지 고생하며 회사를 키운 것에 대한 최고의 보상 아닐까요. 그날을 위해 모두 건승하시기를 기원합니다.

회사를 키우고 확장하는 과정에서 창업가는 사업과 관련된 많은 사람을 만나고 그 사람들 앞에서 말할 기회도 많다. 이때 본인은 물론 회사의 매력을 한껏 드러낼 수 있는 몇 가지 기술을 소개한다. MIT 슬론경영대학원의 빌 올렛 교수가 제안한 효과적인 프레젠테이션 기술을 바탕으로 현장에서 썼던 방법들을 정리한 것이니 꼭 한 번 참고하길 바란다.

1. 효과적인 프레젠테이션 기술 5

① 자신감은 프레젠테이션의 전부다

발표할 때 열정과 자신감만큼 중요한 건 없다. 창업가가 발표를 잘할 자신이 없다면 차라리 자신 있게 잘할 수 있는 사람에게 맡겨라. 열정을 드러내면서도 자신감 있는 모습, 프레젠테이션을 시작하기 전 이런 자기최면이 필요하다. 제발 지루하게만 하지 말아라.

② 30초, 45초, 60초 지점을 공략하라

시작이 좋아도 끝이 엉망이면 발표는 하나 마나다. 최소한 프레젠테이션의 시작과 끝은 반드시 보는 이의 기억에 남아야 한다. 기억에 남게 하려면 어떻게 해야 하는가? 30초, 45초, 60초가 되는 지점에 강한 인상을 남겨라. 이때 청중을 사로잡지 못하면 끝이다. 빌 올렛이 가장 많은 투자금을 유치했을 때도 프레젠테이션 초반 몇 분 안에 결정됐다.

③ 이야기는 간단하게, 스토리는 풍부하게

이야기는 최대한 간략하게 전달하는 것이 중요하다. 20쪽짜리 글을 2쪽짜리로 요약하는 것은 어렵다. 하지만 줄여야 한다. 발표 내용은 최대한 간략하게 하되, 그 이야기를 뒷받침할 근거와 사실들은 풍부하게 담아라.

④ 손이나 시각 자료, 발표를 풍부하게 하는 부가 요소들을 활용하라

한곳에 서서 발표하는 것보다 움직이면서 청중을 자극하라. 같은 이유로 손을 자유자재로 사용할 수 있는 이어 마이크가 핸드 마이크보다 더 좋다. 또 말의 속도를 빠르게 했다 느리게 했다 변화를 주면 듣는 사람은 더 많은 정보를 기억한다. 사진이나 그림 등 시각 자료를 활용하면 말로만 하는 것보다 효과적이다. 그리고 이것이 우리 제품이라고 손에 전달해주는 것이 가장 강력한 방법이다.

⑤ 질의응답 시간을 충분히 활용하라

발표를 마치고 질의응답 시간을 갖는 이유는 내 얘기를 들어줘
서 감사하다고 이야기하기 위함이 아니다. 발표를 끝내기 전
마지막으로 서비스의 요점을 3가지 정도 정리해서 말하고, 팀
의 강점을 언급한 다음 반드시 다음 미팅을 잡고 싶다고 구체
적으로 말하라.

2. 프레젠테이션에서 꼭 언급해야 할 것 10가지

① 스토리텔링

② 회사 소개

③ 타깃 고객과 그 고객이 느끼는 불편함이나 문제

④ 서비스가 제공하는 솔루션

⑤ 시장 규모TAM와 제공하려는 서비스나 제품(고객의 문제를 해결
   하는 방법)이 고객에게 중요한 이유ROI

⑥ 경쟁 우위와 강점

⑦ 구매 프로세스, 시장 전략, 비즈니스 모델

⑧ 재정 상황

⑨ 팀(회사의 구성원과 그 구성원이 사업에 왜 필요하고 어떤 시너지를 낼

수 있는지 소개)

⑩ 정리

3. CEO를 더 매력적으로 만들어주는 커뮤니케이션 기술 15

① 보이는 것 너머의 반전을 준비하라

'잘 다니던 대기업 때려치우고 지금 이 스타트업을 하는 이유.'
이런 진부한 이야기마저 때로는 우리를 주목하게 할 스토리가
될 수 있다. 살아온 스토리든, 선택의 의외성이든 지금의 상황
에서 예측할 수 없었던 맥락을 강조하라.

② 품격 있는 어휘를 구사하라

스타트업을 창업했다는 것만으로 '도전'과 '능력', '비전'에 대한
기대감은 충분히 주었을 것이다. 그다음으로 CEO에게 중요한
것은 신뢰다. 따라서 언제 어디서든 품격 있는 어휘와 지적인
단어를 구사하라.

③ 유머와 의외성은 가끔 보여줘라

유머와 의외의 모습은 사람들을 웃음 짓게 하지만 그런 모습은

가끔이면 충분하다. 멀쩡한 사람이 슬랩스틱을 하면 처음에는 재밌지만, 두세 번 하면 식상하다. 조직의 리더로서 보여줘야 할 유머와 의외성은 윤활유 역할을 해줄 정도면 충분하다.

④ 구체적인 숫자를 제시하라

조직의 내부든 외부든 나와 우리를 '숫자'로 설명할 수 있어야 한다. 가령 우리는 어느 정도의 규모를 갖춘 시장에서, 어느 정도의 역량을 갖고, 기간을 어느 정도 투자해, 얼마나 빠르게 성취했는지 숫자와 우상향하는 막대그래프로 설명할 수 있다면 그만큼 설득력 높은 것은 없다.

⑤ 경험은 자세히 이야기하라

나와 스타트업 조직원 외에 우리가 하는 사업을 더 자세히 설명할 사람은 없다. 따라서 우리의 아주 세밀한 경험을 노출하고 자랑하고 의미를 부여하라.

⑥ 외래어와 영어를 남발하지 마라

스타트업 종사자들은 실리콘밸리를 성지로 여겨서 그런지, 대화의 절반이 영어와 외래어다. 외국인 이름 한두 명 정도 자연스럽게 나오는 건 문제가 아니지만, 한국어로 말하고 쓸 수 있는 것까지 외래어와 영어로 말하는 순간 고객과 파트너에게 자칫 부정적인 인상을 줄 수 있다.

⑦ 요약은 좋지만, 중언부언은 자제하라

투자자나 고객에게 이야기할 때 우리 회사를 강조하고 싶어서 중언부언하는 경우가 많다. 그 사람들은 그 이야기 다 안 듣는다. 요점만 간단히 설명하고 상대가 물어보는 것, 궁금해하는 것에 답하라. 그것이 훨씬 더 중요하다.

⑧ 남을 칭찬하고 거기에 묻어가라

나를 낮춰 남을 칭찬할 필요는 없지만, 남을 칭찬하며 내가 잘했다는 걸 강조할 수 있다면 그렇게 하라.

⑨ 공을 함부로 남에게 돌리지 마라

내가 잘해서 만든 성과라면 '내 것'이라고 계속 주장하라. 내세울 것이 없는 스타트업이 겸손 떨면 안 된다.

⑩ 조직의 리더는 늘 '우리'라는 말을 습관처럼 해야 한다

내가 잘해서 된 것도 '우리'가 잘해서, "우리 팀원이 무엇을 참 잘했다."라고 말하면 조직 충성도가 1쯤 증가한다.

⑪ 거시적으로 주장하고 구체적으로 방어하라

요즘에는 규제 개선 문제 등으로 정책 담당자나 정치인들과도 대화할 기회가 많다. 이때는 거시적으로 명분을 이야기하라. 우려스러운 상황에 대해 공격이 들어올 때는 아주 명확하고 구체적인 사실에 기반해서 방어해야 공감대를 불러일으킬 수 있다.

⑫ 상대의 눈높이에 맞춰 말하라

고객이든 투자자든 우리가 아는 만큼 우리가 처한 상황이나 시장, 사업에 대해 알지 못한다. 그들의 눈높이가 어느 정도인지 판가름할 몇 가지 질문을 준비해두고 확인한 다음, 그들의 눈높이에 맞춰 설명하는 것이 중요하다.

⑬ '물론' '그럼에도' '하지만'이란 표현을 써라

스타트업 CEO는 책임져야 할 것이 많고 대상에 따라 자기보다 우월한 지위에 있는 거래처와 고객들을 상대해야 할 때가 많다. 따라서 그들과 나눈 이야기를 문서나 다른 방식으로 기록할 때 반드시 피해갈 구멍을 마련해두어야 한다. 내가 실패하는 게 아니라 우리가 실패하면 안 되기 때문이다.

⑭ 나보다 크고 강한 대상을 욕하며 그의 경쟁자가 되어라

시장에서 치열하게 경쟁하다 보면 경쟁자와 부딪힐 때가 있다. 그럴 때 상대가 나보다 크고 강하다면 경쟁 심리를 분명하고 노골적으로 드러내라. 그의 경쟁자 지위를 획득할 수 있기 때문이다. 그 대신 나와 비슷하거나 나보다 못한 대상이라면 깔끔하게 외면하라.

⑮ 꾸준함과 일관성은 브랜드를 만들어준다

세상에 하루아침에 이뤄지는 건 없다. 그럴만한 사람에게 그럴만한 상황에서 그럴만한 시간이 되어서 그런 상황이 생기는 것이다. 자신의 분야에서 꾸준하고, 계속해서 전문성을 쌓아왔다면, 그리고 그것을 꾸준히 알려왔다면 기회는 온다. 반짝 뜨고 지는 것을 시기하지 마라. 반짝 스타가 누린 기회는 결국 역량을 기르고 꾸준히 버틴 자에게 돌아온다.

나를
다시 시작하게
만든 힘

명승은 벤처스퀘어 대표

지식이든 경험이든 창업가들과 함께한 지난 10년 동안 체득한 내용을 엮고 싶었습니다. 평소 SNS에 단상처럼 올려놓았지만, 그것들을 정리하는 일에 늘 갈증이 있었죠. 이 책은 미디어형 액셀러레이터로서 그간 제가 생각해온 것과 체험한 내용을 담은 그릇인 셈입니다. 하지만 이 책을 끝마치는 지점에 와보니, 제가 여러분께 이 책으로 전달하고 싶었던 건 어떤 특정 지식이 아니라 동병상련의 마음이었던 것 같습니다. 이 땅에서 앞으로 창업가로 살아가려는, 이미 창업해서 기업을 일구고 있는 분들에게 전하는 이 연서에 제가 응원하고자 한 마음이 잘 담겨 전달되었으면 좋겠습니다. 제가 창업하면서 한창 힘들 때 쓴 2편의 일기로 글을 마무리합니다.

#1

"미안하다. 더는 함께하기 어려울 거 같다. 지금 하던 일 그만두고 한 달이나 두 달 정도 시간을 줄 테니 다른 직장을 알아보도록 해. 나도 좀 찾아볼 테니까."

열 명째였다.

내 앞에 앉은 직원 한 명이 울다가 신경질을 내다가 집요하게 이유를 물었다. 겨우 입사한 지 두 달 된 직장에서, 자기가 뽑아놓고 내치는 대표를 그 직원은 얼마나 원망했을까.

좋은 기회로 투자를 받고 승승장구하는 것만 같았다. 그런데 정작 아무것도 진전된 것 없이, 뭘 해야 할지도 모르는 상태로 몇 달을 보냈다. 투자를 받기 전만 해도 우리를 알리고 싶어서 미친 듯이 뛰어다니고, 매달 직원들 급여일을 세면서 아둥바둥했던 나는 어디로 간 걸까. 그저 멍하니 있었던 것 같다.

지난날이 주마등처럼 스쳐 지나갔다. 통장에 돈이 꽂히니 반사적으로 이제 해보고 싶었던 것을 할 수 있겠다며, 그러려면 사람이 필요하겠다 싶었다. 인턴, 경력자, 중간관리자들을 뽑았다. 그전에는 사람 한 명 면접 보기도 힘들었는데, 투자받았다는 소식에 이력서가 넘치게 들어왔다. 그렇게 열몇 명을 두세 달 만에 뽑았다.

그러나 예상하지 못한 상황에 맞닥뜨리게 됐고, 매출이 급

감했다. 진행하던 프로젝트는 더뎠다. 개발자와 기획자, 디자이너는 반목하기 시작했다. 몇 개월 동안 진전 없이 지리한 회의만 반복됐다. 시제품이 나오기로 한 날은 번번이 미뤄졌다. 하지만 서로 묵인하고 용납했다. 아이러니한 일이지만, 일이 잘 안 풀리자 오히려 사람을 더 썼다. 외주 비용은 그렇게 마구잡이로 늘었다. 그러다가 통장을 직접 확인하고 밤새 엑셀을 이리저리 만져보다가 결심했다.

모든 것을 정리하기로.

문제는 겨우 1년도 되지 않은 신입사원들만 열댓 명이라는 것이었다. 그들에게 전후 사정을 설명하고 지금의 상황을 설득시켜야 했다. 하지만 그보다 당장 이들의 다음 달 월급을 줄 수 있을지가 더 걱정이었다. 마지막 급여와 퇴직금을 챙겨줄 수 있을 때 내보내야 했다. 그래야만 내가 형사범이 되지 않는다는 걸 알고 있어서였다.

"미안하다. 이달까지만이다."

두 달 만에 그렇게 열댓 명이 나갔다. 내보냈고, 옮기게 도와줬고, 설득했고 외부에서 연락이 오면 열심히 그들의 장점을 이야기했다. 그리고 마지막으로 실패한 경영자였던 나를 잘랐다. 연대보증 십수억 원을 떠안고 통장에 남은 120만 원을 들고 나오는데, 밤새 가슴을 쥐어뜯으며 울부짖었다. 내 잘못이 아닌 것만 같았다.

그렇게 잔인한 다섯 달이 흘렀다. 지금이야 반면교사로 삼고 경험이라고 말하지만, 당시에는 엄청난 트라우마였다. 이 경험을 통해 내가 배운 건 기업을 책임지는 사람에게 절박함과 생존이란 반드시 있어야 할 덕목이란 사실이었다.

2012년 6월이었다.

#2

통장이 세 개 있었다. 그중 하나는 있었는지도 몰랐던 것이었다. 통장 하나에 7,000원이 있었고 다른 통장에 각각 2,000원, 5,000원이 있었다. 이체하면서 통장에 있던 돈을 한 곳으로 합쳤다. 500원, 1,000원씩 나가는 수수료가 그렇게 아깝고 원통했다. 그리고 ATM에서 1만 원을 꺼냈다.

두 끼를 거르고 하는 첫 식사였다. 배가 터지게, 맛나게 먹었다. 김밥 두 줄 4,500원, 떡라면 3,500원. 8,000원을 아주머니에게 호기롭게 건넸다. 그렇게 분식집 문을 열고 나와 하늘을 보는데 와락 눈물이 쏟아져나왔다.

언제 이렇게 또 배부르게 먹을 수 있을지 무서웠던 걸까. 아니, 배고픈 욕망에 사로잡혀 허겁지겁 먹어 치우고 나서 본 빈 그릇이 애처로웠던 것 같기도 하다. 그렇게 먹어 치우고 포만감을 느끼던 이 원초적 본능이 부끄러웠던 것 같기도 하고.

직원 월급 줄 돈이 모자라서 내 돈을 꾸역꾸역 회사 통장에 집어넣고 겨우 끝전을 채운 다음 날이었다. 가난한 CEO는 팔 수 있는 게 시간과 몸과 주둥이뿐이라 오전, 오후 온종일 강의를 뛰고 나서 먹은 늦은 점심이었다.

수억 원의 연대보증, 생전 나와는 관계없을 것만 같던 사채 따윈 별로 생각도 나지 않았다. 그냥 쓸데없이 김밥 한 줄 더 시킨 것이 그리 아쉬웠다.

두 시간을 달려 내려가 두 시간을 강의하고 다시 두 시간을 써 돌아와야 하는 내일의 일정 같은 건 무섭지 않았다. 생전 해보지도 않은 일이지만 잘할 것이라고 클라이언트가 내게 믿고 맡긴 일도 버겁지 않았다. 산적해 있는 직원들과의 문제도 그다지 두렵지 않았다.

그냥 쓸데없이 김밥 한 줄 더 시킨 것이 그리 아쉬웠다. 2,500원짜리 치즈김밥 한 줄 더 시킨 그 바보 같은 선택이 그렇게 서러울 수 없었다. 그렇게 CEO로 보내는 하루가 또 저물어 가고 있었다.

2014년 5월의 어느 날이었다.

가시밭길이라도 내가 먼저 갈 수 있다면

한상균 로보위즈 대표

나는 두 가지 길 중 사람들의 발자취가 없는 가시밭길을 택하련다. 나의 선택에 따르는 고통은 견딜 수 있다. 가시를 밟으며 피를 흘리더라도 새로운 곳에 내가 먼저 갈 수 있다면….

이 글은 가수 서태지 씨의 고등학교 자퇴서라고 널리 알려졌던 글입니다. 서태지 씨 본인이 작성한 것이 아니라고 인터뷰에서 밝혀야 했을 정도로 팬들 사이에서 유명했던 글이지요. 운명의 갈림길에 서 있는 사람의 고뇌가 담긴 글이라 생각하니 공감이 되고 큰 위안을 얻었던 글이기에 인용해보았습니다.

이런 글귀를 가까이한 덕분일까요? 3번의 창업을 하는 동안 저는 언제나 사람들의 발자취가 없는 길만 골라서 갔던 것 같습니다. 매번 큰 성공을 거두었다면 좋았겠지만, 처절하게 피를 흘리는 경우가 더 많았지요. 그렇지만 무모하더라도 남들이 가보지 않은 길을 먼저 밟아보겠다는 그 패기가 지금의 저를 만들어준 것 같습니다.

이 책을 준비하는 동안 과거 창업 초년생 시절의 기억이 떠올라 부끄럽기도 했고, 과연 제가 한 경험이 여러분에게 얼마나 도움이 될까 걱정스럽기도 했는데요, 그때마다 이 책의 공동 저자인 명승은 대표가 있어서 든든했습니다.

"매사에 감사하는 마음을 가지라."라는 말을 많이 듣습니다. 그런데 실천하기가 참 쉽지 않지요. 하지만 스타트업 창업가에게는 반드시 필요한 마음가짐입니다. 보통 창업가는 스스로 꽤 괜찮다고 자평하거나, 자기 확신과 나름의 능력을 갖춘 사람이 많습니다. 한마디로 자존심, 자부심이 충만한 존재가 창업가라는 것이지요. 그러나 실상을 들춰보면 쥐뿔도 없을 때가 많습니다. 이때 누가 자존심을 건드리면 가끔 폭발하기도 하는데, 스타트업 창업가라면 이때도 감사해하며 참을 줄 알아야 합니다.

사업은 부족해 보이는 사람이 성공한다는 말이 있습니다. 부족해 보여서, 애처로워 보여서, 도와주고 싶은 마음이 들게 하는 사람이 성공한다는 것이지요. 실제로 제 주변 선배 사업가 중에 심성이 곱고 심지어 유약해 보이기까지 하는 분이 계셨습니다. 심하게 겸손하다 싶을 정도로 그 선배는 언제나 상대방에게 고개를 숙였지요. 창업 초기에 저는 그 선배의 모습을 이해하기 어려웠습니다. 제 스타일은 아니라는 생각도 했고요. 그러나 시간이 지나고 저도 창업가로 꽤 오랜 시간을 살다 보니 점점 그 선배처럼 하는 게 맞는 것 같다는 생각이 듭니다. 고개를 숙일지언정 그 선배는 상대방에게 본인이 원하는 것, 스타트업의 생명수인 매출을 잘 끌어냈으니까요.

반면 저는 창업 초기에 항상 자신감이 넘쳤고 당당했습니다. 거만해 보일 필요는 없지만, 괜히 굽히는 것도 진실하지는 않다고 생각해서였습니다. 그런데 스타트업의 CEO는 그런 자세가 거만한 것이더군요. 저를 잘 아는 선배 사업가가 어느 날엔가 이런 말씀을 해주셨습니다. "한 대표는 다 좋은데 너무 깔끔하게 사업하는 거 같아. 사업을 하다 보면 옷에 흙이 묻을 수도 있고 오물도 묻고 할 수 있는데. 그렇더라도 툭툭 털어내면 되는 거지."

사업을 오래 하다 보니 이 말에 담긴 진정한 의미를 알게 되더군요. 때로는 굽힐 줄도 아는 것, 진짜 자존심이 뭉개지는 건 고개 숙이는 게 아니라 생존력을 잃어버리는 것이라는 걸요. 패기도 필요하고 감사하는 마음도 필요하고 때로는 굽힐 줄도 알고, 이런 게 다 결국에는 스타트업의 생명력을 잃지 않는 일이고, CEO의 마지막 자존심을 지키는 일이라는 것을, 이제는 좀 알게 된 것 같습니다. 그래서 여러분께도 이 3가지를 꼭 당부드리고 싶었습니다.

저는 요즘 유튜브로 법륜스님의 즉문즉설이라는 콘텐츠를 즐겨보는데요. 어느 불자가 스님에게 행복이 무엇이냐고 질문하니 스님께서 말씀하시기를, "불행하지 않으면 행복한 것이다."라고 대답하시더군요. 과연 진정한 행복이란 무엇일까요, 성공하면 행복할까요? 성공이란 또 무엇일까요? 저는 최소한 실패하지 않으면 성공한 것이라고 말하고 싶습니다.

혹시 스타트업을 준비하고 있나요? 아니면 이미 창업하여 목표를 향해 열심히 달려가는 중인가요? 그럼 여러분의 목표는 무엇인가요? 유니콘 기업이요? 그것도 좋지만 제 생각에는 처음부터 그런 원대한 목표를 세우지 않아도 될 것 같습니다. 커다란 성공을 빨리 달성하면 좋겠지만, 달성하지 못했다고 좌절하고 실패했다고 자책하는 것보다 차라리 작은 성공을 차곡차곡 쌓으며 성취감을 맛보고 행복해하며 계속 이 일을 해나가는 것이 더 좋을 것 같거든요. 그리고 그런 행복한 스타트업 창업가가 더 많아졌으면 하는 바람입니다.

2013년 핀란드의 공룡 기업 노키아가 몰락하고 나서 핀란드 경제가 휘청했다는 건 다 아실 겁니다. 당시 핀란드 정부가 거둬들인 한 해 법인세의 23%가 노키아에서 나왔다고 하니 그럴 만도 했네요. 그러나 핀란드 정부는 이것을 전화위복의 기회로 삼아 건강한 창업 생태계를 조성했습니다. 덕분에 '앵그리 버드', '클래시 오브 클랜'이 태어났고 수많은 강소 기업이 공존할 수 있게 됐지요. 이런 알찬 스타트업이 더 많이 탄생하고 고르게 성장할 수 있는 건강한 생태계를 우리나라에 만들기 위해 현장에서 일하는 창업가들도 노력해야겠지만, 유니콘 기업만을 바라고 인정해주는 사회적인 분위기가 바뀌고 다양한 강소 스타트업이 성장할 수 있는 여건도 함께 조성되어야 할 것 같습니다. 이 또한 여러분과 저, 많은 창업가와 관련 부서, 정부가 함께 해나가야 할 일이라고 생각합니다.

이 책을 쓰는 동안 저와 회사에 몇 가지 변화가 생겼습니다. 좋은 방향으로의 변화이니 발전이라고 불러도 좋겠네요. 오랜 인연을 맺고 있던 분들이 창업한 유망 스타트업 몇 곳의 멘토링을 맡아서 열심히 뛰는 중이고요. 한화그룹의 액셀러레이터인 드림플러스의 스타트업 멘토로 선정되는 영광도 누리게 되었습니다. 이런 긍정적인 기운이 이 책을 집어 든 여러분에게도 전달되길 바라며, 어떠한 어려움이 있더라도 긍정의 힘으로 이겨내시고 희망의 끈을 절대 놓지 마시길 바랍니다.

여러분과 제가 또 다른 우연과 운명의 교집합을 통해 스타트업 생태계 어딘가에서 만나게 된다면 반갑게 인사하며 서로의 방탄조끼가 되어줄 수 있기를 소망합니다. 감사합니다.

창업을 준비하는 분들의 의식과 행동의 흐름에 따라 필요한 정보를 6단계로 나누어 마련했다. 여러분의 아이디어를 키우고 회사를 만드는 데 조금이나마 도움이 되길 바란다.

1. 아이디어 단계

창업 아이디어는 어디서 얻을까? 일단 세계적인 트렌드를 먼저 살펴보자. 코로나19와 같은 특수한 경우가 아니라면 글로벌 기술 트렌드는 총 5가지 변화에 대비하는 방향으로 나아갈 것이라고 전문가들은 예측한다.

그 첫 번째는 글로벌화와 글로컬화의 경계다. 한 지역에서 전 세계를 상대로 한 사업을 글로벌화라고 정의할 수도 있지만, 인력과 조직, 기술은 한곳에 있는데 그것을 소비하는 고객이 전 세계에 퍼져 있다면 이는 다시 글로컬화의 단면일 수 있다. BTS의 성공 신화는 글로벌화의 사례일 수 있지만, 한국어로 노래를 부르고 한국에서만 활동해도 글로벌 플랫폼을 통해 세계 팬을 만나고 매출을 발생시키고 있으니 글로컬화의 사례로 볼 수도 있다.

두 번째는 인구의 이동이다. 선진국 인구가 감소해 그에 따라 이민 정책이 완화되고 인구의 이동이 활발해질 것이라는 예상이다. 물론 코로나19가 이런 흐름에 제동을 걸었지만, 글로벌 협업까지 막지는 못했다. 인도에서 고객관리를 하고 생산은 중국에서 하고 상품 브랜드는 미국이 만드는 글로벌 협업 시스템은 앞으로 더욱 견고해질 것이다. 그뿐만 아니라 동남아시아, 남아메리카, 아프리카 등 새로운 시장에 더 많은 사람이 관심을 두게 될 것이다.

세 번째 변화는 환경, 자원에 관한 것으로, 전 세계가 겪고 있는 환경오염이나 이상기후, 예상치 못한 질병의 발생에 따른 사회 문화의 변화가 예상된다. 이전에는 많은 사람이 원전 문제나 플라스틱 문제를 고민했다. 그러나 호주와 미국의 대형 산불로 인한 재난 상황과 이상기후로 인한 계절의 변화를 몸소 겪기 시작하면서 이를 어떻게 해결하고 대응할 것인지 골머리를 앓고 있다.

창업가들이 유심히 들여다볼 네 번째 변화는 IT 기술의 특이점을 넘어서는 상황이다. 인공지능의 발달과 빅데이터로 인한 빅브라더 사회, 보안과 개인 정보의 활용과 제한에 대해 전 세계 정부와 민간 사업자들의 날카로운 신경전이 벌어졌다. 또 자율주행 자동차, 산업용 로봇 등의 발달은 인간의 전통적인 육체와 정신노동 가치에 대해 심각한 의문을 갖게 하면서 기본 소득 문제와도 맞닿은 사회적 파장이 이어지고 있다. IT 기술의 변화는 이끌어가지 못해도 적어도 트렌드는 주시해야 한다.

마지막으로 규제와 활성화의 경계선에 있는 각국 정부의 고민이다. 공유 주방을 활성화한다거나 공유 숙박, 공유 차량 서비스 등 대형 플랫폼 서비스들이 각국을 넘나들며 초국적 사회와 지역 국가의 규제가 격돌하는 모양새를 만들고 있다. 국내 '타다' 서비스의 규제 사례는 전 세계적으로 주목받았는데, 이처럼 전 세계 정부는 신산업의 규제와 활성화에 대한 줄타기에 진땀을 빼고 있다. 이런 흐름 사이에서 나온 신조어 또는 새롭게 주목받는 사업 분야의 키워드를 정리했으니, 인터넷에 검

> ▪스타트업 ▪캠핑 ▪성 소수자 ▪전기차, 수소차 ▪비건 푸드 ▪동물 권리 ▪우주 개발 ▪소프트웨어 ▪자비출판 ▪장례식 ▪소셜 노동자 ▪긱 이코노미 ▪설문 조사 ▪모바일 교육 ▪ 가상 여행 ▪생활 코미디 ▪자율주행 트럭 ▪땅콩집 ▪단순한 삶 ▪실내 채소 재배 ▪언어 학습 ▪자기 계발 ▪노인들 ▪커뮤니티 ▪생산성 애플리케이션 ▪인테리어 ▪공예 ▪메이커스 운동 ▪아두이노 ▪실내 운동(홈트레이닝) ▪아동 서적 ▪넷플릭스 ▪기능성 차(茶) ▪다양한 커피 ▪체험 여행 ▪인공지능 ▪보조 근육 ▪배양육

색해보거나 자신의 준비하려는 산업군이 어떤 주제에 주목하고 있는지, 전망은 어떤지 살펴보면 도움이 될 것이다.

이밖에도 각종 연구소의 인사이트 보고서, 각종 증권사 보고서들도 창업 아이템을 정리하는 데 도움이 된다. 이 보고서를 찾아보며 자신의 창업 아이템이 어떤 산업군과 연관되어 있는지, 어떻게 흘러갈 것인지 예측해볼 수 있다.

- 삼성경제연구소 SERI seri.org
- LG경제연구원 LGERI lgeri.com
- KDI 한국개발연구원 kdi.re.kr
- KOSIS 국가통계포털 kosis.kr

2. 시장조사 단계

준비하는 아이템의 산업군이나 전반적인 트렌드를 정리하고 분석했다면, 그다음은 실제 창업 생태계가 어떻게 움직이고 있는지 살펴봐야 한다. 필요하다면 가상의 미래 고객이나 파트너를 대상으로 나의 아이디어가 어떻게 여겨질지 조사하는 것도 좋다. 오픈서베이opensurvey를 활용하면 저렴한 예산으로 이를 실행해볼 수 있다. 국내외 스타트업이나 창업 관련 소식을 전문적으로 알려주는 사이트를 첨부하니 자주 방문해서 살펴보거나 이곳의 뉴스레터를 구독해보면 도움이 될 것이다.

· 벤처스퀘어 venturesquare.net
스타트업 생태계 전반의 소식과 다양한 필진의 콘텐츠가 풍부한 미디어 서비스. 스타트업 종사자뿐만 아니라 투자자, 지원 기관들이 필독하는 사이트.

· 플래텀 platum.kr
스타트업 관련 보도자료와 중국 비즈니스에 관련된 소식을 담은 사이트.

· 아웃스탠딩 outstanding.kr
독특하고 읽기 쉬운 방식으로 스타트업 트렌드와 IT 기업들의 비즈니스를 설명하는 콘텐츠 사이트.

· 모비데이즈 mobidays.com
모바일 비즈니스와 스타트업 관련 소식을 정갈하게 정리해 제공하는 사이트.

3. 회사 만들기 단계

다음 단계는 정말 내 아이디어를 사업으로 만들어 세상에 내놓을 수 있는지 알아보는 것이다. 쉬이 말해 이미 나온 아이디어 중에 나와 같은 것은 없는지, 유사한 특허나 상표권 등 지적재산권이 나와 있는지 살펴보는 일이다. 먼저, 특허와 상표권을 검색해보고 싶다면 우리나라 특허 검색 전문 서비스인 키프리스KIPRIS를 이용하거나 네이버 특허 검색을 활용하면 된다. 해외 특허를 검색하고 싶다면 구글 특허 검색으로 찾아보는 것이 빠르다.

> ▪ **키프리스** kipris.or.kr
> 상표권, 특허권의 출원 여부는 물론 등록 여부와 실효된 특허까지 종합적으로 검색할 수 있는 서비스.

내 아이디어가 남들과 다른 특장점이 있겠다 싶으면 이제 본격적으로 회사 이름과 서비스 이름을 정해야 한다. 그러려면 내가 생각한 이름과 같은 회사가 있는지, 유사하게 떠올릴 만한 인터넷 도메인 주소가 있는지 확인해봐야 한다. 인터넷 도메인 주소를 알아보려면 후이즈나 가비아 같은 도메인 호스팅 사이트에서 유사한 단어를 적어보면 된다. 만약 검색했는데 이미 다른 사람이 쓰고 있다면 연락해서 매입 의향을 밝히는 것도 방법이다.

도메인을 확보했다면 사이트를 미리 만들어두면 좋다. 어차피 여러 차례 수정하면서 정리해야 하므로 도메인을 설정할 때 사이트도 같이 만들어두고 한두 달 기간을 두고 정리하면 된다. 이때 서버를 별도로 설치하고 사이트를 만드는 일에 비용을 들일 생각은 하지 마라. 아래 사이트를 활용하면 다양한 템플릿을 활용해 나만의 홈페이지를 만들고 수정할 수 있다. 홈페이지를 만들 때는 단순하며 상품명과 회사명이 같으면 좋다.

> ■ **윅스** ko.wix.com
> 무료 홈페이지 제작 서비스. 다양한 템플릿을 골라 손쉽게 홈페이지를 만들 수 있다.
>
> ■ **웨블러** webbler.kr
> 원 페이지 사이트 제작 서비스. 단일 페이지로 구성된 사이트를 만들 수 있다.
>
> ■ **칸바** canva.com
> 디자인 제작 온라인 툴. 디자인에 대한 지식이 없어도 손쉽게 로고와 슬로건을 제작할 수 있다.
>
> ■ **노션** notion.so
> 위키, 메모, 프로젝트 관리 등을 위한 기능성 사이트나 간단한 정보를 보여주는 사이트를 손쉽게 제작할 수 있다.

사이트를 만들 때 로고라도 하나 멋지게 만들고 싶다면 어떻게 해야 할까. 사실 이럴 경우 금손이 아니라면 인공지능의 손을 빌리는 것이 훨씬 편할 것이다. 내가 원하는 모양의 로고가 정확하게 나오긴 힘들어도 대략적인 분위기를 미리 살펴볼 수 있다. 해상도를 낮춰 제작하는 것은 무료이지만 고해상 작업물의 경우 다운로드할 때 소정의 수수료를 내야 한다.

- **로고마스터** logomaster.ai/ko
- **로고더스트** logodust.com
- **스퀘어스페이스** squarespace.com/logo
- **비즈하우스** bizhows.com/cms/designcenter/logo_design
- **로고팩토리웹** logofactoryweb.com
- **해치풀** hatchful.shopify.com
- **로고쉬** logoshi.com
- **테일러브랜드** tailorbrands.com

쇼핑몰을 만들고 싶다면 아래 사이트도 참고해보면 좋다.

- **식스샵** sixshop.com
이미 갖춰진 쇼핑몰 템플릿을 통해 손쉽게 자사몰을 구성할 수 있는 서비스.

- **카페24** cafe24.com
전통적인 쇼핑몰 호스팅 서비스. 다양한 창업 관련 정보도 제공한다.

직접 물건을 팔기보다 대형 쇼핑 플랫폼에 내 상품을 올려 팔고 싶다면 아래 대형 온라인 쇼핑 플랫폼을 방문해 내 상품을 올리는 방법을 구상해보는 것도 방법이다. 최근에는 상품

판매를 위한 광고 모듈과 라이브 방송 모듈이 추가되는 등 매출 증대에 도움이 되는 기능이 많아지고 있다.

- **쿠팡** coupang.com
- **티켓몬스터** ticketmonster.co.kr
- **위메프** wemakeprice.com
- **옥션** auction.co.kr
- **지마켓** gmarket.co.kr
- **네이버 스마트스토어센터** sell.smartstore.naver.com

수공예품을 다품종 소량 생산해서 판매할 생각이 있다면 아이디어스를 이용하면 된다. 또 디자인만 있어서 이 디자인을 활용한 휴대폰 케이스, 티셔츠, 시계, 포스터 등을 제작하고 싶다면 컨티뉴를 이용해 응용 제품을 만들어 판매할 수도 있다.

- **아이디어스** idus.com
- **컨티뉴** conteenew.com

온라인에서 물건이 팔리기 시작하면 물건을 고객에게 보내야 하는데 이런 고민을 덜어주는 서비스도 있다. 온라인 유통 물류부터 일반 물류 대행까지 다양한 물류 관리 서비스를 대행하는 마이창고가 여기에 해당한다.

> • **마이창고** mychango.com

내 사이트에서 결제까지 하게 하려면 별도의 결제 대행 회사와 가맹점 계약을 맺고 솔루션을 도입해야 한다. 그러려면 일단 이런 결제 서비스를 미리 살펴보고 정보를 획득한 다음 가장 효과적인 방법을 고민해볼 필요가 있다. 이때 개인 간(판매자와 구매자) 자동결제 서비스를 제공하는 페이앱PAYAPP이나 실시간 계좌이체나 스마트폰 소액결제 등의 결제 기능을 무료로 개발할 수 있는 아임포트I'mport;를 참고하면 좋다.

> • **페이앱** payapp.kr
> • **아임포트** iamport.kr

고객들의 문의와 항의에 어떻게 대응해야 하는지 알고 싶다면, 아래 고객 응대 서비스를 미리 살펴보면 좋다.

- **프레시데스크** freshdesk.kr
- **젠데스크** zendesk.kr
- **클라우드게이트** thecloudgate.co.kr

4. 조직 만들기 단계

점점 회사의 꼴을 갖춰가면 인력이 필요할 것이다. 전문 인력을 임시로 고용하거나 필요한 기능을 개발할 인력을 단기 아르바이트로 구하고 싶을 때 이용할 수 있는 서비스들이다.

- **이랜서** elancer.co.kr
- **위시켓** wishket.com
- **크몽** kmong.com
- **라우드소싱** loud.kr
- **원티드** wanted.co.kr
- **로켓펀치** rocketpunch.com
- **더팀스** theteams.kr

- **잡플래닛** jobplanet.co.kr
- **온코더** oncoder.com
- **잡코리아** jobkorea.co.kr
- **인크루트** incruit.com
- **사람인** saramin.co.kr
- **워크넷** work.go.kr
- **알바몬** albamon.com

사람뿐만 아니라 회사에는 각종 문서 서식도 필요하다. 이력서, 정관, 기안문, 공문, 제안서, 사업계획서, 약관, 사직서, 고용계약서 등 생각보다 꼭 필요한 문서들이 많다. 아래 사이트를 살펴보면서 회사에 맞는 양식을 미리 만들어두면 좋다.

- **네이버 한글 문서 서식**
hangeul.naver.com/2014/document
- **비즈폼**
bizforms.co.kr
- **기업마당 업무용 서식**
tinyurl.com/y5zmhfxr
- **공정거래위원회 표준약관양식**
ftc.go.kr (공정거래위원회 〉 정보공개 〉 표준계약서 〉 표준약관양식)

이제 본격적으로 프로젝트를 시작해야 한다. 서로의 커뮤니케이션을 원활하게 하고 기록을 남겨두기 위해 협업 툴을 사용하는 사람들이 많은데, 아래 사이트를 참고하면 좋다. 어느 것이 더 나은지 비교하기보다 서로 무엇이 편한지 살펴본 다음 정해서 계속 사용하는 것이 더 중요하다.

- **트렐로** trello.com
- **두레이** dooray.com
- **슬랙** slack.com
- **노션** notion.so
- **줌** zoom.us
- **구루미** gooroomee.com
- **구글 워크스페이스** workspace.google.com
- **마이크로소프트 팀즈**
  microsoft.com/ko-kr/microsoft-365/microsoft-teams
- **콜라비** collabee.co
- **스윗** swit.io
- **잔디** jandi.com
- **닥스웨이브** docswave.com
- **비캔버스** beecanvas.com
- **네이버웍스** naver.worksmobile.com
- **카카오워크** kakaowork.com
- **플로우** flow.team

5. 투자 유치 단계

회사도 꾸려졌고 조직원도 구해져서 뭔가 해볼 수 있을 것 같을 때 꼭 문제가 터지는 게 바로 통장 잔고다. 통장에 든 돈은 벌써 바닥을 보이는데, 창업가를 제외한 인력, 외주 비용들이 정기적으로 나가야 하는 시점일 것이다. 이렇듯 창업가 혼자 감당할 수 없을 정도로 돈이 필요하게 되면 회사를 설립해야 한다. 최근에는 스타트업 설립 전부터, 또는 동시에 사업계획서를 써서 투자자들에게 내밀거나 각종 지원 사업에 도전하는 사람이 많다. 이때 많은 창업가가 실수하는 것이 상업적으로 사용해도 되는 이미지나 글꼴이 별도로 있음에도 막무가내로 유료 자료를 사용하다가 나중에 저작권 위반 내용증명을 받는 것이다. 사업계획서를 만드는 데 필요한 자료들이 풍부한 무료 사이트는 아래와 같다.

- 네이버 소프트웨어 무료 폰트 리스트 tiny.cc/7zz0tz
- 네이버 OGQ마켓 ogqmarket.naver.com
- 셔터스톡 shutterstock.com
- 아이스톡 istockphoto.com/kr
- 픽사베이 pixabay.com
- 게티이미지 gettyimages.com
- 핀터레스트 pinterest.co.kr
- 언스플래시 unsplash.com

처음부터 근사한 사업계획서를 만들기란 어려울 테니 잘 만들어진 사업계획서를 참고해보는 것도 좋다. 이런 예시 자료가 풍부한 슬라이드쉐어slideshare.net를 방문해보길 권한다.

사람도 늘고 계약도 준비해야 하는 단계에 이르면, 세무와 회계, 법무 관련 업무도 발생한다. 이때 도움받을 수 있는 서비스가 있는데, 아래 내용을 참고하길 바란다.

- **자비스** jobis.co
  모바일 세무 대행 서비스.

- **로톡** lawtalk.co.kr
  모바일 법무 서비스.

- **모두싸인** modusign.co.kr
  온라인 비대면 계약 서비스.

- **글로싸인** glosign.co.kr
  온라인 비대면 계약 서비스.

- **싸인오케이** signok.com
  온라인 비대면 계약 서비스.

만일 만들려는 것이 서비스가 아니라 실물 제품일 경우 시제품을 제작해야 하는데, 이를 '목업Mockup'이라 한다. 그러려면 목공 도구나 3D 프린터, 각종 장비가 필요할 것이다. 스타트업의 목업 작업을 도와주는 각종 도구와 장비를 빌려주는 곳을 '메이커스페이스'라고 한다. 국내에 있는 대표적인 메이커스

페이스를 소개한다.

- 메이크올 makeall.com
- 서울창업허브 성수 makers.sba.kr
- 무한상상실 ideaall.net
- 팹랩서울 fablab-seoul.org

사업계획서를 만들고 시제품까지 제작했다면 본격적으로 투자자를 찾아 나서야 한다. 도대체 투자자들은 어디에 있고 이들은 어떤 기업에 얼마나 투자하는 것일까? 벤처스퀘어 같은 스타트업 전문 소식지를 통해 투자 생태계를 엿보는 것도 방법이지만, 가장 좋은 건 직접 맞닥뜨리며 경험하는 것이다. 한국의 초기 투자기관은 아래 사이트만 잘 뒤져도 거의 다 만날 수 있다.

- 한국벤처투자 모태펀드 출자펀드 찾기
  fundfinder.k-vic.co.kr
  펀드별 주목적 투자처와 운용 벤처캐피탈 연락처와 주소들을 찾을 수 있다.

▪ 엔젤투자지원센터 kban.or.kr
개인 투자자, 전문엔젤 투자자, 개인 투자조합, 엔젤클럽 목록이 있다.

▪ TIPS 프로그램 jointips.or.kr
가장 인기 좋은 민간 투자 주도 기술형 스타트업 지원 프로그램으로 민간 운영사로부터 1억 원 이상 투자를 받으면 5억 원+∝를 확보할 수 있다.

▪ K-스타트업 k-startup.go.kr
스타트업을 투자하고 보육해주는 액셀러레이션 프로그램과 보육 공간을 운영하는 곳들은 반드시 중소벤처기업부 액셀러레이터로 등록해야 한다. K-스타트업 사이트에서 다음 경로로 검색하면 액셀러레이터 연락처를 확보할 수 있다. (Home 〉멘토링·컨설팅 〉창업기획자[액셀러레이터] 등록제도 〉등록현황)

▪ 한국벤처캐피탈협회 kvca.or.kr
한국의 벤처캐피탈들은 이 협회에 대부분 가입돼 있다. 각종 통계도 덤으로 볼 수 있다. (Home 〉회원 정보 〉회원사 안내)

▪ 한국성장금융 kgrowth.or.kr
한국성장금융의 출자 펀드는 한국벤처투자의 모태펀드처럼 정부와 금융권이 주도해서 만든 대형 출자 사업을 말한다. 이 출자 사업도 여러 운영사를 목적별 펀드로 구분한 다음 선정해 공개한다. (Home 〉운용펀드 〉운용펀드 현황)

이런 투자자들 말고 크라우드펀딩 서비스들도 살펴보면 좋다. 이들은 스타트업에 우호적이다. 국내 크라우드펀딩 서비스에는 대부분 증자해서 지분을 일반 투자자들에게 파는 '지분 투자형', 상품이나 서비스 개발 계획을 공유해 프로젝트에 참여해서 이후 상품 구매나 서비스 이용금액을 미리 할인해주는 '선구매형', 프로젝트를 하는 이유와 성과를 이뤄내기 위한 과정을 설명해 보상 없는 기부를 받아내는 '순수 후원형'이 있다.

- **크라우디** ycrowdy.com
- **오픈트레이드** otrade.co
- **와디즈** wadiz.kr
- **텀블벅** tumblbug.com

투자자를 만날 때 카페를 이용할 수도 있지만, 팀원도 소개하고 우리가 어떻게 일하는지 보여주고 싶은 마음도 생긴다. 사무 공간이 필요할 시점이다. 그러나 사업 초기에는 10명까지는 인원 변동도 심하고 자금 유동성이 막히는 것을 걱정해야 하므로 보증금이 적고 임대료가 저렴한 곳을 찾아봐야 한다.

물론 임대료가 적으면 그만큼 입지가 좋지 않거나 교통이나 주변 상권이 덜 발달되어 있을 가능성이 높다. 비용을 줄이는 것도 좋지만 낡고 허름한 사무실에서 미래를 상상하기 어렵다면 공유 오피스를 이용하는 것도 좋은 선택이다. 공유 오피스 중에서도 교통편 좋고 보증금이 적고 임대료와 관리비가 적은 곳, 그 가운데 투자자와 직원들, 거래처와 거래하기 쉬운 곳을 고르는 게 중요하다.

이용할 만한 대표 공유 오피스에는 르호봇, 위워크, 패스트파이브, 스파크플러스 등이 있다. 이외에도 한화그룹의 드림플러스, 마이워크스페이스 등이 있는데 대부분 서울의 강남에 집중돼 있다.

- **르호봇** ibusiness.co.kr
- **위워크** wework.com/ko-KR/
- **패스트파이브** fastfive.co.kr
- **스파크플러스** sparkplus.co
- **드림플러스** dreamplus.asia
- **마이워크스페이스** myworkspace.co.kr

6. 홍보 마케팅 단계

투자를 유치하는 일도 중요하지만, 누구에게 어떤 도움을 받고 협업할 수 있는지도 중요하다. 어떤 액셀러레이터를 만나 투자 받고 어떤 TIPS 운영사의 추천을 받아 기술개발자금을 받고 후속 투자는 또 누구에게 받는지, 어떤 지원 프로그램을 통해 다른 동료 창업가를 만날 수 있는지 중요하게 생각하며 여기에 큰 기대를 걸기도 한다. 그래서 대표적인 한국의 액셀러레이터들을 모아보았다.

- 벤처스퀘어 venturesquare.net
- 스파크랩 sparklabs.co.kr
- 프라이머 primer.kr
- 블루포인트파트너스 bluepoint.ac
- 퓨처플레이 futureplay.co
- 더벤처스 blogkorean.theventur.es
- CNT테크 cntt.co.kr
- 매쉬업엔젤스 mashupangels.com
- 소풍 sopoong.net
- 선보엔젤파트너스 sunbonpartners.com
- 엔슬파트너스 enslpartners.com
- 카이트창업가재단 kiteef.or.kr
- 한국초기투자기관협회 kesia.or.kr

최근에는 이러한 순수 민간 액셀러레이터들도 많지만, 정부 기관이나 산하 공공기관들, 각종 대기업과 금융권까지 나서서 저마다 스타트업 액셀러레이터를 자임하고 있다. 이들에게도 풍부한 공간, 자금, 멘토링 네트워킹 지원을 받을 수 있다. 또 이들이 주최하는 행사에 참여하는 것만으로도 창업 동기가 생긴다. 다음은 대기업과 금융권 등이 후원하는 스타트업 관련 조직이다.

- 코리아스타트업포럼 kstartupforum.org
- 스타트업얼라이언스 startupall.kr
- 드림플러스 dreamplus.asia
- 은행권청년창업재단 '디캠프' dcamp.kr
- 아산나눔재단 '마루180' maru180.com
- 롯데 액셀러레이터 lotteacc.com
- 신한 퓨처스 랩 futureslab.kr
- 우리은행 디노랩
  developer.wooribank.com/dinno-intro
- SKT 트루 이노베이션 true-inno.com
- KB 이노베이션 허브 kbinnovationhub.com
- KDB 청년창업지원사업 kdbstartup.or.kr
- 삼성전자 C-랩 아웃사이드 claboutside.com(개편중)
- 하나원큐 애자일랩
  kebhana.com/1QLab/program/index.jsp

- **한국무역협회 스타트업 브랜치**
kita.net/mberJobSport/startupBranch/info.do
- **프론트원** frontone.co.kr
- **구글 스타트업 캠퍼스** campus.co/intl/ko_kr/seoul/

정부 지원금은 예산이 정해져 있어, 다양한 지원 프로그램을 미리 살펴보고 모집 기간 안에 지원해야 한다. 창업 관련 지원금을 받으려면 선발 과정도 거쳐야 한다. 많은 액셀러레이터가 이런 지원 사업들의 실제 운영을 위탁받아 진행하기도 한다. 정부 지원금에 관한 정보는 날마다 확인해봐야 한다.

- **TIPS 프로그램** jointips.or.kr
중기부 민간 투자 주도형 기술창업 지원 사업. 50여 개가 넘는 TIPS 운영사가 투자한 곳에 정부의 기술개발 지원자금을 5배까지 매칭해주는 프로그램이다.

- **K-스타트업** k-startup.go.kr
중소벤처기업부는 물론 다양한 기관의 창업 지원 프로그램과 행사 등 일정을 종합적으로 안내한다.

- **창조경제혁신센터** ccei.creativekorea.or.kr
전국 창조경제혁신센터들의 창업 지원 프로그램과 행사 정보를 안내한다.

- **서울스타트업허브(서울창업허브)** seoulstartuphub.com
서울시가 운영하는 세계 최대의 창업 지원 공간. 온라인으로 공간 이용 신청을 할 수 있다.

- **본투글로벌** born2global.com
글로벌로 진출하려는 스타트업을 지원하는 기관으로 세계 각국 진출 관련 내용을 파악할 수 있다.

정부 지원 사업이나 액셀러레이터 투자 보육 프로그램에 편입되는 것만으로도 회사를 홍보할 수 있다. 남에게 당당하게 알릴 기회가 적은 스타트업이 사실 이런 프로그램들에 편입되고 선발된다는 것만으로도 일종의 자격을 획득한 것이기 때문에 최근 스타트업들은 유명한 스타트업 지원 프로그램에 적극 지원하고 있다. 그럼 이런 프로그램에는 누가 선발되고, 어떤 과정을 거쳐 선정되는 걸까? 그 노하우를 엿볼 수 있는 스타트업 행사가 여럿 있는데, 이 행사를 찾아다니며 듣는 것도 방법이다. 이런 행사 정보는 보통 온오프믹스onoffmix.com나 이벤터스event-us.kr에 많이 올라오며, 코로나19로 인해 오프라인 공간보다 온라인 행사가 많아지고 있으니 손품을 좀 팔아야 한다.

더 많은 고객과 사용자를 유치하고자 마케팅과 광고를 해야 한다면 비용이 많이 든다. 이메일 뉴스레터를 발송하는 일도 그중 하나인데, 다음은 사람들이 자주 이용하는 대량 메일 발송 서비스들이다. 손쉽게 마케팅 메일을 발송할 수 있으며 각 서비스마다 다양한 패키지로 이용 요금이 차별화돼 있다.

- **마이메일러** mymailer.kr
- **뿌리오** ppurio.com
- **오즈메일러** secure.ozmailer.com
- **스티비** stibee.com

투자도 받고 광고 예산도 확보되면 광고 대행사를 활용하기도 하는데 광고 대행사를 매칭시켜주는 '마담' 서비스를 활용하거나 다음과 같이 시스템으로 광고를 효과적으로 집행해주는 대행사를 쓰기도 한다. 서비스마다 특장점이 다르다.

▪ **마담** madahm.com
광고주와 온라인 대행사를 연결해주는 온라인 플랫폼.

▪ **크리테오** criteo.com/kr
광고주가 제시하는 링크를 클릭해야만 과금되는 CPC 광고 플랫폼.

▪ **모티브 인텔리전스** motiv-i.com
프로그래머틱 광고 플랫폼. IPTV와 연계하여 지역에 맞는 리타게팅 광고를 집행할 수 있다.

▪ **애드오피** adop.cc
구글 광고 공식 파트너. 각종 매체에 실리는 광고를 노출하고 손쉽게 통제할 수 있다.

스타트업을 꿈꾸는 그대들이여,
당신의 시작을 응원한다, 힘내라!

BEGINNING

저자 소개 | **명승은** 벤처스퀘어 대표

국내에 처음으로 스타트업 액셀러레이터 개념을 도입, 한국에 액셀러레이터 문화를 자리 잡게 한 핵심 인물 중 한 명이다. 매경인터넷 디지털미디어 기자, IT 신문 〈지디넷코리아〉의 편집장을 역임하는 등 1998년부터 IT 전문 저널리스트로 활동했으며 2010년 스타트업 전문 미디어 벤처스퀘어를 창업해 지금까지 운영해오면서 ㈜티엔엠미디어, 게임앤컴퍼니, 르호봇비즈니스인큐베이터, 토스트 앤 컴퍼니, 스튜디오닷에이치 등의 주요 공동 창업 및 임원으로 일한 바 있다. 벤처스퀘어는 중소벤처기업부에 등록된 액셀러레이터이자 팁스TIPS 운영사로, 800여 곳의 스타트업을 보육하고 100개 이상의 스타트업에 투자를 집행해 이들의 성공을 옆에서 도와주었다. 그뿐만 아니라 온라인 저널리즘과 스타트업 리더십 등을 주제로 삼성전자, LG전자, KT, 한국GM, 포스코, 문광부, 법무부, 국방부, 서울시청, 경기도청, SBS, KBS, 조선일보, 한겨레교육센터, 한국방송기자협회, 카이스트, 한양대, 숙명여대, 경희사이버대 등에서 300여 회가 넘는 강의와 강연을 했으며, 저서로는 《하드디스크 관리기술》, 《미디어 2.0: 미디어 플랫폼의 진화》, 공저로는 《아이패드 혁명》, 《지금, 당신의 스타트업을 시작하라!》가 있다.

저자 소개 | **한상균** 로보위즈 대표

온게임넷(지금의 OGN)의 e-스포츠 캐스터로 게임방송을 시작하여, MBC게임, 스카이라이프 겜TV 등 국내 게임 방송 채널을 두루 거쳤으며, 카운터스트라이크, 스페셜포스, 서든어택 등의 게임을 생동감 넘치게 중계해 FPS 게임에 최적화된 캐스터라는 평을 얻었다. 그뿐만 아니라 교양 프로그램 MC, 앵커, 라디오 음악 프로그램 DJ 등 장르 불문, 방송 진행자로서 종횡무진 활약해왔다. 2005년 국내 최초 게임 전문 인터넷 방송국 '빅에프엠'을 설립, 창업가의 길로 들어섰으며, 유튜브 기획사로 최근에야 주목받은 MCN 사업의 선험적 비즈니스 모델을 당시 처음 제시할 정도로 남다른 기질을 타고난 사업가다. 이후 브랜드오션스, 로보위즈를 창업했으며, 2006년 창업한 로보위즈는 로봇 기술과 콘텐츠를 융합한 스타트업으로, 2007년 매경그룹과 세계 최대 규모의 로봇 대회인 슈퍼로봇 그랑프리SRGP를 개최했고, 크라운해태제과, 홈플러스, KT, 세븐일레븐 등의 대기업과 제휴하여 로봇 스포츠, 로봇 공연을 기획해 로봇업계에 새로운 비즈니스 모델을 제시했다. 현재 한화그룹의 드림플러스가 운영하는 아카데미 'Startup A to Z'의 전문가 멘토로 유망한 스타트업들을 멘토링하며, 치열한 현장에서 그들과 동고동락하고 있다.

비기닝

2021년 3월 17일 초판 1쇄 발행

지은이 명승은·한상균
펴낸이 김상현, 최세현 **경영고문** 박시형

책임편집 양수인 **디자인** 정아연 **기획** 김범수
마케팅 양봉호, 양근모, 권금숙, 임지윤, 이주형, 유미정, 전성택
디지털콘텐츠 김명래 **경영지원** 김현우, 문경국
해외기획 우정민, 배혜림 **국내기획** 박현조
펴낸곳 (주)쌤앤파커스 **출판신고** 2006년 9월 25일 제406-2006-000210호
주소 서울시 마포구 월드컵북로 396 누리꿈스퀘어 비즈니스타워 18층
전화 02-6712-9800 **팩스** 02-6712-9810 **이메일** info@smpk.kr

© 명승은·한상균(저작권자와 맺은 특약에 따라 검인을 생략합니다)
ISBN 979-11-6534-320-0(03320)